한국어 · 만주어 · 몽골어
내포문 비교연구

최동권 지음

한국어·만주어·몽골어
내포문 비교연구

KSi 한국학술정보(주)

머리말

    만주어, 몽골어를 연구하고 이들 언어와 한국어를 비교하는 것은 낯선 외국어에 대한 호기심이나 유형론적으로 유사한 문법구조를 갖은 언어에 대한 관심에서 출발한 것은 아니다. 이러한 작업은 이들 언어가 모두 기원적으로 한국어와 밀접한 관계에 있는 것으로 유추되는 언어들이라는 전제하에 한국어의 기원과 친족관계를 밝히려는 노력의 일환이다. 연구의 대상이 비교언어학의 주요 관심사인 음운론적 접근이 아니고 통사론적 접근을 시도하고 있지만 이러한 기본 정신은 크게 훼손되지 않는다. 한국어, 만주어, 몽골어, 돌궐어를 포함하는 알타이제어에 대한 현재의 연구 상황은 이들 언어가 하나의 어족에 포함되는 친족관계에 있느냐 하는 문제 제기에 대한 해답을 찾으려는 노력에서 한걸음도 더 나아가지 못하고 있는 실정이다. 이러한 한계는 지금까지의 접근 방법이 현재의 연구 역량으로는 일정한 한계에 도달했다는 것을 의미하며 이제는 새로운 연구 방법론의 모색과 새로운 시도가 절실히 필요한 시점이다.

알타이제어에 대한 연구는 수많은 연구자의 노력과 역량이 결집되는 과정에서 성과를 얻을 수 있는 과제로서 오늘날과 같은 열악한 연구 환경에서는 큰 성과를 기대하기 어렵다. 다만 최근 한국 고대사와 동북아시아 역사에 대한 관심과 유목민족의 문화에 대한 관심이 증폭되면서 알타이제어에 대한 관심이 증가하게 된 것은 미흡하나마 이 분야를 연구하는 사람들에게 용기를 주고 위안이 되고 있다.

　이 책은 저자가 한국어, 만주어, 몽골어 명사구내포문에 대해 쓴 논문을 모은 것이다. 1부는 저자의 박사학위논문이며 2부는 박사학위논문에서 한국어와 만주어를 비교연구한 방법론에 따라 박사학위논문에서 미진한 부분으로 남아 있던 몽골어 내포문주어에 대한 연구논문과 국어, 만주어, 몽골어 인용문에 관해 쓴 논문들로 구성되었다. 이 책의 내용은 원래 발표된 논문과 별다른 차이가 없다. 다만 논문마다 일부 중복된 내용을 삭제하고 어색한 문장을 부분적으로 수정했을 뿐이다.

　박사학위논문을 발표한 후 만주어, 몽골어, 돌궐어에 대한 비교연구를 끝낸 다음 알타이제어 전체를 포함하는 체계 잡힌 저서를 내보겠다는 욕심을 갖고 노력해 왔다. 그러나 그 욕심이 이루어지지 못하고 있는 상태에서 몽골어 부분에 대한 연구를 보완하는 차원에서 지금까지의 연구 업적을 모아 출판하게 된 것은 나태해지려는 저자에게 앞으로 부족한 부분을 보완하여 더 완성도 높은 연구 성과를 낼 수 있도록 노력하라는 채찍으로 삼기 위해서이다. 끝으로 이 책을 통해 만주어, 몽골어, 돌궐어를 아우르는 알타이제어와 알타이문화에 대한 연구와 관심에 조금이라도 도움이 되었으면 하는 바람이다.

《 목 차 》

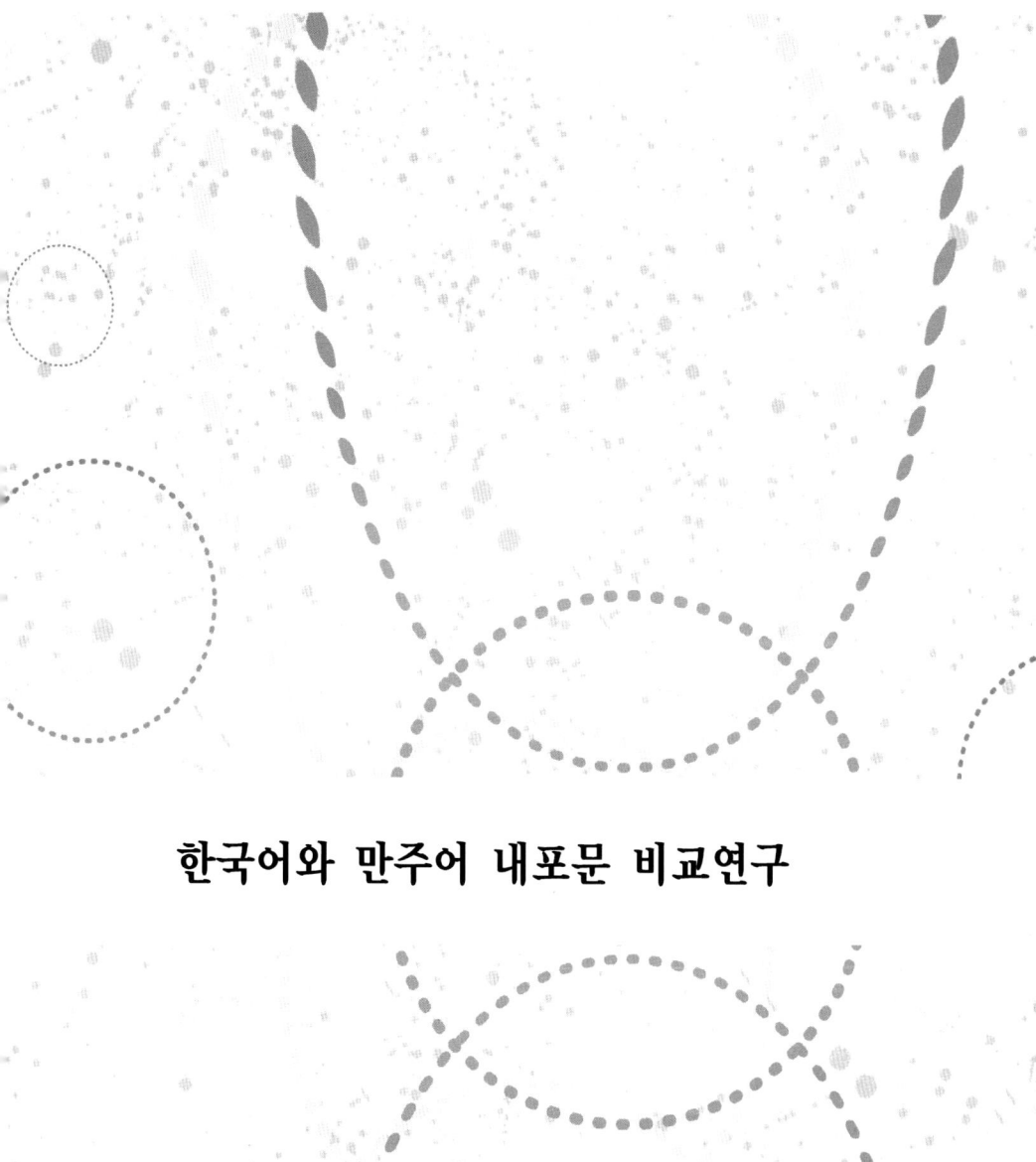

한국어와 만주어 내포문 비교연구

1 서 론

1) 연구 목적

본 연구는 한국어와 만주어의 내포문을 구성하는 관형화내포문, 명사화내포문, 인용화내포문의 통사, 의미 특성을 내포문어미, 내포문주어 그리고 상위문과의 관계 등을 중심으로 비교연구한 것이다.

언어가 무한 수의 정보를 전달할 수 있는 기호체계라고 할 때 언어가 이러한 특성을 지니게 되는 것은 접속과 내포라는 장치가 있기 때문이다. 접속은 문장이나 성분이 수평적으로나 수직적으로 연결되어 보다 큰 단위의 구성을 이루는 것이며 내포는 한 문장이 다른 문장 속에서 하나의 성분으로 포함되는 것이다. 따라서 내포문 연구는 접속문에 대한 연구와 함께 무한 수의 정보를 전달하는 기능을 수행하는 문장의 구조를 이해하는 데 있어서 가장 중요한 연구 분야의 하나이다.

한국어 내포문에 대한 연구는 오래전부터 중요한 관심의 대상이 되어 그 통사, 의미 특성을 규명하려는 노력이 꾸준히 진행되어 왔다.[1] 그러나 최근 활발히 연구가 진행된 현대한국어에 대한 연구는 서구의 특정 이론에 맞추어 문법을 연구한 결과 주로 서구어를 기초로 확립

---

1) 한국어 명사구내포문에 대한 종합적 검토는 이홍배(1975), 이정민(1975) 참조.

된 언어의 보편성에 대해서는 강조하면서도 한국어가 지니고 있는 교착어적 특성은 무시하는 경우가 있다. 그리고 고대 자료의 부족에서 기인한 연구의 제약 때문이기는 하지만 통시적 연구가 상대적으로 미흡하여 공시적 연구와 통시적 연구 사이에 유기적인 관계가 이루어지지 못하고 있다.

이상과 같은 종전의 연구가 지닌 문제점을 보완, 극복할 수 있는 한 방법으로서 한국어와 유사한 문법구조를 지니고 있을 뿐만 아니라 한국어와 친족관계에 있는 것으로 알려진 만주어와의 비교연구를 시도하고자 한다. 한국어와 만주어의 명사구내포문에 대한 지금까지의 비교연구는 주로 내포문어미의 형태상의 유사성을 중심으로 한 연구가 주를 이루었고 문장의 통사, 의미 특성에 대한 비교연구가 본격적으로 이루어진 바는 없다.[2]

본고에서는 한국어 내포문의 통사, 의미 특성에 대한 연구에서 주요 관심사가 되었던 문제들을 중심으로 만주어 내포문의 통사, 의미 특성을 규명한 후 이를 바탕으로 두 언어를 비교하여 한국어와 만주어 내포문의 통사, 의미 특성을 규명하고자 한다. 아울러 이러한 연구를 통하여 한국어와 만주어 내포문에 대한 연구는 물론이고 몽골어, 돌궐어를 포함하는 알타이제어와의 비교연구의 계기로 삼고자 한다.

2) 연구 방법과 범위

한국어와 만주어 내포문을 비교하는 데 있어서 한국어의 경우에는 기존의 연구 업적을 중심으로 문제점을 도출해 내고, 만주어의 경우에

---

2) 한국어와 만주어 명사구내포문에 대한 지금까지의 비교연구는 Ramstedt (1949:86), 박은용(1974:34, 35), 김방한(1983:190, 191) 참조.

는 한국어에서 제기된 문제점을 중심으로 그 특성을 파악하여 두 언어의 공통점과 차이점을 확인하는 방법을 택하고자 한다.

한국어 내포문 연구는 공시적인 면과 통시적인 면을 모두 연구 대상으로 하여 기존의 연구에서 논란이 되고 있는 문제들에 대한 다양한 견해들을 제시하고자 한다. 그리고 이러한 과정에서 한국어 내포문의 통사, 의미 특성을 규명함과 아울러 문제점을 도출해 냄으로써 만주어 내포문의 통사, 의미 특성과의 비교를 시도한다.

만주어 내포문에 대한 연구는 한국어와 비교하여 볼 때 상대적으로 미흡한 상태에 있기 때문에 만주어 내포문의 통사, 의미 특성을 규명하는 작업이 선행되어야 한다. 그런데 만주어 모국어 화자가 아닌 필자가 문법성의 정도나 의미의 적합성 여부를 쉽게 파악할 수 없다. 그러므로 이러한 문제점을 극복하기 위하여 기존의 연구 업적들과 淸朝의 만주어 문법서들이 중요한 참고자료로서 이용될 것이다.[3] 그리고 만주어의 문법 특성을 이해하고 파악하는 데 있어서는 한국어 연구에서 이룩된 한국어문법 구조에 대한 지식과 인식 능력을 응용하게 된다. 만주어 자료를 분석하는 데 있어서는 한국어 연구에서 활용되고 있는 형태소 분석 방법, 형태소 결합의 제약관계를 통한 의미 파악, 통사구조의 제약, 기저구조의 설정 등과 같은 방법을 응용한다.

연구범위는 제2장에서는 내포문의 구조체계를 설명한 후 내포문을 관형화, 명사화, 인용화로 분류하여 각각의 구성상의 특성을 밝힌다. 제3장에서는 관형화어미의 형태와 의미 특성, 내포문주어의 통사적 특성 등에 관하여 논의한다. 그리고 관형화어미와 내포문명사 사이의 제약관계를 규명하여 관형화어미의 의미 특성을 확인한다. 이 과정에서 만주어에도 한국어 의존명사에 상응하는 형태가 존재하는지 여부를

---

3) 淸朝의 만주어 문법서에 대한 자세한 논의는 박은용(1973:264, 265) 참조.

밝히고자 한다. 제4장에서는 명사화내포문의 명사화어미와 내포문주어
의 통사, 의미 특성을 관형화내포문과 동일한 시점에서 밝히고 관형화
어미와 명사화어미가 서술형어미와는 어떠한 관계에 있는가를 고찰하
고자 한다. 그리고 한국어 의존명사 '것'과 만주어 '-ngge'가 명사화
어미로서 기능을 수행하는지 여부를 확인한다. 제5장에서는 인용화내
포문의 통사적 자격을 분석하여 인용화내포문이 명사구내포문에 속하
는 것을 입증한다. 또한 인용화내포문에서 인용화어미의 형태를 확인
하고 내포문주어, 종결어미의 형태, 통사상의 특성 등에 대해서도 논
의한다.

　만주어 기술에 있어서 인용한 자료들은 대부분 滿文本 금병매에서
취한다. 이유는 有圈點 만주문자가 청 태종 6년(1632)에 제정되었고
만문본 금병매는 1708年에 간행되었기 때문에 만주어 자료 중에서 비
교적 초기의 작품에 속하며 서술방식도 대화체로 되어 있어서 당시의
언어 현실을 반영하고 있기 때문이다. 이와 함께 조선시대의 만주어
번역서들도 중요한 참고자료가 된다.4) 이것은 중세한국어와 만주어의
직접 비교가 가능할 뿐만 아니라 당시 번역자들의 만주어에 대한 인
식의 정도를 가늠해 볼 수 있기 때문이다.

　만주어 예문에 대한 해석은 한국어로서 성립이 되지 않는 경우라도
일단 직역을 하고 이해가 어려운 부분은 풀이를 별도로 첨가한다. 그
리고 특별한 언급이 없는 한 모든 번역은 필자 자신에 의한 것이다.
다만 조선시대의 번역서는 당시의 번역을 그대로 인용한다. 이것은 한
국어와 만주어의 대응관계를 파악할 수 있을 뿐만 아니라 중세한국어
자체도 논의의 대상이 될 수 있기 때문이다. 그리고 만주어 표기체계
는 Möllendorff 체계에 의거한다.

---

4) 조선시대 만주어 자료에 대해서는 최동권(1986:30) 참조.

2 내포문의 구성체계

한 문장이 다른 문장 속에 한 성분으로 포함되는 현상을 내포(embe-dding)라 한다. 그리고 이때 내포되어 성분이 되는 문장을 내포문(emded-dded sentence) 혹은 하위문(lower sentence)이라 하고, 이 내포문을 包有하는 문장을 모문(matrix sentence) 혹은 상위문(higher sentence)이라 한다. 따라서 내포란 하위문이 상위문의 한 성분이 되는 현상이라고 바꾸어 말할 수 있다.

내포문이란 앞에서 설명한 바와 같이 하위문이 명사구를 통해 상위문에 내포되는 문장 구성을 말한다. 그리고 이들은 다시 상위문에 내포되는 방법상의 차이에 따라 명사화내포문, 관형화내포문, 인용화내포문으로 하위분류된다.

(1) 가. 철수는 <u>학교에서 가기</u>를 싫어한다.
　　나. 나는 <u>철수가 일등했음</u>을 확인했다.
(2) 가. <u>네가 본</u> 영화는 외국영화였다.
　　나. 나는 <u>네가 영화를 본</u> 사실을 알고 있었다.
(3) 가. 철수가 <u>선생님께서 오신다</u>고 말했다.
　　나. 철수가 "<u>선생님께서 오신다</u>"라고 말했다.

(1가, 나)에서는 '학교에 가기'와 '철수가 일등 했음'이 상위문에 내포되어 목적어로서 명사구 기능을 수행하고 있다. 그리고 (2가, 나)에서는 '네가 본 영화'와 '네가 영화를 본 사실'이 상위문의 주어와 목적어로 내포되어 명사구 기능을 수행하고 있다. 즉 (1)의 경우에 있어서

는 하위문이 단독으로 상위문에 내포되어 명사구로서 기능을 수행하지만 (2)의 경우에는 하위문이 상위문명사와의 결합을 통하여 상위문에 내포되어 명사구로서의 기능을 수행한다. 이러한 차이점에 따라 이들을 구분하여 전자를 명사화내포문이라 하고 후자는 관형화내포문이라 한다.

한편 명사화내포문과 관형화내포문이 문장의 종결어미를 갖추고 있지 않은 상태로 상위문에 내포되는 반면 예문 (3가, 나)에서는 '선생님께서 오신다'가 문장의 종결어미를 온전히 갖춘 채로 상위문에 내포된다는 점에서 예문 (1, 2)와 구분이 된다. 즉 (3가)는 간접인용문으로, (3나)는 직접인용문으로 불리는 구성 형식들로서 하위문이 종결어미를 완전히 갖춘 채 상위문에 내포되어 '선생님께서 오신다'라고 하는 타인의 말을 인용하고 있다. 따라서 이러한 유형의 구문들을 관형화내포문, 명사화내포문과 구분하여 인용화내포문이라 한다.

관형화라고 하는 것은 한 문장이 어미와의 결합을 통하여 뒤에 오는 명사나 명사구를 수식하게 되는 통사적 절차를 말한다. 그리고 관형화는 다시 관계화(relativization)와 보문화(Complementation)의 두 종류로 구분되기도 한다. 한국어의 경우에 있어서도 관형화내포문을 관계화와 보문화라는 두 가지 통사적 절차에 따라 구분할 수 있다.

(4) 가. <u>내가 본</u> 영화는 매우 재미있었다.
　　나. <u>내가 영화를 본</u> 영화는 재미있었다.
(5) <u>내가 영화를 본</u> 사실이 밝혀졌다.

(4가)와 (5)는 '내가 본'과 '내가 영화를 본'이라는 내포문이 다 같이 뒤에 오는 명사 '영화'나 '사실'을 수식한다는 점에서 관형화라는

16

동일한 통사적 기능을 하고 있다. 그러나 (4가)의 피수식어 '영화'는 '내가 본'이라는 내포문의 한 성분이 되어 (4나)에서처럼 '내가 영화를 본'이라는 원래의 문장으로부터 동일명사구삭제라는 변형의 결과 '내가 본'이라는 내포문이 형성된 것이라고 할 수 있다. 그리고 (5)의 피수식어 '사실'은 '내가 영화를 본'이라는 내포문의 한 성분이 되지 못한다는 점에서 (4가)와는 구분이 된다. 따라서 (4가)와 같이 내포문의 피수식어가 내포문의 한 성분이 되는 구성을 관계문(relative sentence)이라 하고 (5)와 같이 피수식어가 내포문의 한 성분이 되지 못하고 내포문이 피수식어의 내용이 되는 구성을 보문(complement sentence)이라 한다. 그리고 이들 피수식어가 되는 '영화'나 '사실'과 같은 명사를 표제명사(head noun) 혹은 내포문명사라고 하며 관계문과 보문의 표제명사를 구분해서 부를 때에는 관계문의 경우를 관계명사 혹은 관계표제라고 하며 보문의 경우를 보문명사 혹은 보문표제라고 한다.

한국어의 관형화가 이상과 같은 통사적 차이에 따라 관계화와 보문화로 구분이 가능하지만 형태상으로는 동일한 어미 '-은'과 '-을'에 의해 기능을 수행하고 의미상에 있어서도 이들 상호간의 의미차를 확인하기 어렵다.

만주어의 경우에도 관계화와 보문화의 구분이 통사적으로는 가능하지만 형태, 의미상으로는 전혀 구분이 되지 않는다.

(6) ubade   sini   wen sefu i yalu-re   ulga   bio?(金甁68:28a)
　　여기에   네   溫 師父 의 타-는   가축   있냐?
(7) nure   yali   ulebu-re siden de wang san guwan
　　술   고기   먹이-ㄹ 사이 에 王 三 官
　　šusai mahala yacin etukū etufi(金甁69:24a)
　　生員   冠   青   衣   입고

(6)은 관계문으로서 내포문명사 'ulga(가축)'가 내포문의 한 성분(목적어)이 되지만 보문을 나타내는 (7)에서는 내포문명사 'siden(사이)'가 내포문의 한 성분이 되지 못한다. 그러나 이러한 통사적 차이에도 불구하고 한국어와 마찬가지로 만주어의 관계화와 보문화도 형태, 의미상의 차이를 확인하기 어렵다. 따라서 본고에서는 특별히 이들을 구분하는 것이 필요한 경우를 제외하고는 관계화와 보문화를 구분하지 않고 관형화라는 하나의 범주에서 다루기로 한다.

현대한국어에서 명사화내포문을 구성하는 방법으로는 내포문어미 '-음'과 '-기'에 의한 구성 방법과 전통적으로 의존명사로 다루어져 온 '것'에 의한 구성방법으로 구분할 수 있다.

> (8) 가. 철수는 <u>학교에 가기</u>를 싫어한다.
> 　　나. 나는 <u>철수가 학교에 갔음</u>을 확인했다.
> (9) 가. 철수는 <u>시험에 합격한 것</u>을 자랑했다.
> 　　나. <u>새로운 출발을 하는 것</u>이 너에게 유리하다.

예문 (8)은 내포문어미 '-음'과 '-기'에 의한 구성 형태로서 한국어에서 가장 보편적으로 명사화내포문을 구성하는 방법이다. 예문 (9)는 '것'에 의한 구성 형태로서 '-은', '-을'과의 결합이 필수적이라는 통합상의 특성이 있다.

만주어의 경우에도 다음 예문처럼 한국어와 대응하는 구성방법이 있다.

> (10)　가.　<u>tere okto be omi-ha</u> de urunakū urgun i baita
> 　　　　　그 　약 　을　마시-ㅁ　에　반드시　기쁨　의　일
> 　　　　　bi.(金甁52:6a)
> 　　　　　있다.

　　나.　niyalma　i　injere　jilgan　be　donjire　gojime　<u>aibide</u>
　　　　사람　의　웃는　소리　를　들을　뿐　어디에
　　　　<u>bisi－re</u>　be　geli　sarkū.(金甁52:24b)
　　　　있-음　를　또　모른다.

(11)　가.　siyoo　jeo　el　<u>sini　ji－he－ngge</u>　sain.　si　dosifi
　　　　　小　周兒　너의　오－ㄴ－것　좋다.　너　들어와서
　　　　　ajige　age　de　uju　fusi.(金甁52:13b)
　　　　　小哥　에게　머리　깎아라.

　　나.　yooni　banjiha　inenggi　arame　<u>wacihiyaki　se－re－ngge</u>
　　　　모두　태어난　날　축하하여　마치고자　하－는－것
　　　　wakao?(金甁52:16a)
　　　　아니냐?

　　만주어에서도 명사화내포문을 구성하는 방법은 두 가지 형태로 나누어 볼 수 있다. 하나는 예문 (10)과 같이 내포문의 어말에 어미 '－ha'와 '－ra'가 결합하여 표현되는 구성방법이고 다른 하나는 예문 (11)과 같이 '－ngge'에 의한 구성방법으로서 '－ha, －ra'와의 결합이 필수적이다. 이들은 각각 한국어 '－음', '－기'에 의한 구성과 '것'에 의한 구성에 대응된다.

　　인용화내포문의 가장 두드러진 특성은 명사화내포문이나 관형화내포문이 문장의 종결어미를 갖추고 있지 않는 데 반하여 인용화내포문은 문장의 종결어미를 갖춘 채로 상위문에 내포된다는 점이다. 다음 예문에서 이러한 차이점을 비교해 본다.

(12)　가.　철수는 <u>학교에 가기</u>를 싫어한다.
　　　나.　선생님은 <u>교실에서 사고가 발생했음</u>을 알았다.
　　　다.　나는 <u>그가 주장하는</u> 사실을 받아들일 수 없다.

　　라. 그는 <u>선생님께 제출할</u> 숙제를 했다.

(13) 가. 철수는 <u>영희가 빨리 왔다</u>고 생각했다.

　　　나. 아버님께서 나에게 "<u>너 왜 공부를 하지 않느냐?</u>"라고 야단을
　　　　　 치셨다.

　　　다. 나는 <u>아버지께서 위독하시다</u>는 연락을 받았다.

　이미 앞에서 살펴 본 바와 같이 (12가, 나)는 명사화내포문 구성이
며 (12다, 라)는 관형화내포문 구성이다. 이들은 내포문이 상위문에
내포될 때 '-다/냐' 등과 같은 문장의 종결어미는 나타나지 않고 다
만 내포문어미 '-음/기'나 '-은/을'과 결합하여 상위문에 내포되고
있다. 그러나 예문 (13)에서는 내포문이 문장의 종결어미 '-다, -냐'
와 결합된 상태에서 상위문에 내포되어 있다.

　남기심(1973:4~5)에서는 (12)와 같은 문장들은 내포문이 종결어미
를 온전히 보존하지 못하고 있는 반면 (13)과 같은 문장들은 내포문
이 종결어미를 온전히 보존하고 있다고 보고서 전자에 대해서는 '불구
보문'으로, 후자에 대해서는 '완형보문'으로 구분하였다. 그러나 만주어
처럼 서술문과 관형화내포문, 명사화내포문에 쓰이는 어미가 형태, 의
미에서 동일하고 사용되는 환경에 의해서만 구분되는 경우에는 서술
형어미가 명사구내포문어미보다 온전한 형태를 보존하고 있다고 주장
할 수 없다.[5] 따라서 본고에서는 '완형보문'이라는 용어 대신 이러한
유형의 내포문이 인용문을 포괄하고 있을 뿐만 아니라 구조상으로도
인용문과 동일한 형태를 지니고 있기 때문에 인용화내포문이라는 용
어를 사용하고자 한다.[6]

---

5) 한국어의 경우에도 중세한국어 이전 단계에서는 서술문과 관형화내포문,
　 명사구내포문에 쓰이는 어미가 형태상으로 동일하였을 가능성이 있다. 자
　 세한 논의는 § 3.1, § 4.1 참조.

3 관형화내포문

1) 관형화어미

한국어에서 관형화어미가 기원적으로 어떠한 형태, 의미특성을 지니고 있었는가 하는 문제와 중세국어나 현대국어에서 관형화어미의 형태, 의미 특성이 무엇인가에 대해 다양한 논의가 전개되고 있다.[7] 여기에서는 이러한 논의들을 중심으로 한국어 관형화어미의 특성을 살펴보고, 아울러 만주어 관형화어미의 특성을 규명함으로써 두 언어의 공통점과 차이점을 확인해 보고자 한다.[8]

한국어 관형화어미는 공시적 입장에서 볼 때 중세한국어와 현대한국어에 관계없이 모두 '-은, -는, -을, -던'의 네 종류로 분석하는 것이 일반적이다. 다음 예문은 이들 어미를 현대한국어와 중세한국어로 구분하여 보여주고 있다.

(1) 가. 쟝ᄎ 부텨 ᄃᆞ욇 相이로다.(月1:18).
    나. ᄀᆞ리ᄂᆞᆫ 거실 ᄊᆡ,(月9:8).
    다. 住호 相고대,(月卄一:151).
    라. 녜 사던 ᄃᆡ를 올마와 사로ᄃᆡ 나그내의 ᄆᆞᅀᆞᆷ를 보리로다.(杜8:41)

---

6) 현대한국어 인용문에 대한 자세한 논의는 이강로(1968), 이상복(1983) 참조.

7) 고영근(1982) 참조.

8) 논의를 진행함으로써 규명되겠지만 만주어에는 관형화라는 통사적 기능을 수행하는 어미가 존재하지 않는다. 따라서 만주어를 대상으로 해서 관형화어미 또는 관형화내포문어미라고 하는 술어는 한국어와 달리 관형화내포문에서 내포문의 서술어와 결합하여 쓰이는 어미를 지칭한다.

(2) 가. 어머니와 즐겁게 놀 아이를 보아라.

　　나. 어머니와 즐겁게 <u>노는</u> 아이를 보아라.

　　다. 어머니와 즐겁게 논 아이를 보아라.

　　라. 어머니와 즐겁게 놀던 아이를 보아라.

예문 (1)과 (2)는 각각 중세한국어와 현대한국어 관형화어미가 '-을, -는, -은, -던'으로 분석될 수 있음을 보여준다. 그런데 이들이 나타내는 의미에 대해서는 시제(Tense) 또는 동작상(Aspect)의 범주로 각각 달리 설명하고 있다. 고영근(1975)는 '-는, -은, -던, -을'을 각각 현재, 과거, 과거미완 혹은 과거, 미래시제로 풀이하고 있다. 그리고 남기심(1978:88)은 '-을'은 미정상 혹은 미확인상, '-은'은 완료상, '-던'은 단속상, '-는'은 미정, 완료, 단속 등이 아님을 보이는 것이라 하여 동작상의 범주에서 풀이하고 있다.9)

그런데 관형화어미들은 통시적으로나 공시적으로 형태소 분석이 가능하다. 권재일(1985)은 현대한국어를 대상으로 '-던'을 '-더'와 '-ㄴ'으로 분석하고 현대한국어 관형화어미로 '-은, -을, -는'만을 인정하고 있다.10) 더 나아가 '-는'을 '-느'와 '-ㄴ'으로 분석하여 한국어

---

9) 이숭녕(1981:277~278)에서는 중세한국어를 대상으로 '-는'은 현재형과 지속상 '-ㄹ'은 不定시제와 미래형, '-ㄴ'은 과거형과 완료상, '-던'은 과거형과 미완료상을 표현하는 어미라고 하였다. 그리고 최현배(1971:286)에서는 현대한국어를 대상으로 '-ㄹ, 을'은 이적(현재), '-는'은 이적나아감(현재진행), '-ㄹ, 을'은 올적(미래), '-ㄴ, 은'은 지난적(과거)를 나타낸다고 하였다. 이 외에 현대한국어 관형화내포문 시제에 대해서는 양동휘(1978), 안동환(1980:143~223) 참조.

10) 권재일(1985:43)은 '-는'은 현실법, '-을'은 미정법, '-은'은 완결법의 시제법 기능을 갖고 있는 것으로 보면서 '-던'은 '-더'와 '-ㄴ'으로 분석하여 이때의 '-ㄴ'을 완결법의 '-은'과 동일시하고 있다. 또한 임홍빈(1982)에서는 이때의 '-더'와 先語末語尾 '-더' 사이에 통합의 가능성이 있다고 주장하였다.

관형화어미로 '-은, -을'만을 설정하기도 한다. 다음 예문은 공시적 입장에서도 '-는'의 형태소 분석이 가능함을 보여준다.

(3) 가. 열심히 <u>공부한</u> 학생은 시험에 합격한다.
　　 나. 열심히 <u>공부하는</u> 학생은 시험에 합격한다.
(4) 가. 언덕위에 <u>아름다운</u> 꽃이 피었다.
　　 나. *언덕위에 <u>아름답는</u> 꽃이 피었다.

'-은'이 과거시제를, '-는'이 현재시제를 표현한다고 하는 설명은 (3)과 같이 동사와 결합하였을 때만 설명의 타당성을 갖는다. (4)와 같이 형용사와 결합하였을 때는 '-는'은 결합 자체가 불가능하며 '-은'은 과거시제가 아닌 현재시제를 표현하게 된다. 따라서 '-은'과 '-는'을 모두 관형화어미로 처리할 경우에는 '-은'이 동사와 결합해서는 과거시제를, 그리고 형용사와 결합해서는 현재시제를 표현한다고 하는 일관성이 없는 설명을 할 수밖에 없다. 그러나 '-는'을 '-느'와 '-ㄴ'으로 분석하여 '-느'를 '진행상'과 같은 동작상의 특성을 갖는 형태소로 보게 되면 형용사에 '-는'이 선택되지 않는 이유를 설명할 수 있다. 즉 형용사가 갖는 [+상태성]과 '-느'가 갖는 [+진행상]이라는 동작상의 특성이 양립할 수 없는 관계에 있기 때문이라고 설명할 수 있다. 따라서 '-은'이 동사와 결합해서는 과거시제를 표현하고 형용사와 결합해서는 현재시제를 표현한다는 이원적 설명을 배제할 수 있다.[11]

이상과 같이 한국어 관형화어미로서 '-은, -을' 두 형태를 설정하는 경우의 의미 특성에 대해서 심재기(1982:347~350)에서는 화자의 인식양상이라는 면에서는 '-은'과 '-을'이 [+결정성]과 [-결정성]

---

11) 이익섭, 임홍빈(1983:271) 참조.

의 대립관계를 나타내며, 동작상의 범주에서는 [＋완료성]과 [－완료성]의 대립관계를 나타낸다고 주장하였다. 그리고 이익섭, 임홍빈 (1983:273)에서는 화자의 판단을 근거로 하여 '－을'은 현실에 주어지지 않은 것을 나타내며 '－은'은 현실에 주어진 것을 나타낸다고 하는 잠정적 결론을 내리고 있다.

'－은'과 '－을'이 시제나 동작상과 같은 의미 특성을 표현한다고 하는 것은 관형화라는 통사적 특성과 함께 두 가지 기능을 수행하고 있다는 것을 의미한다. 이처럼 한 형태소가 두 가지 기능을 수행한다고 할 때 이러한 현상이 기원적인 것이냐 하는 의문이 제기된다. 그리고 이것은 관형화라는 단일 기능을 수행하는데 왜 '－은'과 '－을'이라는 두 개의 형태소가 존재하느냐 하는 의문과 그 맥락을 같이한다.12)

지금까지 한국어 관형화어미의 형태, 의미 특성 그리고 기원적 특성에 대하여 기존의 논의들을 중심으로 살펴보았다. 그 결과 '－은'과 '－을'의 의미를 시제, 동작상, 인식양상 등의 범주에서 각각 달리 정의 내리고 있음을 확인했다. 그러면 이러한 문제들이 만주어 관형화내포문에서는 어떻게 설명되는지 비교해 보기로 한다.

(1) 만주어 관형화어미의 의미 특성

만주어 관형화어미에는 '－ha'와 '－ra' 두 종류가 있다.13) 따라서

---

12) 관형화어미의 기원과 관련하여 고영근(1982)에서는 중세한국어를 대상으로 하여 관형화어미를 분석하여 '－은, －을' 두 개의 관형화어미 가운데서 기원적으로는 '－은'만이 관형화라는 통사적 기능을 수행하는 어미로 쓰였다고 주장하고 있다.

13) 박은용(1973:178)에서는 만주어 형용사형으로 '－ra, －ha, －ka'를 설정하고 있으며 池上二良(1984:299)에서는 '－ra'를 連體形 혹은 형동사라고 설명하고 있다. 그리고 愛新覺羅・鳥拉熙春(1982:242~245)에서는 '－ra,

24

만주어 관형화어미에 대한 논의는 이들 두 형태의 통사, 의미상의 특
성을 확인하는 데서 출발한다.

(5) 가. buya   niyalma   i   ahūn   <u>hūdaša-ra</u>   niyalma   ofi
　　　小　　 人　　 의 兄　　 장사하-는　　 사람　　 돼서
　　　boode   asuru   bisirakū.(金甁34:12b)
　　　집에　 자주　 있지 않다.

　　나. bi   guwan   in   i baru   geli   aika   <u>gisure-re</u>   babi?
　　　나　 官　　 人　 에게　 또　 어떤　 말하-ㄹ　 바있냐?
　　　(金甁34:8b)

　　다. buya   niyalma   bi   looye   i   gala   <u>obo-ro</u>   muke
　　　小　　 人　　 나　 老爺　 의 손　 씻-을　 물
　　　ganara   de   beye   sabuha.(金甁35:5b)
　　　가지러갈 때　 몸소　 보았다.

(6) 가. neneme   šu   tung   ni   <u>tuwabu-ha</u>   tere   bithe   sini
　　　전에　 書　 童　　 의 보게하 -ㄴ　 그　 글　 네
　　　buhenggeo?(金甁34:37a)
　　　보낸 것이냐?

　　나. nure   yali   udafi   ningguci   eniye   i   <u>te-he</u>   boode
　　　술　 고기　 사서　 六　　 娘　　 의 사-는　 방에
　　　benefi   kejine   goidame   omifi   teni   tucike.(金甁35:8b)
　　　보내고　 잠시　 지나서　 마시고　 금방　 나왔다.

　　다. terei   <u>golo-ho</u>   muru   be   tuwacina,   bi   henduhekūn?
　　　저의　 놀라-ㄴ　 모습 을　 보려므나,　 나 말하지 않았냐?
　　　(金甁48:13b)

-ha'와 함께 '-kū, -le, -me' 등도 관형화어미로 설명하고 있다. 한편
Ramstedt (1949:86)에서는 만주어 '-ra'와 한국어 '-ㄹ', '-n'와 '-ㄴ'
을 각각 동일 기원의 형태소들로서 대응시키고 있다.

(7) 가. <u>hacu −ka</u> manggi cimaha inenggi geli minde
　　　더러워지−ㄴ　후　　　내　　　일　　　또　　나에게
　　　baitalambio?(金瓶75:2b)
　　　쓰려느냐?

　나. ilan nofi amba sefu be fudeme <u>tuci−ke</u> ilun
　　　세　사람　大　師付　를　전송하러　나오−는　기회
　　　de amba duka i dolo ilifi tuwaci(金瓶46:25a)
　　　에　大　門　의　안에　서서　보니

　다. elhe nuhan i dosifi fa deri <u>foso−ko</u> biya elden
　　　조용히　들어가서　창　쪽에　비치−ㄴ　달　　빛
　　　de tuwaci(金瓶82:16b)
　　　에　보니

　만주어 관형화내포문에 쓰이고 있는 어미에는 (5)의 −ra / re / ro,
(6)의 −ha / he / ho, (7)의 −ka / ke / ko와 같은 형태들이 있다. 이
들은 각각 모음조화에 따라 결정되는 이형태들로서 양모음 아래서는
'−a', 음모음 아래서는 '−e', 'o' 모음 아래는 '−o'가 선택되는 변이형
이다.14) 또한 이들 세 종류의 어미 가운데 '−ha'와 '−ka'는 형태적
조건에 의해 결정되는 이형태로서 선행동사의 종류에 따라 선택이 결
정되는 동일 형태소의 변이형이다.15) 따라서 만주어 관형화내포문에
쓰이고 있는 어미는 '−ra'와 '−ha' 두 종류가 있다.
　그런데 '−ra'와 '−ha'가 어떠한 의미 특성을 갖고 상호 변별적으로

---

14) 이후로는 이들의 기본형을 '−ra, −ha, −ka'로 설정한다.
15) '−ha'와 '−ka'의 선행동사에 따른 제약관계에 대해서 Gabelentz(1832)는
　　만주어의 동사에 있어서 능동형(타동사及 자동사)은 −h로 그 과거형을
　　형성하고 중성동사及 재귀동사(media)는 −k로써 형성한다고 하는 일반
　　적 법칙을 세운다면 아마 틀리지 않을 것이라고 말하였고 上原久(1960)
　　도 이에 동조하고 있다. 박은용(1969:119) 참조.

사용되는지를 규명하는 것은 쉽지 않다. 이것은 이들 어미의 의미를 확인하는 작업이 문어에 의존할 수밖에 없다는 자료상의 제한 때문이다. 따라서 기존의 연구업적에 대한 검토에서부터 논의를 전개하기로 한다.

Möllendorff(1892:9)와 박은용(1973:168~171)은 '-ra'와 '-ha'를 '현재(미래): 과거'의 대립관계로 보고 있으며 Erich Haenish(1961:53~54)은 '미완료: 완료'의 대립관계로 보고 있다. 그리고 최학근(1977:283)에서는 '-ha'의 의미를 "현재 혹은 과거에 어느 행동이(혹은 어느 사실이) 이미 완료된 것을 서술하는 경우에 사용된다. 즉 과거형이다"라고 규정하여 동작상과 시제의 개념을 포괄하고 있는 것으로 보았다. 이상의 논의들을 요약하면 '-ha'와 '-ra'의 의미를 동작상의 범주로 정의하는 경우와 시제의 범주로 정의하는 경우로 나누어 볼 수 있다. 그러면 시제와 동작상의 두 범주 중에서 무엇이 '-ra'와 '-ha'의 의미를 명백히 표현하는 것인지 살펴보기로 한다.

시제란 방향성을 가진 자연시간의 흐름과 비례하여 일정한 기준점을 중심으로 선후관계를 파악하려고 하는 인식양상이라 할 수 있다. 따라서 현재, 과거, 미래라고 하는 것은 자연시간의 흐름 속에서 일정한 기준시점을 현재로 하여 행위나 사건의 선후에 따라 과거와 미래가 정의된 것이라 할 수 있다. 그리고 기준시점은 단문의 경우에는 발화시점이 기준시점이 되지만 내포문의 경우에는 사건시점이 기준시점이 된다.16) 만주어 관형화내포문에 쓰이는 '-ha'와 '-ra'도 시제를 표현하는 의미 특성을 지니고 있다면 기준시점을 중심으로 한 선후관계에 의해 설명되어야 한다.

---

16) 양동휘(1978)에서는 '한국어의 관형절 시제는 기본적으로 주절시 기준이다'라고 하였다.

실제로 다음 예문은 상위문의 사건시점을 기준시점으로 해서 '-ha'
는 과거시제를 '-ra'는 현재나 미래시제를 표현한다고 할 수 있다.

(8) 가. looye   i   emu   gebu   <u>ara-ha</u>   bithe   be   gamafi
　　　老爺 의   한   이름   쓰-ㄴ   글   을   가지고
　　　hiyan   i   hafan   de   buhe   de   teni   sain.(金甁88:12a)
　　　縣 의   官吏 에게   줌 에   비로서   좋다.
　　나. amaga inenggi   bi   baitalame   <u>waji-ha</u>   erin   de   sefu
　　　홋   날   나   사용하여   마치-ㄴ   때   에   師付
　　　be   aibide   baihanambi?(金甁49:35a)
　　　를   어디에   찾으러   가느냐?

(8가)는 '이름을 쓰는 행위'나 '관리에게 주는 행위'가 모두 아직 발
생되지 않은 미래의 예정된 행위들로서 발화시점 이후의 행위들이다.
그러므로 발화시점을 기준시점으로 해서는 '-ha'가 과거시제어미가
될 수 없고 미래시제어미가 되어야 한다. 그러나 '관리에게 주어서 일
이 좋게 되는 상태', 즉 사건시점보다는 앞서므로 사건시점을 기준시
점으로 하면 '-ha'가 과거시제어미가 될 수 있다. (8나)는 약을 얻고
서 이 약을 다 쓰고 나면 선생을 어디에서 다시 만나 얻을 수 있느냐
고 묻는 장면이다. 따라서 '사용하여 마친 행위'는 발화시점 이후의 행
위이다. 그러므로 발화시점을 기준시점으로 해서는 '-ha'가 과거시제
어미가 될 수 없고 미래시제어미가 되어야 한다. 그러나 '사용하여 마
친 행위'가 '찾는 행위'보다는 앞서므로 사건시점을 기준시점으로 하면
'-ha'가 과거시제어미가 될 수 있다. 이처럼 (8가)와 (8나)에서는 사
건시점을 기준시점으로 해서 '-ha'가 과거시제어미가 될 수 있음을
보여준다.

그러나 다음 예문은 사건시점을 기준시점으로 해서는 설명이 되지
않고 발화시점을 기준시점으로 할 때에만 설명이 가능하다.

(9) 가. lioi－bu　　tuwaki　　seme　　hūlhame　　dungdzo　　<u>dedu－he</u>
　　　呂　布　　보려　　ᄒ고　　ᄀ만이　　童卓이　　자　－ᄂᆞ
　　　booi　　jakade　　genehe.(譯總1:5)
　　　집　　것히　　가다.
　　나. mini　　beyede　　<u>etu－he</u>　　ere　　jibca　　hono　　sini　　nainai
　　　나의　　몸에　　입－은　　이　　옷　　도　　네　　*奶奶*
　　　i　　buhengge.(金甁78:40a)
　　　의　　준 것이다.

(9가)는 呂布가 童卓이 자고 있는 곳을 찾아가는 장면을 서술하고
있다. '董卓이 잠을 자는 행위'는 '呂布가 童卓의 집에 가는 행위(사건
시점)'과 동시적 행위이다. 그러므로 사건시점을 기준시점으로 해서는
'－ha'가 과거시제어미가 될 수 없고 현재시제어미가 되어야 한다. 그
러나 잠을 자는 행위가 발화시점보다는 앞서므로 발화시점을 기준시
점으로 하면 '－ha'가 과거시제어미가 될 수 있다. (9나)에서는 '옷을
입는 행위'가 '옷을 주는 행위(사건시점)' 이후의 행위이다. 그러므로
사건시점을 기준시점으로 해서는 '－ha'가 과거시제어미가 될 수 없고
미래시제어미가 되어야 한다. 그러나 옷을 입는 행위가 발화시점보다
는 앞서므로 발화시점을 기준시점으로 하면 과거시제어미가 될 수 있
다. 이처럼 기준시점을 발화시점으로 하느냐 사건시점으로 하느냐 하
는 차이에 따라 '－ha'의 시제가 바뀐다. 어떻든 위 예문에서 '－ha'는
발화시점을 기준시점으로 할 때만 과거시제어미가 될 수 있으며 이것
은 예문 (8)에서는 '－ha'가 사건시점을 기준시점으로 해야만 설명이

가능한 것과는 상반되는 현상이다.

기준시점을 사건시점으로 하느냐, 아니면 발화시점으로 하느냐 하는 기준시점 설정에 따르는 이상과 같은 어려움은 '-ha'와 '-ra'를 시제 범주에서 의미를 규정하는 것이 적절하지 못한 방법임을 의미한다.

한편 다음 예문에서는 기준시점을 발화시점으로 하느냐 사건시점으로 하느냐 하는 문제와는 관계없이 '-ra'는 현재와 미래시제를, '-ha'는 과거시제를 표현한다고 하는 지금까지의 가설과는 정반대되는 설명을 할 수밖에 없다.

(10) 가. bi   sini   ere   jergi   ulin   be   gai-ha   doro   bio?
　　　나   너의   이   같은   물건   을   갖-을   이유   있냐?
　　　(金甁67:17a)

나. bi   uthai   jakdan   i   siltan   unca-ra   cen   hūng
　　나   바로   松   의   旗杆   파-는   陳   洪
　　ni   jui   inu.(金甁93:7b)
　　의   아들   이다.

(10가)는 '물건을 갖는 행위'가 '이유가 있느냐고 묻는 행위(사건시점)' 이후의 행위고 사건시점은 발화시점과 일치한다. 따라서 '물건을 갖는 행위'는 사건시점을 기준시점으로 하거나 발화시점을 기준시점으로 하거나 미래시제가 될 수밖에 없다. 그러나 내포문어미로는 과거시제를 표현한다는 '-ha'가 쓰이고 있다. 예문 (10나)에서는 이와 반대되는 현상이 나타난다. (10나)는 陳敬濟가 돌아가신 부친의 친구에게 자신을 소개하는 장면이다. '旗杆을 파는 행위'는 자기 부친의 직위를 설명하는 내용이기 때문에 '아들이라고 설명하는 행위(사건시점)'보다 앞서는 행위이다. 그리고 사건시점은 발화시점과 일치하고 있다. 따라서

'旗杆을 파는 행위'는 사건시점을 기준시점으로 하거나 발화시점을 기준시점으로 하거나 과거의 행위가 될 수밖에 없다. 그러나 내포문어미에는 '현재와 미래시제를 표현한다는 '-ra'가 쓰이고 있다.

이처럼 예문 (10)은 기준시점이 발화시점이냐 사건시점이냐 하는 문제와는 관계없이 '-ra'는 현재나 미래시제가 아닌 과거시제를 표현하고 '-ha'는 과거시제가 아닌 현재나 미래시제를 표현하고 있다고 해야만 한다. 그런데 이러한 설명은 기존의 논의와는 정반대되는 결과로서 '-ra, -ha'의 의미를 시제 범주에서는 규정할 수 없다는 것을 입증해 주는 것이 된다.

그러면 '-ha'와 '-ra'의 의미 특성을 동작상의 범주에서 살펴보기로 하자. 동작상은 시제와 달리 어떤 사건이나 동작의 시간적 폭이 어떻게 분포되어 있는가를 규정하는 것이다.[17] 그리고 행위를 완결된 총체적 단위로 생각하느냐 아니면 시간에 따른 내적 변화 양태를 표현하느냐 하는 관점의 차에 따라 완료상과 미완료상으로 하위분류된다.[18] 이러한 기준에 따르면 (10가)의 '물건을 갖는 행위'는 비록 미래에 행하여질 행위지만 완료된 행위로도 인식된다. 즉 총체적 단위로서 간주하는 것이다. 따라서 동작상의 범주에서 '-ha'는 완료상을 표현한다고 할 수 있다. (10나)의 '旗杆을 파는 행위'도 비록 과거에 행하여진 행위지만 시간에 따라 지속적으로 반복되는 행위로도 인식된

---

17) Hopper(1981:4)에서는 동작상과 시제의 관계에 대하여 다음과 같이 설명하고 있다. whereas even tense morphemes have a concrete relationship to the observer – the observer's own timeline – aspect depends on an absolute, observer – independent shaping of a state or action. 그리고 동작상과 시제의 관계에 대한 보다 자세한 논의는 Comrie(1976), Lyons(1977), 최동권(1983) 참조.

18) 동작상에 대한 보다 자세한 논의는 Comrie(1976), Lyons(1977), Freed(1979) 참조.

다. 즉 내적 시간의 변화를 갖는 행위다. 따라서 동작상의 범주에서 '-ra'는 미완료상을 표현한다고 할 수 있다.[19]

'-ha'와 '-ra'가 동작상의 범주에서 각각 완료상과 미완료상을 표현한다고 할 때 청조시대에 간행된 만주어 문법서에서는 이들을 어떻게 정의하였는지 살펴보기로 한다.

> ka, ha, ke, he, ko, ho 此六子 皆已然之詞 漢文矣字也字 亦視上交叶韻 用之 如上a下ha 上e下he 上o下ho 其ka, ke, ko 又隨語氣以別耳 云云 (指南三:3)
>
> ka, ha, ke, he, ko, ho 此六子 俱是 了字, 矣字, 也字. 在字尾聯用 乃 已然之詞 句中亦有解作 之字 的字者 俱隨上字押韻用之 如上用a下用ha 上用e下用he 上用o下用ho 上用ga下用ka 上用ge下用ke 上用go下用ko (啓蒙三:18)
>
> ka, ha, ko, ho, ke, he 此六字 體異而義同 叶上韻耳 後凡遇此不贅係已然語 若在句中作之字解 若在句尾作了字解 單用即用 oho(指要:21)
>
> ka, ha, ke, he, ko, ho 此六字 皆已然之詞, 矣字, 也字, 亦視上文叶韻用之. 如上a下ha 上e下he 上o下ho 其ka, ke, ko 隨語氣以別耳(備考1:2)
>
> 未然字面相反 若一一反證 似覺眩目 不如從略爲得 但知ka, ha與ra字反 ke, he與re字反 ko, ho與ro字反 便了(字法:26)

이상은 '-ha'와 '-ka'의 형태, 음운론적 특성을 밝히면서 이들의 의미를 未然의 반대 의미를 갖는 '已然' 또는 '了, 矣, 也' 등으로 설명

---

19) 이등룡(1984:5~37)에서는 만주·퉁구스 諸語에서는 本動詞의 語根에 各種의 接辭를 添加하여 本動詞의 敍述的 諸樣態를 표현한다라고 하면서 突厥, 蒙古 및 한국어에서는 動詞들이 그 中心語義를 部分的 또는 全的으로 喪失하고 오직 그 中心 語義의 反射의미를 一定한 형태의 연결어미에 依하여 本動詞 뒤에 붙여 本動詞의 多樣한 敍述的 樣態를 표현하는 것과 다르다고 하였다.

하고 있다. 이들 설명은 행위가 끝났다거나 기정사실로 되었다는 뜻으로 풀이할 수 있다. 그리고 이러한 의미는 '완료'의 의미로 포괄할 수 있다. 그러면 '-ra'에 대한 설명을 살펴보기로 한다.

ra, re, ro 此三字 用於字末 皆承上接下 <u>將然未然之語</u> 下用be字則上用 此三字 或一連數句 文法相似 而意思各斷者 乃用此三樣 亦是指事之詞……如用於字末 作結句者字 <u>比mbi 稍活動些</u> 如我必去日 bi urunakū genembi 如我去日 bi genere(指南三:2)

ra, re, ro 此三字 俱在字尾聯用 乃結上接下 <u>未然之語</u> 亦可急尾用 比 <u>mbi 字 語氣輕活</u> 句中亦有解作之字 的字者 俱隨上字 押韻用之 如上用a 下用 ra 上用e下用re 上用o下用ro(啓蒙三:22)

ra, re, ro 此三字 體異用同 叶上韻耳 後凡遇此類不贅 係<u>未然語</u> 若在句 中 作之字解 若在句尾乃 <u>言盡而意不盡之語</u> 若下墊be等 字 則爲平文 單 用則 用 ojoro(指要:20)

<u>未然面與已然反</u> ra, re 從略省文多 ka, ha, ke, he, ko, ho 六字 俱是 <u>已與 然字面 與 ra, re, ro 三簡未然字面相反</u> 若一一反證 似覺眩目 下如從略爲 得 但知 ka, ha與ra字反 ke, he與re字反 ko, ho與ro字反 便了 (字法:26)

이상은 '-ra'의 형태, 음운론적 특성을 설명하면서 이들의 의미를 '未然之語' 혹은 '將然之語'로 정의하고 있다. 그리고 '未然'을 '已然'과 대립되는 개념으로 설명하고 있다. 이것은 행위가 끝나지 않았다는 뜻이며 기정사실로 받아들여지지 않는다는 뜻이다. 淸文指要의 '言盡而意不盡'이라는 설명이 이러는 정의를 잘 풀이하고 있다. 따라서 已然이 완료에 대응된다면 未然은 미완료에 대응된다고 하겠다.

한국어의 '-은'과 '-을'에 대하여 심재기(1982)에서 화자의 판단으로 기정사실로 받아들여졌다는 의미에서 '-은'은 '+결정성'을 '-을'은 '-결정성'을 반영하고 동작상의 범주에서는 [+완료성]과 [-완료성]을 반영한다고 하였다. 이것은 한국어의 '-은'과 '-을'이 만주어 '-ha', '-ra'와 공통의 의미 특성을 갖고 있음을 나타내는 것이다.

지금까지 논의한 '-ha, -ra'의 의미 특성은 이들 어미와 상위문명사 사이의 제약관계에 의해서도 확인할 수 있다.[20] 어떻든 만주어 '-ha'와 '-ra'가 한국어 '-은', '-을'과 완료상과 미완료상이라는 공통된 의미 특성을 갖고 있다는 것을 확인하였다.

(2) 만주어 관형화어미의 통사 특성

한국어의 경우 '-은'과 '-을'이 완료상과 미완료상이라는 동작상의 의미 특성과 함께 관형화라는 통사적 기능도 수행하고 있다. 따라서 하나의 형태소가 두 가지 기능을 수행한다고 할 수 있다. 만주어의 경우 '-ha'와 '-ra'가 동작상의 의미 특성을 갖고 있음은 이미 확인되었다. 그러나 그들 어미가 관형화어미로서의 기능을 수행하는지 여부는 확인된 바 없다. 따라서 여기서는 '-ha'와 '-ra'가 관형화라는 통사적 기능을 수행하는지 여부를 규명해 보기로 하겠다.

관형화어미란 내포문과 내포문명사 사이에서 수식이라는 통사적 절차를 수행하는 것으로서 한 문장을 관형사처럼 바꾸어 주는 것이라 할 수 있다. 한국어에 있어서 내포문과 내포문명사 그리고 관형화어미 사이의 구성관계는 다음과 같이 설정된다.[21]

NP [[S₁-comp] NP]

---

20) 자세한 내용은 § 3.3 참조.

21) comp: 내포문어미(complemetizer) S: 문장(sentence) NP: 명사구(noun phrase)

34

이것은 내포문 S₁이 관형화어미(comp)와 결합하여 내포문명사(NP)를 수식하는 구성관계를 나타낸 것이다. 이처럼 한국어 관형화 구성에는 필수적으로 관형화어미가 관여하게 되며 또한 이 어미에 의해 내포문 구성의 모든 통사 제약이 지배된다.

이상에서 제시한 한국어 관형화어미의 구성관계에 의거하여 본다면 만주어 '-ra'와 '-ha'가 관형화라는 통사적 기능을 수행하는 어미라고 하는 데는 문제가 따른다. 실제로 이들 어미가 관형화내포문에 통합되는 양상을 살펴보면 매우 선택적으로 쓰이고 있음을 확인할 수 있다.

(11) 가. ju tai ioin [jakūn niyalmai tukiye] -re iletu
      朱   太   尉   여덟   사람의   드   -는   明
      giyoo de tefi,(金瓶70:23a)
      轎   에 앉아서

   나. bi [sini ere jergi ulin be gai] -ha doro
      나 네   이   같은 물건 을 받 -을   道理
      bio?(金瓶67:17a)
      있냐?

(12) 가. [se asihan] šabi bi.(金瓶93:20b)
      나이 젊-(은) 徒弟 있다.

   나. gege [sini cihangga] ucun be hendu.(金瓶96:12b)
      姐姐. 네   원하-(는)   노래 를 말하라.

   다. [sui akū wabuha niyalma umesi labdu] turgunde
      죄 없이 죽은   사람   매우   많-(은) 때문에
      gosire   jilara mujilen be tucibufi,(金瓶100:29a)
      사랑하고 동정하는 마음   을 일으켜서,

위 예문들은 내포문 서술어의 종류에 따라 분류하여 놓은 것이다.

(11)은 내포문의 서술어로 동사가 쓰인 예문들이다. (11가)는 tukiye
-(들다), (11나)는 gai-(받다)가 각각 내포문서술어로 쓰이고 있다.
이에 반해 (12)는 내포문서술어로 형용사가 쓰인 예문들이다. (12가)
는 asihan(젊다), (12나)는 cihangga(원하다), (12다)는 labdu(많다)가
각각 내포문 서술어로 쓰이고 있다. 그런데 이들 두 종류의 관형화내
포문은 어미와의 결합에 차이가 있다. 내포문 서술어가 동사인 예문
(11)의 경우에는 내포문이 '-ra', '-ha'와의 결합을 통하여 상위문명
사를 수식하고 있다. 반면에 내포문 서술어가 형용사인 예문 (12)의
경우에는 내포문에 어떠한 어미도 결합되지 않은 상태로 내포문명사
를 수식하고 있다. 따라서 만주어 관형화내포문의 구성 체계는 다음과
같이 설정될 수 있다.

(13) 가. NP[[S$_1$-comp] NP], comp→ra, ha

나. NP[[S$_1$] NP]

만주어 관형화내포문에 쓰이는 '-ra'와 '-ha'가 관형화라는 통사적
기능을 수행한다고 하면 만주어 관형화내포문의 구성 체계는 내포문
서술어의 종류에 따라 (13가)와 (13나)처럼 두 가지 구성형태로 달리
분석해야 한다. 그래서 내포문의 서술어가 동사인 경우에는 (13가)의
구성형태를, 내포문의 서술어가 형용사인 경우에는 (13나)의 구성형태
를 갖는 것으로 규정할 수 있다. 물론 (13가)로 분석을 단일화한 후
내포문의 서술어가 형용사인 경우에는 내포문어미가 생략된다는 제약
조건을 두게 되면 단일화가 가능하다. 그러나 이러한 분석은 생략이
일어나는 원인에 대한 설명이 명백히 입증되지 않으면 받아들이기 어
렵다.

만주어 관형화내포문이 한국어와 달리 예문 (13)처럼 이원적 구성
체계를 갖는다면 이것은 내포문 서술어가 형용사인 경우 '-ra, -ha'와
결합하지 않기 때문이다. 물론 관형화내포문이 한국어처럼 단일 구성
을 가져야 할 이유도 없고 관형화어미가 서술어의 종류에 관계없이 모
든 내포문과 결합하여 쓰여야만 할 이유도 없다. 특히 만주어의 경우
동사는 어미활용이 가능하지만 형용사는 어미활용이 불가능하다. 따라
서 '-ra'와 '-ha'가 동사와 결합하여서는 관형화어미로서의 기능을 수
행하지만 형용사가 내포문 서술어로 쓰일 경우에는 형용사가 갖는 통합
상의 제약 때문에 관형화어미로서의 기능을 수행하지 못한다고 할 수
있다. 그러나 이러한 제약에도 불구하고 만주어 명사나 형용사는 필요
한 경우 다음 예문에서처럼 'bi-' 동사를 매개로 하여 어미와 결합하
여 쓰이고 있다. 따라서 '-ra', '-ha'와 결합하지 않는 것을 통합상의
제약 때문이라고 단정할 수는 없다.

(14) 가. si [si men king ni booi ilaci sargan bi] -he
　　　　 너　 西　 門　 慶　 의　 房의　 세째　 부인　 이　 -ㄴ
　　　　 fonde mini baru labtuhakū biheo?(金瓶92:14b)
　　　　 때에　 나　 에게　 붙지 않았냐?
　　 나. bi [fe hoki bi] -he han doo guwe i sargan.
　　　　 나　 옛　 夥計　 이　 -ㄴ　 韓　 道　 國　 의　 부인이다.
　　　　 (金瓶96:24b)

예문 (14)에서 내포문의 서술어는 각각 'ilaci sargan(세째 부인)'과
'hoki(夥計)'로서 어미 활용을 할 수 없는 명사다. 그런데 'bi(있다)'가
'-ha'와 내포문 서술어를 연결시켜 주기 위한 수단으로 쓰이고 있다.
이러한 'bi-'의 특성은 'bi'가 통사적 기능만을 수행할 뿐 자체의 어휘

적 의미를 지니고 있지 않다는 사실에 의해 입증된다. 그러면 이러한 환경에서 '-ha'가 표현하는 의미가 무엇인지 고찰해 보기로 한다.

만주어는 단문에서도 서술어가 명사나 형용사일 경우에는 어미활용을 하지 않고 그 자체로서 문장의 종결형이 된다. 그것은 예문 (14나)의 상위문서술어 'sargan(부인)'이 명사이기 때문에 어미활용이 없이 쓰이고 있다는 것에 의해 입증된다. 그리고 'bi-' 동사가 후행하는 경우는 동작상을 표현하는 '-ha'나 '-me, -cibe, -ci' 등과 같은 연결어미와의 결합이 필요한 경우이다.[22] 이상의 사실은 내포문의 서술어가 형용사거나 명사거나 '-ha'와 결합이 필요할 때는 'bi-' 동사를 매개로 하여 표현할 수 있다는 것을 의미한다. 따라서 만약 '-ha'가 관형화라는 통사적 기능을 수행하고자 하면 내포문 서술어의 종류에 관계없이 'bi-'동사를 매개로 하여 기능을 수행할 수 있다. 그런데 예문 (12)에서처럼 내포문 서술어가 형용사인 경우에 '-ha'가 쓰이지 않았다는 것은 이들 어미가 관형화라는 통사적 기능을 수행하지 않는다는 것을 의미한다.

더구나 이러한 환경에서 미완료상을 표현하는 '-ra'가 'bi-'와 결합한 'bisire'의 형태를 확인할 수 없다는 것은 '-ra'와 '-ha'가 통사적 기능을 수행하지 않는다는 것을 입증해 준다. 이러한 제약관계는 명사나 형용사가 지니고 있는 [+狀態性]의 특성과 '-ra'가 지니고 있는 [+進行相]의 특성이 상호 제약관계에 있기 때문이다.[23] 그리고 이러한 제약관계는 이들 어미가 관형화라는 통사적 기능을 수행한다고 하

---

22) '-me, -ci, -cibe'에 대해서는 성백인(1958), 박은용(1973) 참조.

23) Comrie(1976:35)의 다음 설명 참조.
   stative verbs do not have progressive forms, since this would involve an internal contradiction between the stativity of the verb and the nonstativity essential to the progress.

면 결코 설명할 수 없는 것으로서 한국어에서 형용사와 선어말어미 '-는'이 결합하지 못하는 현상과 일치한다.[24]

이처럼 '-ra'와 '-ha'는 동작상의 범주에서 '미완료상'과 '완료상'을 표현할 뿐이며 관형화어미로서의 통사적 기능은 수행하지 않는다. 그리고 만주어에서 관형화라는 통사적 기능은 일정한 형태의 어미에 의존하지 않고 내포문이 상위문명사 앞에 위치함으로써 그 기능을 수행한다. 이러한 구성관계는 다음과 같은 구조로 분석된다.

NP[[S₁] NP]

이상과 같은 구조분석은 '-ra'와 '-ha'가 기저구조에서 생성되는 것을 의미한다.

그리고 내포문 서술어의 종류에 따라 각각 다른 구성관계를 갖는 것으로 분석하는 것보다 설명의 간결성이라는 점에서도 이점이 있다.[25] 이러한 사실에도 불구하고 만주어 '-ra'와 '-ha'가 관형화어미로서 인식되는 것은 미완료상과 완료상의 의미 특성을 갖던 어미들이 동일한 위치에서 자주 쓰이게 된 결과 관형화어미로서의 기능까지 수행하게 된 것으로 인식한 결과라고 하겠다.[26]

지금까지 한국어 관형화어미의 의미와 기원형에 대한 논의들을 살펴

---

24) 형용사와 선어말어미'-는-'의 제약관계는 § 3.1.1 참조.

25) 관형화내포문에서 '-ha, -ra'가 나타내는 이러한 특성은 명사화내포문과 문장의 어말에서도 확인된다. 따라서 관형화내포문에 쓰인 것을 관형화어미라고 한다면 명사화내포문에서는 명사화어미, 문장의 어말에서는 종결어미라고 각각 달리 정의해야 하는 어려움이 있다.(§ 4.1.2, § 5.2 참조)

26) 淸朝의 만주어 문법서에서 '之字', '承上接下', '結上接下 등으로 '-ra, -ha'의 의미를 풀이한 것은 관형화어미로서의 의미 특성을 설명한 것이라 할 수 있다.(p.21~22 참조)

보고 이러한 문제들을 중심으로 만주어 내포문에 쓰인 '-ra'와 '-ha'의 특성을 살펴보았다. 그 결과 한국어 '-은, -을'과 만주어 '-ha, -ra'가 동일하게 완료상과 미완료상의 의미 특성을 갖고 있음을 알 수 있었다. 그리고 만주어 '-ha'와 '-ra'는 동작상의 의미 특성만을 지니고 있으며 관형화어미로서의 기능은 지니고 있지 않다는 것을 알 수 있었다. 따라서 한국어 관형화어미 '-은'과 '-을'도 만주어처럼 기원적으로는 동작상의 의미 특성만을 지니고 있던 것이 후에 관형화어미로서의 기능까지 수행하게 되었을 기능성을 배제할 수 없다.

2) 관형화내포문의 주어

한국어 관형화내포문에서는 내포문의 주어가 주격어미에 의해 표현되는 경우와 속격어미에 의해 표현되는 경우가 있다. 따라서 이들 사이의 관계 규명과 속격어미에 의해 주어가 표현되는 내포문의 기저구조가 무엇이냐 하는 문제에 대하여 논란이 되고 있다. 여기에서는 한국어 관형화내포문의 주어와 관련된 이러한 특성이 만주어 관형화내포문에도 존재하는 특성임을 확인하고 두 언어의 공통점과 차이점을 비교하고자 한다.

한국어 관형화내포문의 주어가 속격어미로 표현되는 경우에 이러한 속격을 주어적 속격이라고 부른다. 내포문의 주어가 속격어미로 표현되는 현상은 현대한국어에서보다는 중세한국어에서 매우 생산적이었다. 다음 예문은 중세한국어의 관형화내포문의 주어가 속격어미에 의해 표현된 것을 보여준다.[27]

---

27) 이기문(1978:176), 안병희(1968) 참조.

(15) 가. 沙門은 <u>느믹 지순</u> 녀르믈 먹느니이다.(釋詳24:22a)

　　나. 나랏 <u>衆生의 니불</u> 오시 <s>무</s>숨매 머거든.(月釋8:65a)

　　다. 나는 <u>부텻 스랑호시논</u> 앗이라.(楞嚴1:86a)

예문 (15가)는 내포문 서술어 '지순'의 주어로 '늠'이 속격어미 '익'와 결합하여 '느믹'로, (15나)는 '니불'의 주어로 '나랏 衆生'이 속격어미 '익'와 결합하여 '나랏 衆生익'로, (15다)는 '스랑호시논'의 주어로 '부텨'가 속격어미 'ㅅ'과 결합하여 '부텻'으로 표현되고 있다. 이처럼 중세한국어에서는 내포문의 주어가 속격어미로 표현되는 현상이 생산적이었다. 그러나 내포문의 주어가 항상 속격어미로만 표현되는 것은 아니었으며 주격어미에 의해서도 표현되었다. 더구나 다음 예문에서처럼 거의 동일한 구조의 문장에서 내포문의 주어가 주격어미와 속격어미로 동시에 표현되는 경우도 있었다.

(16) 가. 우흔 다 <u>諸佛ㅅ</u> 머리셔 <u>讚歡하시논</u> 마리시라.(法華6:179a)

　　나. 우흔 다 <u>諸佛이</u> 머리셔 <u>讚歡호시논</u> 마리라.(月釋18:57b)

(17) 가. 長者曰 <u>아드릭</u> 어리고 좁고 사오나와 …… 이 아빅 信티 아니 <u>호는</u> 둘 알오.(法華2:240b)

　　나. 長者曰……<u>아드리</u> 어리고 사오나와 더러운 일 즐겨 <u>호는</u> 둘 念코.(法華2:242a)

예문 (16)은 같은 불경원문을 다른 번역자가 번역한 것으로 내포문주어가 (16가)에서는 속격형 '諸佛ㅅ'로, (16나)에서는 주격형 '諸佛이'로 되어 있다. 그리고 예문 (17)도 역시 비슷한 이야기를 같은 사람이 번역한 것으로 내포문주어가 (17가)에서는 속격형 '아드릭'로 (17나)에서는 '아드리'로 되어 있다.[28] 이상은 동일 문장에서도 주격형과 속격

---

28) 안병희(1968) 참조.

형이 서로 바뀌어 쓰일 수 있음을 보여주는 것으로서 중세한국어에서
는 내포문의 주어가 주격형과 속격형으로 자유롭게 쓰였음을 보여준다.

　내포문의 주어로써 주격형과 속격형이 자유롭게 바뀌어 쓰였다는
것은 이들 사이에 밀접한 관계가 있다는 것을 의미한다. 그런데 이들
사이의 관계를 설명하는 데 있어서 우선적으로 가정해 볼 수 있는 것
은 중세한국어에 있어서는 속격어미가 주격어미로서의 기능도 수행하
였다고 할 수 있을 것이다. 그러나 이러한 설명은 주격어미와 속격어
미의 관계를 설정하기가 어렵고 나아가 이러한 속격어미의 기능이 명
사구내포문에만 존재하는 이유를 설명하는데도 부적절하다. 따라서 이
러한 속격형이 명사구내포문에만 나타난다는 사실을 근거로 이들의
기저구조를 다음 예문처럼 설정해 볼 수 있다.

　　(18) 가. 沙門은 ᄂᆞ민 지순 녀르믈 먹ᄂᆞ니이다.(釋詳24:22a)
　　　　 나. 沙門 (ᄂᆞ미 녀름 지순) 녀름 먹ᄂᆞ니이다.
　　　　 다. 沙門 ᄂᆞ민 (ᄂᆞ미 녀름 지순) 녀름 먹ᄂᆞ니이다.

　(18가)는 내포문의 주어가 속격어미 '익'에 의해 'ᄂᆞ민'로 표현되어
있는 문장이다. 이때의 'ᄂᆞ민'를 (18나)처럼 기저에서는 주격이었던 것
이 변형에 의해 속격으로 나타나게 되었다고 보는 관점과, (18다)처럼
기저에서부터 속격이었다고 보는 관점이 있을 수 있다. 서정목(1978)
에서는 (18나)를 기저구조로 설정하고 여기에 동일명사구삭제규칙이
적용되어 내포문의 '녀름'이 삭제되었으며 그 결과 내포문의 주어 'ᄂᆞᆷ'
이 내포문서술어 '짓-'의 주어로 더 이상 남을 수 없을 만큼 거리가
멀어지게 되면서 상위문의 '녀름'과 관계를 맺기 위하여 속격형을 취
하게 되었다고 설명하고 있다. 따라서 이때의 속격형은 기저구조에서

는 주격형이었다고 할 수 있다.

그러나 (18가)의 기저구조로서 (18다)를 설정하는 경우에는 상위문 '沙門 ᄂᆞ미 녀름 먹ᄂᆞ니이다'에 '나미 녀름 지순'이라는 하위문이 내포된 후 동일명사구삭제규칙에 의해 내포문의 주어 'ᄂᆞ미'가 삭제되어 (18가)와 같은 문장이 되었다고 할 수 있다. 따라서 이때의 속격형은 기저구조에서부터 속격형이었다고 할 수 있다.

그런데 관형화내포문을 관계화와 보문화로 분류하였을 경우 예문 (18)과 같은 관계화 내포문에서는 동일명사구삭제의 결과 내포문의 주어와 서술어 사이의 거리가 멀어져 주어가 속격형을 취하게 되었다는 설명이 가능하지만 다음 예문과 같은 보문에서는 이러한 설명 방법이 적용되지 않는다.

(19) 우흔 다 諸佛ㅅ 머리셔 讚歎ᄒ시ᄂᆞ 마리시니라.(法華6:179)
(20) 그 아비 아ᄃᆞ리 다 差ᄒᆞ 둘 듣고(法華5:158)
(21) 가. 그ᄢᅴ 首陁會天이 須達이 버릇 업순 주를 보고(釋詳6:21)
　　 나. 그ᄢᅴ 首陁會天이 (須達이 버릇 업순) 주를 보고,
　　 다. 그ᄢᅴ 首陁會天이 須達이 (須達이 버릇 업순) 주를 보고,

예문 (19~21)는 보문 구성으로서 내포문주어가 (19)에서는 '諸佛ㅅ'로, (20)에서는 '아ᄃᆞ리'로, (21가)에서는 '須達이'로 모두 속격형으로 표현되어 있다. 그리고 이들 속격형의 기저구조를 관계화 내포문에서 제시한 것과 동일한 방법으로 설정할 수 있다. 그러나 보문에서는 이러한 기저구조로부터의 변형을 설명하는 데 문제가 있다. 例를 들어 (21가)의 기저구조로서 (21나)와 (21다)를 설정할 수 있다. 그런데 (21나)처럼 기저구조를 설정할 경우 내포문에 상위문명사 '주'와 동일한 형태의 명사구가 존재하지 않는다. 따라서 동일명사구삭제의 결과

내포문의 주어와 서술어 사이의 거리가 멀어져 주어가 속격형을 취하
여 내포문명사와 직접 관계를 맺게 되었다고 하는 설명 방법은 설득
력을 잃게 된다. 뿐만 아니라 (21나)에서는 상위문이 '모미 首陀會天
이 주를 보고'라는 비문법적인 문장이 된다. 본고에서는 (21가)의 기
저구조로서 (21다)를 설정하고자 한다. 그래서 관형화내포문의 주어라
고 생각해 온 속격형이 기저구조에서부터 속격형이며 다만 내포문의
주어가 동일명사구삭제규칙에 따라 삭제된 결과 (21가)와 같은 구조
를 갖게 된 것으로 보고자 한다.29) 한편 관형화내포문의 주어가 속격
어미와 함께 기능을 수행하게 되는 특성은 4.3장에서 논의할 명사화내
포문의 주어, 5.3장에서 논의할 인용화내포문의 주어와 동일한 범주에
서 다루어져야 할 것이다.

　만주어 관형화내포문에서도 한국어처럼 내포문의 주어가 주격형과
속격형으로 달리 표현된다. 그리고 이러한 특성이 관계화나 보문화에
관계없이 나타난다는 점에서도 한국어와 일치한다. 다음 예문은 관계
화 내포문 주어의 주격형과 속격형을 보여순다.

(22) 가. ging　du　giyan　i　<u>booi niyalma</u>　amasi　unggi-re
　　　荊　都　督　의 집의　사람　　돌려　보내-ㄹ
　　　bithe　be　gajime　jihe.(金甁75:43b)
　　　글　을　가지러　왔다.

　　나. dade　<u>si　men　king</u>　mektere　dasi-re　hacin　be
　　　원래　西　門　慶　깔고　덮-을　종류　를
　　　encu　emu　ubu　belhehe bihe.(金甁75:66)
　　　달리　한　몫　준비했다.

---

29) 임홍빈(1981)에서도 현대한국어를 대상으로 동일한 기저구조를 설정하
　　고서 속격어미의 의미는 '存在前提'와 관련된다고 하였다.

(23) 가. ubade sini <u>wen sefu i</u> yabu-re ulga bio? akūn?
　　　여기에　네　溫　師父　의　타 -는　가축　있냐?　없냐?
　　　(金瓶68:28a)

　　나. ere gemu <u>geren niyalma i</u> age de urgun
　　　이　모두　여러　사람　의　兄　에게　경사
　　　arame benji-he doroi jaka.(金瓶76:20b)
　　　축하하여　보내-ㄴ　禮의　物이다.

　이상의 예문은 만주어 관계화 내포문 구성을 보여주는 것으로서 내
포문의 주어가 주격형과 속격형으로 달리 표현되어 있다. 예문 (22)에
서는 내포문의 주어 'niyalma(사람)'과 'si men king(西門慶)'이 모두
'∅' 형태소인 주격어미에 의해 표현되고 있다. 그리고 (23)에서는 내
포문의 주어 'wen sefu(溫師父)'와 'geren niyalma(여러 사람)'가 모두
속격어미 'i'에 의해 표현되고 있다.

　따라서 내포문의 주어를 표현하는 속격어미와 주격어미가 어떠한 관
계에 있느냐 하는 문제가 한국어에서처럼 제기된다. 그런데 이러한 속
격형이 명사구내포문에서만 존재한다는 사실도 한국어와 일치한다. 따
라서 속격형의 기저구조를 한국어에서처럼 설정해 볼 수 있다. 다음 예
문은 (23가)의 기저구조를 한국어와 동일한 방법으로 설정해 본 것이다.

(24) 가. ubade sini wen sefu i yabu-re ulga bio? akūn?
　　　여기에　네　溫　師父　의　타 -는　가축　있냐?　없냐?
　　　(金瓶68:28a)

　　나. ubade (sini wen sefu ∅ ulga yabu-re) ulga bio? akūn?
　　　여기에　네　溫　師父(가)　가축　타 -는　가축　있냐?　없냐?

　　다. ubade sini wen sefu i (sini wen sefu ∅ ulga
　　　여기에　네　溫　師父　의　네　溫　師父 (가)　가축

yabu-re) ulga bio? akūn?
타 - 는 가축 있냐? 없냐?

(24가)의 기저구조로 (24나)를 설정하는 경우에는 내포문의 주어 'sini wen sefu(네 溫 師父)'가 변형에 의해 속격형을 취하게 되었다고 할 수 있다. 그리고 (24다)를 기저구조로 설정한 경우에는 동일명사구 삭제에 의해 내포문의 주어가 삭제된 후 (24가)와 같은 문장이 되었다고 할 수 있다. 따라서 이때의 속격형은 기저구조에서부터 속격형이었다고 할 수 있다.

관계화 내포문에서 보여주는 이상과 같은 통사적 특성은 보문 구성에서도 확인할 수 있다. 따라서 기저구조의 설정 문제도 동일한 방법에 의해 설명되어야 한다. 다음 예문은 보문의 주격형과 속격형을 열거한 것이다.

(25) 가. <u>eniye Ø</u> amargi boode siwei gudz be tuwame
　　　　어머니 (가) 뒷 방에 薛 姑子 를 보러
　　　gene-he amala ejen ajige mahala etufi boode dosika.
　　　가 -ㄴ 후 主人 작은 모자 쓰고 방에 들어갔다.
　　　(金甁50:16b)

　　나. <u>u yuwei niyang Ø</u> pan gin liyan i emgi
　　　　吳 月 娘 (이) 潘 金 蓮 의 함께
　　　cimari erde becunume jamara-ha baita be emu jergi
　　　아침 일찍 다투며 싸우 -ㄴ 일 을 한 번
　　　alara jakade(金甁75:44b)
　　　아뢸 적에

(26) 가. <u>si men king ni</u> li ping el be kidu-re gūnin
　　　　西 門 慶 의 李 甁 兒 을 그리-는 생각

    be   ulhifi.(金瓶73:6a)
    을   이해하고,

나. ice coko i hūla-ra jilgan donjire de sain.(金瓶76:4b)
   새   닭 의 우 - 는 소리   들음   에   좋다.

위 예문들은 모두 보문들로서 (25)에서는 내포문주어 'eniye(어머
니)'와 'u yuwei niyang(吳月娘)'이 모두 'Ø' 형태소의 주격어미에 의
해 표현되어 있다. 그러나 예문 (26)에서는 내포문주어 'si men king
(西門慶)'과 'ice coko(새 닭)'이 각각 속격어미 'ni'와 'i'에 의해 표현
되어 있다.

보문에서도 내포문의 주어가 주격형과 속격형으로 표현된다는 사실
은 이들 속격형의 기저구조를 어떻게 설정하느냐 하는 문제가 관계화 내
포문에서처럼 제기될 수 있음을 의미한다. 그러면 예문 (26가)의 기저
구조를 관계화 내포문과 동일한 방법으로 다음에 설정해 보기로 한다.

(27) 가. si men king ni li ping el be   kidu-re gūnin be
        西   門   慶   의 李 瓶   兒 를   그리- 는   생각   을
        ulhifi.(金瓶73:6a)
        이해하고,

    나. (si men king Ø   li   ping el be kidu-re) gunin
        西   門   慶   이 李   瓶   兒 를 그리-는   생각
        be   ulhifi
        을 이해하고

    다. si men king ni (si men king Ø li ping el
        西   門   慶   의 西   門   慶 (이) 李 瓶   兒
        be kidu-re) gūnin be   ulhifi
        를 그리-는   생각   을   이해하고

관계화 내포문에서 속격형의 기저구조로서 제시한 두 가지 방법을 보문에서도 적용해 보았다. 그런데 한국어 보문을 다룰 때 이미 지적한 바와 같이 (27가)의 기저구조로 (27나)를 설정하는 데는 문제가 있다. 첫째로 내포문의 주어가 속격형으로 변형되는 이유를 제시할 수 없다. 가량 관계화에서는 동일명사구삭제에 따르는 변형의 결과에서 그 원인을 제시할 수 있을지 모르지만 보문에서는 내포문명사 'gūnin (생각)'과 동일한 형태가 존재하지 않기 때문에 적절한 설명이 되지 못한다. 둘째로는 상위문이 비문법적인 문장이 된다. 이상과 같은 문제점은 한국어 관형화내포문을 다루는 곳에서 확인했던 사실로서 만주어 관형화내포문에도 동일하게 적용된다. 따라서 본고에서는 (27가)의 기저구조로 (27다)를 설정하고 여기에서 동일명사구삭제에 의해 내포문의 주어가 삭제된 것으로 보고자 한다. 따라서 (27가)의 속격형은 기저구조에서부터 속격형이었다고 할 수 있다.

이상의 논의를 통하여 한국어와 만주어의 관형화내포문이 공통적으로 관계화와 보문화에 관계없이 내포문의 주어가 주격어미와 속격어미로 표현되는 특성이 있으며 이러한 특성이 중세한국어에서처럼 만주어에서도 매우 생산적이었음을 알 수 있었다.

3) 관형화어미와 내포문명사

관형화어미와 내포문명사 사이에는 제약관계가 있다. 이러한 제약관계는 이들 상호간의 의미 차에 기인하는 것으로 제약관계를 규명하는 것은 관형화어미의 의미를 파악하는 데 기여한다. 여기에서는 관형화어미와 내포문명사 사이의 제약관계를 규명하여 이러한 제약관계가 한국어와 만주어가 공유하는 특성임을 확인하고자 한다.

제약관계는 내포문명사가 의존명사거나 자립명사거나 관계없이 모두 존재하지만 만주어 모국어 화자가 아닌 필자가 만주어 자립명사에서 제약관계를 확인한다는 것은 불가능한 일이다. 따라서 의존명사에 한정하여 제약관계를 논의하기로 한다. 한편 만주어에는 한국어의 의존명사에 상응하는 일군의 형태들이 있다. 여기에서는 이들 형태가 지니고 있는 의존명사로서의 특성에 대한 확인 작업과 이들이 갖는 제약관계를 병행하여 고찰하고자 한다.

한국어 관형화내포문의 특성 가운데 하나는 관형화어미와 내포문명사 사이에 제약관계가 있다는 점이다. 즉 내포문명사의 종류에 따라 관형화어미와의 결합에 제약이 따른다. 다음 예문은 이러한 제약관계를 보여준다.

(28) 가. 내가 사실을 <u>밝히는</u> 방법은 바로 이것이다.

　　　나. 내가 사실을 <u>밝힌</u> 방법은 이것이다.

　　　다. 내가 사실을 <u>밝힐</u> 방법은 이것이다.

(29) 가. *이제는 그와 <u>다투는</u> 필요가 없다.

　　　나. *이제는 그와 <u>다툰</u> 필요가 없다.

　　　다. 이제는 그와 <u>다툴</u> 필요가 없다.

(30) 가. *이것이 도적이 집에 들어 <u>오는</u> 흔적이다.

　　　나. 이것이 도적이 집에 들어 <u>온</u> 흔적이다.

　　　다. *이것이 도적이 집에 들어 <u>올</u> 흔적이다.

예문 (28)에서는 관형화어미에 제약이 없다. 그러나 예문 (29)와 (30)에서는 관형화어미가 내포문명사에 따라 각각 제약을 받고 있다. 이러한 제약관계는 내포문명사의 의미 특성과 밀접한 관계가 있다. 이익섭, 임홍빈(1983:280)에서는 예문 (28)과 같이 관형화어미가 어떠한 제약도 받지 않는 것은 '방법, 장면, 일, 처지, 상황, 터, 듯, 것'과 같은 어휘들이 어휘적 특성에 따라 과거나 현재 혹은 미래의 일을 표현하는 데 비교적 자유롭기 때문이며, 예문 (29)에서처럼 '-을'과의 결합은 자유로운 반면 '-는'이나 '-은'과의 결합은 제약을 받는 것은 '필요, 가능성, 수단' 등의 명사들이 미래적이기 때문이고, 예문 (30)처럼 '-은'과의 결합은 자유로운 반면 '-는', '-을'과의 결합은 제약을 받는 것은 '흔적, 반성, 기억' 등 명사들이 과거적이기 때문이라고 설명하고 있다.[30] 이러한 설명을 동작상의 특성과 관련해서 파악하면 예문 (28)은 내포문명사가 완료상과 미완료상에 대하여 개방적이며, 예문 (29)는 미완료상적 의미 특성을, 그리고 예문 (30)은 완료상적 의미 특성을 내포하고 있기 때문에 일어나는 제약관계라고 설명할 수 있다.

내포문명사와 관형화어미와의 제약관계를 다루는 데 있어서 **빼놓을** 수 없는 것이 의존명사와의 관계이다. 자립명사는 대상의 다양성 때문에 관형화어미와의 관계 규명이 어렵지만 의존명사는 대상이 제한되어 있기 때문에 관형화어미와의 관계 규명을 훨씬 단순화시킬 수 있는 이점이 있다.

그러면 한국어의 의존명사와 관형화어미 사이에는 어떠한 제약관계가 있는가를 다음 예문을 통하여 검증해 보기로 한다.

(31) 가. 철수 할아버지는 조용히 <u>사시는</u> 분이다.
　　　나. 철수 할아버지는 조용히 <u>사신</u> 분이다.
　　　다. 철수 할아버지는 조용히 <u>사실</u> 분이다.

---

30) 권재일(1985)에서는 관형화어미의 시제 특성에 의한 제약이라고 하였다. 그리고 강범모(1983)에서는 보문명사를 [사실성][명제성]의 자질에 따라 분류하여 보문소와의 제약관계를 설명하고 있다.

(32) 가. 언니는 책상에 앉아 <u>공부하는</u> 척했다.

　　 나. 언니는 책상에 앉아 <u>공부한</u> 척했다.

　　 다. [*]언니는 책상에 앉아 <u>공부할</u> 척했다.

(33) 가. [*]임금님이 옷을 <u>벗는</u> 채 걸어가신다.

　　 나. 임금님이 옷을 <u>벗은</u> 채 걸어가신다.

　　 다. [*]임금님이 옷을 <u>벗을</u> 채 걸어가신다.

(34) 가. 진실이 우리 쪽에 <u>있는</u> 한 외롭지 않다.

　　 나. [*]진실이 우리 쪽에 <u>있은</u> 한 외롭지 않다.

　　 다. [*]진실이 우리 쪽에 <u>있을</u> 한 외롭지 않다.

(35) 가. [*]현자는 언제나 진리만을 <u>추구하는</u> 뿐이다.

　　 나. [*]현자는 언제나 진리만을 <u>추구한</u> 뿐이다.

　　 다. 현자는 언제나 진리만을 <u>추구할</u> 뿐이다.

　(31~35)의 예문은 관형화어미와 의존명사 사이에도 제약관계가 있음을 보여준다. 물론 대다수의 의존명사는 예문 (31)에서처럼 어미와의 사이에 제약이 따르지 않는다.

　그러나 (32~35)의 예문에서처럼 제약관계를 갖는 의존명사도 있다. 그리고 이러한 제약관계는 자립명사와 마찬가지로 내포문명사의 의미 특성과 밀접한 관계가 있다. (32~35)의 예문이 의존명사의 종류에 따라 각각 다른 제약관계에 있다는 것이 이를 잘 반영해 준다. 더구나 동일한 의존명사일지라도 내포하고 있는 의미가 다를 경우에는 개별 의미 특성에 따라 제약관계에 차이가 있다는 것은 내포문명사의 의미 특성이 제약관계에 영향을 미치고 있음을 실증하는 것이 된다. 다음 예문은 동일한 의존명사일지라도 의미의 차이에 따라 제약관계에 차이가 있음을 보여준다.

(36) 가. 진실한 마음이 없이는 그 문제를 <u>해결할</u> 수가 없다.

　　　나. 진실한 마음이 없이는 그 문제를 <u>해결하는</u> 수가 없다.

　　　다. *진실한 마음이 없이는 그 문제를 <u>해결한</u> 수가 없다.

(37) 가. 나는 독한 술을 <u>마실</u> 수가 없다.

　　　나. *나는 독한 술을 <u>마시는</u> 수가 없다.

　　　다. *나는 독한 술을 <u>마신</u> 수가 없다.

(38) 가. 그 외국인은 김치를 <u>먹을</u> 줄 안다.

　　　나. *그 외국인은 김치를 <u>먹는</u> 줄 안다.

　　　다. *그 외국인은 김치를 <u>먹은</u> 줄 안다.

(39) 가. 나는 모든 사실이 <u>은폐될</u> 줄로 알았다.

　　　나. 나는 모든 사실이 <u>은폐되는</u> 줄로 알았다.

　　　다. 나는 모든 사실이 <u>은폐된</u> 줄로 알았다.

　(36)과 (37)의 의존명사 '수'는 적어도 두 가지의 의미를 갖는다. (36)의 경우에는 '방법'의 의미며 (37)의 경우는 '능력'의 의미라 할 수 있다. 그런데 이들과 내포문어미와의 제약관계를 보면 '방법'의 '수'는 '-을'과 '-는'의 결합이 자유로운 반면 '-은'과는 제약이 따르고 있다. 그리고 '능력'의 '수'는 '-을'과는 결합이 자유로운 반면 '-는', '-은'과는 제약이 따르고 있다.

　(38)과 (39)의 의존명사 '줄'도 '능력'과 '상황'이라는 두 가지 의미를 갖고 있다. (38)의 '줄'은 '능력'의 의미를 갖는 것으로서 '-을'과의 결합은 자유로운 반면 '-는', '-은'과의 결합은 제약을 받는다. 그리고 (39)의 '줄'은 '상황'의 의미를 갖는 것으로서 이때에는 관형화어미와 어떠한 제약관계도 없음을 보여준다.[31]

---

31) 권재일(1985)에서는 관형화어미와 의존명사의 제약관계에 따른 목록을 제시하고 있다.

이상의 사실을 통하여 확인할 수 있는 것은 관형화어미와 의존명사 사이의 제약관계가 의존명사가 지니고 있는 의미 특성과 밀접한 관계에 있다는 것이다. 즉 어떠한 의미의 의존명사인가 하는 점에 의해 선행하는 관형화어미의 출현에 제약을 받게 되는 것이다. 그리고 이러한 제약은 자립명사와 마찬가지로 의존명사가 지니고 있는 동작상의 의미 특성과 밀접한 관계가 있다. 가령 (37)과 (38)의 '능력'이라는 의미 특성이 미완료상을 포괄할 수 있는 의미와 밀접한 관계에 있다든지, (36) 과 (39)의 경우 '방법'의 의미 특성은 미완료상의 의미 특성과 관련이 있고 '상황'의 의미특성은 이러한 제약이 없이 포괄적인 의미를 갖고 있다든지 하는 설명이 가능하다. 그러면 만주어에서는 관형화어미와 내포문명사 사이에 어떠한 제약관계가 있는지 비교해 보기로 한다.

만주어에서는 내포문명사와 관형화어미 사이의 관계를 확인하기 어렵다. 특히 자립명사의 경우에는 사용영역이 매우 광범위하기 때문에 모국어 화자가 아닌 연구자의 입장에서는 이들 상호간의 제약관계를 파악한다는 것이 거의 불가능하다. 따라서 본고에서는 의존명사에 한정하여 제약관계를 규명해 보고자 한다. 만주어의 경우 의존명사와 관형화어미 사이의 제약관계를 확인하기에 앞서 명확히 하여야 할 문제는 만주어에도 한국어의 의존명사에 상응하는 형태가 존재하느냐 하는 것이다. 淸朝에 간행된 만주어 문법서라든지 그 후 간행된 어떠한 문법서에도 의존명사라고 하는 용어와 직접 관계가 있는 설명은 없다. 그러나 한국어 의존명사와 여러 부분에서 유사점을 보여주는 일군의 어휘들이 있다. 이들은 부사나 후치사 등으로 처리되어 왔던 것으로 한국어의 의존명사와 유사한 통사, 의미 특성을 지니고 있다.[32]

본고에서는 우선 이들 어휘들이 한국어 의존명사와 동일한 범주에

---

32) 박은용(1973), 愛新覺羅・烏拉熙春(1982), Haenish(1961:49) 참조.

속할 수 있는지 여부를 확인하고 아울러 이들 어휘들이 갖고 있는 제약관계를 규명하여 한국어와 만주어 관형화어미가 동일한 의미 특성을 공유하고 있음을 확인하고자 한다.

의존명사는 원래 자립명사이던 것이 한정된 위치에서 자주 사용됨으로써 의미와 사용영역에 제한을 받게 되고 그 결과 자립성을 상실하여 형성된 것이다. 후치사는 이러한 정도가 더욱 심하여 실사로서의 기능을 상실하고 허사로서 기능하게 된 것이다.[33] 따라서 이들 사이의 관계는 항상 변화의 가능성이 있으며 두 가지 특성을 공유하는 경우도 있기 때문에 이들의 경계를 설정하는 것은 어려움이 따른다. 고영근(1970)에서는 한국어 의존명사의 식별준거로서 다음과 같은 네 가지 기준을 제시하고 있다.

1. 의존성을 띨 것
2. 통합관계에 제약이 있을 것
3. 관형사형에 붙을 것
4. 조사를 취할 것

이상의 한국어 의존명사의 식별준거를 기준으로 할 때 만주어에서 접속부사나 후치사 범주에 포함되는 형태 가운데 한국어 의존명사의 특성과 일치하는 것들이 있다. 만주어에서 의존명사의 특성을 지니고 있는 형태들을 접속부사나 후치사로 처리하는 것은 의존명사가 지니고 있는 특성과 관계가 있다. 앞에서 지적한 바와 같이 의존명사는 원래 자립명사이던 것이 실사로서의 기능을 상실하고 허사화하는 과정에 있는 형태라고 할 수 있다. 실제로 중세한국어에서는 자립명사이던 것이 그 후에 의존명사로 바뀌었다가 또다시 접미사나 후치사로 바뀐

33) 이주행(1987) 참조.

형태들이 있다.[34] 이 때문에 한국어에서도 의존명사와 후치사를 구분하는 데 어려움이 따른다.

이러한 의존명사가 지니고 있는 변화의 가능성 때문에 하위문을 상위문에 연결시켜 주는 기능을 수행하는 일부 의존명사를 연결어미라고 취급하는 경우도 있다.[35] 만주어에서도 의존명사의 특성을 지니고 있는 형태들이 접속부사나 후치사로 처리되는 것은 이와 같은 연결어미로서의 기능이 강조된 결과라고 할 수 있다. 따라서 본고에서는 한국어 의존명사의 식별준거를 기준으로 하여 만주어에서 한국어 의존명사에 상응하는 형태들을 확인하기 위한 식별준거를 다음과 같이 설정한다.

1. 속격어미와 결합이 가능한 것으로서 명사로서의 특성을 갖는 것.
2. 관형화내포문이나 관형사 아래에서 의존성을 지닌 채 쓰여 제약관계가 있는 것.
3. 하위문을 상위문에 연결시켜 주는 기능을 수행하는 것.[36]
4. 격어미를 취하는 것.

이상에 제시한 식별준거를 기준으로 만주어에서 한국어 의존명사에 상응하는 형태들을 하나씩 열거하여 검증해 보고 아울러 이들 어휘와 관형화어미 사이의 제약관계를 고찰해 보기로 한다.

---

34) 이주행(1987:8) 참조.
35) 고영근(1970:49)에서 부사성 형식명사로 분류한 것들은 연결어미와 그 용법이 매우 유사하다고 하였다. 특히 형식명사가 어미로 轉化되는 例는 현대국어에서는 매우 생산적인 것으로 보인다고 하여 현대국어에서 많은 변화가 일어남을 지적하고 있다.
36) 이주행(1987:32)에서는 국어 의존명사의 식별준거의 하나로 하위문을 상위문에 연결시켜주는 기능 유무를 제시하고 있다.

(1) ba

만주어 'ba'는 한국어 의존명사 '바'와 형태상의 일치뿐만 아니라 통사, 의미상으로도 많은 공통점이 있다. Ramstedt(1949)에서는 이들이 동일 기원의 형태라고 주장한 바 있다. 그러면 먼저 한국어 '바'의 의미 특성과 선행어와의 통합관계를 확인해 보기로 한다.

현대한국어에서 '바'의 의미는 '事象'의 의미 특성을 갖고 있다. 그러나 중세한국어에서는 '바'가 '장소'의 의미로도 쓰였다.[37]

  (40) 가. 회아비 ᄠᅳᆮ을 조차 모매 어든 바롤 ᄢᅥ 주니라.(好從父志以所得與之)〈東新, 新續孝子圖1:45〉
      나. 진실로 導ㅣ 업서 ᄒᆞ지 아닐 배 업ᄂᆞᆫ지라.(道是無道無所不爲)〈杜諺3:57a〉
  (41) 가. 百姓이 王 얻ᄃᆞᆺᄒᆞ며 賣客이 바롤 얻ᄃᆞᆺᄒᆞ며(月釋18:51)
      나. 바소=所(字會 중:8)

예문 (40)에서는 '바'가 '事象'의 의미로 쓰이고 있다. 그리고 관형화어미 '-은, -을'과의 결합에 제약이 따르지 않는다는 것을 보여준다. 그런데 중세한국어 자료인 예문 (41)에서는 '바'가 '장소'의 의미로 쓰이고 있다. 특히 (41가)에서는 '바'가 자립명사로 쓰이고 있음을 보여준다.

따라서 현대한국어에서는 '바'가 '事象'의 의미를 지닌 채 관형화어미 '-은, -을'에 제약을 받지 않고서 의존명사로 쓰이고 있지만 중세한국어 이전 단계에서는 '장소'의 의미로서 자립명사로도 쓰였다는 것을 알 수 있다.

만주어 'ba'의 의미와 선행어와의 통합관계를 다음 예문을 통하여

---

37) 예문 (40)은 이주행(1987:114), 예문 (41)은 허 웅(1975:276) 참조.

고찰해 보기로 한다.

(42) 가.　buya　niyalma　bi　alban　i　<u>ba</u>　ci　jifi　boode
　　　　　小　人　나　官　의　곳　에서　와서　房에
　　　　　isiname　dere　be　majige　obofi　uthai　jihe.(金瓶46:2a)
　　　　　이르러　낯　을　약간　씻고　즉시　왔다.

　　　나.　šan　wan　sere　gebungge　<u>ba</u>　be　dulefi　miyoo
　　　　　陜　灣　하는　유명한　곳　을　지나서　苗
　　　　　yuwan　wai　tuwaci(金瓶47:4b)
　　　　　貝　外　보니

　　　다.　dung　ging　hecen　serengge　abkai　jui　te-he　<u>ba</u>.
　　　　　東　京　城　하는 것　天　子　사-는　곳이다.
　　　　　(金瓶47:3a)

(43) 가.　jugun　de　geli　u　doo　jiyanggiyūn　be　ucarahabi.
　　　　　길　에서　또　五　道　將軍　을　만났다.
　　　　　ede　mangga　<u>ba</u>　akū.(金瓶48:26a)
　　　　　이에　어려운　바　없다.

　　　나.　miyoo　cing　be　inu　bai-re　<u>ba</u>　akū.(金瓶47:17b)
　　　　　苗　靑　을　또　찾-을　바　없다.

　　　다.　u　niyang　de　etubu-re　<u>ba</u>　be　hendufi　unggicina.
　　　　　五　娘　에게　입힐-ㄹ　바　를　말하고　가져오려무나.
　　　　　(金瓶46:13b)

(44) 가.　niyalma　ubade　mujakū　koro　ba-ha　<u>ba</u>　de　si　geli
　　　　　사람　이곳에서　매우　유감　얻-은　터　에　너　또
　　　　　aiseme　gisurembi?(金瓶 46:16b)
　　　　　무어라　말하느냐?

　　　나.　erebe　tebcici　ojo-ro　<u>ba</u>　de　aibe　tebcici　ojorakū?
　　　　　이를　참으면　되-는　터　에　무엇을　참으면　되지 않겠냐?
　　　　　(字法:41)

만주어 'ba'의 의미 특성은 위 예문에서처럼 크게 세 종류로 나누어
볼 수 있다. 즉 '장소'의 의미를 나타내는 경우와 현대한국어 '바'처럼
'事象'의 의미를 나타내는 경우, 그리고 'de'와 통합되어 '양보'의 의미
를 나타내는 경우로 구분이 된다. 예문 (42)에서 'ba'는 '장소'의 의미
로 쓰이고 있으며 선행어와의 통합관계에는 제약이 따르지 않는다.
(42가)에서는 속격어미 'i'를 통하여 명사와 결합하고 있으며 탈격어미
'ci'를 취하고 있다. (42나)에서는 형용사와 통합관계에 있으며 대격어
미 'be'를 취하고 있다. 그리고 (42다)에서는 관형화내포문과 통합관계
에 있으며 상위문의 서술어로 쓰이고 있다. 예문 (43)에 쓰인 'ba'는
'장소'의 의미보다는 한국어 의존명사 '바'가 지니고 있는 '事象'의 의
미로 쓰이고 있다. 그리고 선행어와의 관계는 자립명사처럼 거의 제약
이 없다. (43가)에서는 형용사와 결합하고 있으며 (43나, 다)는 내포
문어미 '-ha, -ra'와의 통합관계를 보여준다. 특히 (43다)에서는 대
격어미 'be'를 취하고 있다.

(44)의 'ba'는 항상 'de'와 결합된 'bade'의 형태로 쓰인다는 특성이
있다.[38] 그리고 이때의 'bade'는 '양보'의 의미를 지니고서 선행문과
후행문을 연결시켜 주는 기능을 한다. 그러나 'bade'를 'ba'와 여격어
미 'de'로 분석하게 되면 'ba'는 한국어 의존명사 '터(장소, 처지)'의
의미와 유사하다.

이상과 같이 'ba'의 의미는 크게 세 종류로 구분이 된다. 그런데 淸
朝의 문법서에서는 'bade'의 의미와 사용되는 분포를 자세히 제시하고
있다. 이를 열거하면 다음과 같다.

bade 還字, 尙且字, 猶且字, 又還已字, 猶已字, 在包尾用, 此上必用 hono

---

38) Haenish(1961)에서는 이때의 'bade'를 Postposition으로 보고 있다.

58

字照應, <u>實解地方上</u>(啓蒙3:41)

hono bade <u>作尙且字</u>, ai hendure, <u>作而况字</u>, 凡連用此二句, 乃上下, 相呼應之法也, 如云, 堯舜尙且如此 yoo šun hono uttu bade 此上下相呼應之法也, 亦有不甚拘呼應者, 如云, 我尙且如此, 而况其他乎, bi uttu bade guwa be ai hendure 如單用 hono, <u>作猶字</u>, <u>作尙字</u>, 單用 bade 作地處解. (指南3:12)

hono bade ai hendure <u>尙且</u>而况之套詞也(指要:17)

hono bade 是<u>尙且</u> 下有何况 be ai hendure 若無反詰何况處 babi 與 ni 俱可托 還有下接 mbi 處 臨文隨地細斟酌(虛指上:10)

bade 之意 講<u>尙且</u> 上文必須用 hono(接子:20)

<u>尙且還字</u>用 bade 實<u>尙且</u>字照 hono 疑兼而况常加 o 否用 be ai hendure (字法:41)

　이상의 설명에서는 공통적으로 'bade'의 의미를 '還字'와 '尙且'로 풀이하고 있다. 淸書指南에서는 'hono'와 'bade'가 單用하는 경우, 즉 개별적으로 사용되는 경우 'hono'에는 '尙字'의 의미를, 그리고 'bade'에 대해서는 '地處'의 의미를 부여하고 있다. 이것은 예문 (42)에서 'ba'가 단독으로 쓰여 '장소'와 '곳'의 의미를 나타내던 것과 일치하는 의미 특성이며 예문 (44)에서 'ba'가 한국어 의존명사 '터'에 대응하는 것과 일치한다. 따라서 'ba'가 기본적으로는 '장소'의 의미를 지니고 있었으나 여격어미 'de'와 결합하여 'bade'의 형태로 관용화하여 쓰이면서 '還字, 尙且'의 의미를 지니게 되었음을 알 수 있다.

　이처럼 한국어 '바'와 만주어 'ba'는 형태, 의미상으로 일치한다. 특히 'bade'는 '장소'의 의미를 갖던 'ba'와 여격어미 'de'가 결합하여 '양보'의 의미를 나타내면서 관형화내포문과 결합하여 의존성을 띠고서 선행문과 후행문을 연결시켜 주는 기능을 수행한다는 점에서 한국어 의존명사 '바'와 같은 의존명사로서의 특성을 지니고 있다고 할 수 있다. 한편

한국어 '바'와 만주어 'ba'는 내포문어미 '-은, -을'이나 '-ha, -ra'
와의 통합에 제약이 없다는 점에서도 일치한다.

　(2) jaka

　만주어 'jaka'는 한국어 의존명사 '적'과 공통점을 보여준다. 먼저
'적'의 의미와 통합관계를 검토해 보면 다음과 같다.[39]

　　(45) 가. 이 부톄 나싫 저긔(적의)……(月釋1:8)
　　　　 나. 이 저긔(적의)……(釋詳序:4가)
　　　　 다. 네 아모 저긔(적의) 부톄 두외리라(月釋1:16가)
　　(46) 가. 내 지븨 이싫 저긔 여듧 나랏 王이 난곗기로 두토거늘……
　　　　　　 (釋詳6:7a)
　　　　 나. 우리둘히 여러 히를 두쪽호되 이 곧ᄒᆞ니 본 적 없다.……
　　　　　　 (月釋10:28a)

　예문 (45)는 선행어와의 통합양상을 보여준다. 예문 (45가)에서는
'적'이 내포문 아래에 쓰이고 있고, (45나)에서는 관형사 아래에서 쓰이
고 있고, (45다)에서는 체언에 붙어 쓰이고 있다. 예문 (46가)는 '-을'
과 (46나)는 '-은'과 함께 쓰여 관형화어미 '-은, -을'과의 통합에
있어서도 제약이 없음을 보여준다. 그리고 의미는 모두 '때(時)'의 의
미로 풀이할 수 있다. 그러면 만주어 'jaka'는 어떠한 의미를 갖고 또
어떠한 통합관계를 갖는지 살펴보기로 한다.

---

39) 예문 (45)는 고영근(1982:97), 예문 (46)은 이주행(1987:139) 참조.

(47) 가. hūlhiu　murikū　<u>jaka</u>　buceme　fancame　ojorakū?
　　　 멍청하고　고집센　녀석　죽으며　숨막히게　되지않느냐?
　　　 (金瓶48:25b)

　　나. gemu　amba　boode　siyoo　ioi　i　<u>jaka</u>－de　jailame
　　　 모두　큰　房에　小　玉　의　곁에　피하여
　　　 genehe.(金瓶46:23a)
　　　 갔다.

(48) 가. sefu　i　<u>jaka</u>－de　tacibure　be　baimbi.(虛指上:18)
　　　 스승　의　跟前－에　가르침　을　청한다.

　　나. bi　oci　yoo　han　sun　han　i　doro　wakangge　be
　　　 나　는　堯　王　舜　王　의　道　아닌것　을
　　　 gelhūn akū　wang　ni　<u>jaka</u>－de　tuciburakū.(字法:4)
　　　 감히　王　의　前－에　내지　않았다.

(49) 가. ahūn　deo　bahafi　aca－ra　<u>jakade</u>　alimbaharakū
　　　 兄　弟　능히　만나－ㄹ　적에　견딜수　없이
　　　 urgunjehe.(啓蒙三:2)
　　　 기뻐했다.

　　나. sain　be　yabu－re　<u>jaka</u>－de　tuttu　hūturi　baha.(指南3:9)
　　　 善　을　행하－ㄹ　적－에　그리　福　얻었다.

　(47가)에서는 형용사와 결합하여 주어로서 쓰이고 (47나)에서는 속격어미 'i'와 결합하여 쓰인다. 그리고 이때 'jaka'의 의미는 각각 '녀석, 곁'이라 할 수 있다. (48)에서는 명사와 'jakade'가 속격어미 'i'와 결합하여 '跟前'의 의미로 쓰이고 있다. 그러나 이와 달리 (49)에서는 'jaka'가 여격어미 'de'와 결합하여 하나의 어휘로 관용구화하여 쓰이면서 앞으로는 미완료의 내포문어미와만 통합되는 제약관계에 있다. 이때의 'jaka'의 의미는 한국어 의존명사 '적'과 동일하다. 그리고 淸朝의 만주어 문법서에서도 'jakade'로 관용화한 형태에 대해서는 다음과

같이 설명되어 있다.

jakade 當時字, 彼時字, 較de字詞義實在, 乃承上起下語 此上必用ra, re, ro
等字, 實解根前,(啓蒙3:2)
jakade 此就事之將然, 而下接別語, 如漢文彼時之意, 凡云某人之前亦用此,
又因爲這樣的時侯, 而上必因 ra, re, ro 未然等字起之(指南3:9)
jakade 跟前, 又如此的上頭 乃已然之工夫也(指要:11)
jakade 上用 ra, re, ro 下文落脚 ha, he, ho, ka, ke, ko 皆一體用 引證已
往述辭多, 上邊若接 i, ni字 又作跟前字句說(虛指上:17)
jakade 的漢意講上頭 接字不離 ra, re, ro(接字:12)
因爲時候 jakade, 未然轉入已然說, 故用 ra, re, ro 字照, 殺尾須加 ka, ke,
ko……jakade 又作根前解, 頭上 i, ni 小不得(字法:4)

이상의 설명은 예문 (48)과 (49)의 'jakade'와 관련된 부분만 설명
되어 있고 예문 (47)의 'jaka'와 관련된 설명은 전혀 되어 있지 않다.
이것은 (47)과 같은 의미와 환경에서 사용되는 'jaka'는 특별한 설명
이 필요 없는 자립 형태소로 보았기 때문이라고 추측할 수 있다.
그리고 'jakade'는 'jaka'와 여격어미 'de'로 분석이 가능한데도 불구
하고 하나의 형태소로 설명되어 있는 것은 이들이 관용화하여 쓰이고
있다는 것을 의미한다. 그리고 'jakade'의 의미는 선행하는 것과의 통
합관계에 따라 속격어미 'i'가 오면 '跟前'의 의미로 쓰이고, 미완료의
'-ra'가 오면 '時候'의 의미를 갖고서 承上起下의 통사적 기능을 수행
한다고 설명되어 있다. 이것은 앞의 예문 (48, 49)에서도 이미 확인한
바 있다. 그런데 '跟前'이라는 의미를 '實解'라고 하여 실질적인 의미로
서 설명하고 있다. 그러므로 '跟前'이 기본의미라고 한다면 '時候'는 통
합관계에 제약을 받아 관용화하여 사용된 결과 파생된 의미라고 할

수 있다. 그리고 이때의 'jakade'는 선행문장을 후행문장에 연결시키는 통사적 기능을 수행한다.[40]

이처럼 만주어 'jaka'는 한국어 '적'과 일치하는 점이 많다. 제한된 부분에서만 쓰이기는 하지만 관형화내포문 아래에서 '時候'라는 공통된 의미를 나타내고 있다. 다만 관형화내포문과 결합하는 데 있어서 만주어 'jaka'는 '-ra'와 통합관계에 있는 반면 한국어 '적'은 '-은, -을'과 제약관계가 없다는 점에서 차이가 난다.

이상의 논의를 통하여 만주어 'jaka'는 한국어의 의존명사와 유사한 특성을 갖고 있음을 확인할 수 있었다. 즉 언제나 관형어 아래에서만 쓰인다는 의존성을 띠고 있으며, 격어미와의 결합을 통하여 명사로서의 기능을 수행한다는 통합상의 특성을 갖고 있으며, 기본적으로는 '跟前'의 의미를 갖지만 통합관계에 제약을 받아 '時候'의 의미를 갖고서 선행문장과 후행문장을 연결시켜 주는 기능을 수행하는 것들은 'jaka'가 의존명사로서의 자격을 갖고 있음을 입증해 주는 것이 된다.

(3) da

만주어 'da'는 한국어 의존명사 '터'와 많은 공통점을 갖고 있다. 먼저 '터'의 의미와 통합관계를 검토해 보면 다음과 같다.[41]

(50) 가. 精舍 지숧 터흘 어드니 맛당흔 딕 업고(月釋6:23)
　　　 나. 줄 마조 자바 터 되더니(釋譜6:35)

---

40) 'bade'를 Haenish(1961)에서는 postposition으로, 愛新覺羅·烏拉熙春(1982)에서는 後置詞로서 속격어미 'i', 내포문어미 '-ra'와 통합관계에 있다고 하였다. 그리고 박은용(1973)에서는 連用接續副詞라고 하였다.

41) 예문 (50)은 이주행(1986:189), 예문 (51)은 이익섭, 임홍빈(1983:281) 참조.

(51) 가. 나는 여기서 *쉰 / *쉬는 / 쉴 터이다.

　　　나. 그 사람에게 돈을 받은 / 받는 / *받을 터에 무슨 잔말이 많으냐?

　중세한국어에서는 '터'가 자립명사로 쓰여 예문 (50)에서처럼 공사나 건축을 위한 땅 또는 토대의 의미로 쓰였다. 그러나 근대한국어 이후에는 '터'가 의존명사로 쓰여 예문 (51가)에서는 '예정'의 의미로 쓰이고, (51나)에서는 '처지'의 의미로 쓰이고 있다. 그런데 의존명사로 쓰이고 있는 경우에 그 의미를 확인해 보면 선행하는 행위의 바탕위에 다음 행위를 수행한다는 뜻으로 풀이할 수 있다. 따라서 의존명사 '터'는 '바탕, 기초'라는 기본 의미에서 의미를 확장하여 '처지'와 같은 의미를 갖게 된 것이다. 통합관계에 있어서는 예문 (51나)에서는 '-을'만이 성립되고 (51나)에서는 '-을'과의 통합에 제약이 따른다. 이것은 '터'의 의미에 따라 통합관계에 차이가 있기 때문이다.

　그러면 만주어 'da'는 어떠한 의미와 통합관계를 갖고 있는지 살펴보기로 한다.

　(52) 가.　dade　sain　niyalma bihe　amala　gūwaliyafi　ehe　niyalma
　　　　　원래　좋은　사람이었는데　후에　변해서　　나쁜　사람
　　　　　ohobi.(指要:11)
　　　　　됐다.
　　　나.　daci　　　jihengge　goidaha.(虛指上:40)
　　　　　원래부터　온 것　오래됐다.

　예문 (52가)에서는 '근본, 기원'의 의미를 갖는 'da'에 여격어미 'de'가 결합하여 쓰이고 있다. 그리고 (52나)에서는 'da'에 탈격어미 'ci'가 결합하여 쓰이고 있다. 이처럼 만주어 'da'는 '기원, 근본' 등의 의미를

갖고서 자립형태소로 쓰인다. 그러나 다음 예문에서처럼 'da'와 여격어
미 'de'가 결합하여 관용구처럼 쓰이는 경우가 있다.

(53) 가. <u>ere dade</u> minggan hacin i kūbulire tumen hacin i
　　　 이　 또　　 千　　 종류　로　 변하고　 萬　 종류　로
　　　 forgošorongge emu mujilen de fakjilambi.(虛指上:36)
　　　 바뀌는 것　 한　　 마음　 에서　 관할한다.

　 나. <u>tere dade</u> geli ihan honin be adulara jakade
　　　 그　 또　　　　 牛　 羊　 을　 몰　　 적에
　　　 teni tuttu hūwantahūn ohobi.(字法:7)
　　　 비로서　 그렇게　 민둥산　　 됐다.

(54) 가. gurun de doro bimbime yadahūn <u>dade</u> fusihūn oci
　　　 나라　 에　 道　 있되　　 貧　 하고　 賤　 하면
　　　 giruke, gurun de doro akū bayan <u>dade</u> wesihun
　　　 수치롭고 나라 에 道 없되 富 하고 貴
　　　 oci giruke.(字法:7)
　　　 하면　 수치롭다.

　 나. ubaci ging hecen i jugūn umesi goro <u>dade</u>, sini
　　　 여기서 京 城 의 길 매우 멀 고 네
　　　 boo boigon geli ujen oyonggo.(金甁47:3b)
　　　 家 族 또 매우 절박하다.

(55) 가. olgošo - ro <u>dade</u> geli olgošoro ginggule-re <u>dade</u> geli
　　　 주의하-는 터에 또 주의하고 조심하-는 터에 또
　　　 ginggulere.(啓蒙3:5)
　　　 조심한다.

　 나. sain sefu bisi-re <u>dade</u> geli tusangga gucu bisire.
　　　 좋은 스승 있-는 터에 또 이로운 친구 있다.
　　　 (指要:11)

　예문 (53)에서 'dade'는 ere(이), tere(저) 등과 함께 관용구처럼 쓰이면서 '또, 그리고' 등의 의미를 나타낸다. 그러나 'dade'를 'da'와 'de'로 분석하면 'da'에 '처지, 바탕'의 의미가 있다. 예문 (54)에서도 'dade'는 '하고'의 의미를 나타낸다. (54가)는 형용사와 형용사를, 그리고 (54나)에서는 문장과 문장을 연결시켜 주는 기능을 수행하고 있다. 이때도 'dade'를 'da'와 'de'로 분석하면 'da'에 '처지, 바탕'의 의미가 있다. (55)에서는 'dade'가 두 문장을 부가적으로 연결시켜 주는 기능을 수행하고 있다. 따라서 'dade'를 'da'와 'de'로 분석하면 'da'에 한국어의 의존명사 '터(처지)'와 같은 의미가 있다. 그리고 선행하는 문장과는 '-ra'를 통하여 결합하는 제약관계가 있다.

　그러면 淸朝의 문법서에서 'da'와 관련된 부분을 검토해 보기로 한다.

> dade 上頭又字, 兼且字, 更且字, 一根裡字; 此下必用 geli 字 實鮮根子 上……
> tere dade 那上頭又字兼且字, 更且字, 在句首用(啓蒙3:5)
> da 用於句中, 作不然之詞者多, 又必上文係 ka a in 頭字(指南3:11)
> tere dade 用語句首, 卽兼且口氣. 又更且口氣(指南3:12)
> dade 舊 原先 乃溯始之詞也
> 而且 更且 乃重疊之詞也(指要:11)
> dade 也是又字意 geli 之字緊連着……上文頓住又 而且 ere dade 與 tere dade(虛指上:35)
> dade 之字是上頭與, 而且接字整字之外 ra, re, ro 小心上 加小心(接字:20)
> 上頭而且用 dade……上頭且又 geli dade(字法:7)

　이상의 설명에서 공통적으로 확인할 수 있는 'dade'의 의미는 '兼且, 更且, 又'라 할 수 있다. 특히 'ere dade, tere dade'는 語頭에서 '更且, 又'의 의미로 쓰이는 관용구로 인식하고 있다. 그런데 淸文啓蒙에서는 'dade'의 '實解', 즉 실질적 의미를 '根子'라고 풀이하고 있다. 그리고

淸文接子에서는 선행어와의 관계에 대하여 整字(형용사), 'ra, re, ro'와
제약관계에 있다고 설명하고 있다. 따라서 'dade'는 'da'와 여격어미
'de'로 분석되며 'da'의 기본의미는 '根子'인데 제한된 환경에서는 '更
且'와 같은 파생된 의미로서 관용화하여 쓰이고 있음을 알 수 있다.

이처럼 만주어 'da'는 한국어 의존명사 '터'와 일치하는 점이 많다.
'바탕'이라는 기본 의미와 '처지'라는 파생 의미를 공통적으로 갖고 있
으며 선행어와의 관계에 있어서는 일부 관용구화한 경우를 제외하면
관형어 아래에서 쓰여야 한다는 제약이 있다는 점에서도 일치한다. 다
만 한국어 의존명사 '터'가 '처지'의 의미에서는 '-을'과 제약관계에
있는 데 반해 만주어 'da'는 '-ha'와 제약관계에 있다는 점이 다르다.

이상의 논의를 통하여 만주어 'da'가 한국어의 의존명사와 유사한
특성을 갖고 있음을 확인할 수 있었다. 부분적이지만 언제나 관형어
아래에서만 쓰여야 한다는 의존성을 띠고 있으며, 격어미와의 결합이
필수적이며, 기본적으로는 '바탕'의 의미를 지니지만 통합관계에 제약
을 받아 '처지'의 의미로 쓰이는 것들은 한국어 의존명사의 특성과 일
치한다고 하겠다.

(4) adali

만주어 'adali'는 한국어 '처럼, 같이'의 의미와 유사하다. 속격어미 'i'
와 내포문어미 '-ra, -ha'의 아래에서 쓰인다. 淸朝의 문법서에서
'adali'에 대해 설명한 것을 제시하면 다음과 같다.

　　adali 如同 gese 相似 總作比如似若說
　　二字之上接 i, ni, ra, re 與 ha, he 諸字多(虛指:16)

與彼相同 與此相似 adali 上又接 de(虛指:17)

adali gese 俱講像似樣與如 接字 i 字之外硬字方用得(接字:38)

이상의 설명에서 'adali'의 의미는 '相似'로 풀이된다. 그리고 선행어와의 관계는 속격어미 'i, ni' 그리고 내포문어미 '-ra, -ha'와 통합관계에 있으며 때때로 여격어미 'de'와 결합하기도 한다는 것을 알 수 있다.[42)]

그러면 예문을 통하여 이상의 사실을 확인해 보기로 한다.

(56) 가. ben se   i   sargan sabufi abka   ci   tuhenji -he
　　　貫   四   의   부인   보고서 하늘   에서   내려오-ㄴ
　　　adali okdome   boode   dosimbufi,(金甁46:8b)
　　　처럼   맞이하여 房에   들게하고,

　　나. samsiha tugi   edun   de   hetebu -re   adali
　　　흩어진   雲   雨   에   말아올리 -ㄴ   처럼
　　　dartai andande bolokon geterembume jeke.(金甁34 22b)
　　　　갑자기   깨끗이   청소하여   먹었다.

　　다. banjiha sargan jui waka bicibe mimbe tana gui adali
　　　난   쫄   아니라도   나를   쥬옥 ㄱ치
　　　gosime   ujimbihe,(譯總1:15)
　　　ᄉ랑ᄒ여   길럿더니,

(57) 가. si absi mini ecike han el de   adali?(金甁100:21a)
　　　너 어찌 나의 삼촌   韓   二 에게   처럼이냐?

　　나. juwe nofi nimaha muke be ba-ha   adali.
　　　두   녀석 물고기   물   을 얻-은   처럼이다.
　　　(金甁99:7b)

---

42) 'adali'에 대하여 愛新覺羅, 烏拉熙春(1982)에서는 後置詞로, 박은용(1973)에서는 連體接續副詞로 처리하였다.

68

다. ere   juwe   nofi   absi   eigen sargan   i   <u>adali</u>?(金甁41:7a)
이   두   녀석   어찌   부부   의   처럼이냐?

(58) 가. sarin   i   bade   ilha   be   baksalaha,   gecuheri   be
잔치   의   곳에서   꽃   을   묶고   비단   을

sira   -ha   <u>adali</u>   be   sabufi,(金甁91:28a)
연결하-ㄴ   처럼   을   보고,

나. tolgin   de   sabu-ha   emu   <u>adali</u>.(金甁71:16a)
꿈   에   보-ㄴ   하나   처럼이다.

예문 (56가)에서는 '-he'와, (56나)에서는 '-re'와, (56다)에서는 속격어미 'i'와 각각 통합관계에 있음을 보여준다. 이것은 'adali'가 관형어를 선행어로 하는 의존성이 있음을 의미한다. 그리고 예문 (57)에서는 'adali'가 문장의 서술어로 기능을 수행하고 있다. 이때에도 (57가)에서는 여격어미 'de'와, (57나)에서는 '-ha'와, (57다)에서는 속격어미 'i'와 각각 결합하고 있다. 특히 서술어로 기능하면서 'adali'가 활용을 하지 않는 체언류에 속하는 것을 보여준다. 예문 (58가)에서는 'adali'가 대격어미 'be'와 통합관계에 있으며, (58나)에서는 수사 'emu(하나)'가 'adali'를 수식하고 있다. 이것은 'adali'가 명사의 특성을 갖고 있음을 나타낸다. 이상의 사실로부터 'adali'가 관형어 아래에서 쓰이는 의존명사의 특성을 갖고 있다는 것을 알 수 있다.

(5) anggala

만주어 'anggala'는 한국어의 '뿐 아니라, 보다 차라리'의 의미와 유사하며 속격어미 'i'와 내포문어미 '-ra' 아래에서 쓰인다. 淸朝의 문법서에서 이에 대해 설명한 것을 제시하면 다음과 같다.

anggala 與其字 <u>不但字</u> <u>不惟字</u> 强如字 在句尾用 <u>此上必用</u> ra, re, ro 等字
此下必用 isirakū 字應之 實解 家口(啓蒙3:48)

tere anggala <u>況且</u>字 不獨那樣字 不但那樣字 强如那樣字 在句首用(啓蒙
3:48)

sere anggala <u>不但說字</u> <u>且莫說字</u> <u>且別說字</u> 在句首用(啓蒙3:48)

tere anggala 此句用於句首 作<u>況且</u>字 如單用 anggala 於句中句末字 作
<u>與其二字解</u> 字頭上 <u>必用</u> ra, re, ro(指南3:12)

anggala <u>與其</u> <u>强如</u> 乃貶上文之詞也

sere anggala <u>不但</u> <u>非惟</u> <u>且漫說</u> 乃上文淺下文 深之詞也(指要16~17)

<u>與其繙爲</u> anggala <u>上連必用</u> ra, re, ro

下有 不如 不若字 用 de isirakū 托(虛指上:14)

sere anggala 是<u>不惟不但</u> 又作<u>豈惟豈但說</u>(虛指上:15)

tere anggala 是<u>況且</u>(虛指下:34)

anggala 之意是與其 接字不離 ra, re, ra

sere anggala 之意是豈但 接字整字之外用 mbi, rakū 亦可

tere anggala 之意是<u>況且</u> 漢文的次序調不得(接字:25~26)

ra, re anggala <u>與其說</u>, <u>不如</u> de isirakū托……下文毌寧或指派, kini cina 使
令著

sere anggala <u>豈但說</u> 整字 kū, mbi 盡加得

tere anggala 句首著, <u>況且</u>一轉另提說(字法:41~42)

위 설명에서는 'anggala'가 'tere(저)', 'se-re(하는)'과 함께 관용구
로 쓰일 때와 문장의 어말에서 '-ra'와 함께 쓰일 때의 의미를 '況且,
不但' 등으로 정의하면서 특히 'anggala'는 '-ra'와 통합관계에 있다고
설명하고 있다.[43] 그러면 예문을 통하여 이들의 의미 특성을 고찰해
보기로 한다.

---

43) 박은용(1973)에서는 'anggala'를 連用接續副詞라고 하였다.

(59) 가. tacin fonjin nonggibumbi <u>sere anggala</u> kemuni gungge
　　　 學　　 間　　　증진한다　　 할 뿐 아니라　　 또한　　 功
　　　 gebu be bahambi.(指要:17)
　　　 名　 을　 얻는다.

　　　 나. <u>tere anggala</u> wen wang ni erdemu tanggū aniya
　　　 그 뿐 아니라　 文　 王　 의　 德　　 百　　 年
　　　 ofi teni urihe.(字法:42)
　　　 되서 비로소　 붕괴했다.

(60) 가. sini ere hoton i <u>anggala</u> ai hoton be afame
　　　 너의　 이　 城　 의　 뿐만 아니라　 어느　 城　 을　 싸워
　　　 gaihakū.(老祖3:26)
　　　 取하지 않았다.

　　　 나. akū de baha sele aisin i <u>anggala</u> dele.(老祖11:36)
　　　 없음　 에　 얻은　 쇠　 금　 의　 보다　 위다.

(61) 가. uttu yabuci gebu algin de ehe ojo-ro <u>anggala</u>
　　　 이리　 行하면　 名　 聲　 에　 나쁘게　 되-ㄹ 뿐 아니라
　　　 yaburakū de isirakū.(啓蒙3:48)
　　　 行하지 않음　 에　 이르지 않는다.

　　　 나. niyalmai emgi hokilafi yabu-re <u>anggala</u> bi emhun
　　　 사람의　 함께　 동업해서　 행하-는　　 대신　 나　 홀로
　　　 hūda šaki.(金瓶78:50a)
　　　 장사하마.

(62) 가. emu niyalmai gūni-ha <u>anggala</u> suweni geren i
　　　 한　 사람의　 생각하-ㄴ　 보다　　 너희　 여럿　 의
　　　 gūnihangge inu uru bi dere.(老祖3:2)
　　　 생각한 것　 또　 옳으리라.

　　　 나. emu niyalmai gūni-ha <u>anggala</u> suweni geren i
　　　 한　 사람의　 생각하-ㄴ　 보다　　 너희　 여럿　 의
　　　 gisun uruakū doro bio?(滿實4:6)
　　　 말　 옳지않을　 理　 있냐?

예문 (59가)에서는 'se-re anggala(할뿐 아니라)', (59나)에서는
'tere anggala(그 뿐 아니라)'가 각각 관용구화한 것을 보여준다. 그리
고 예문 (60)에서는 'anggala'가 속격어미 'i' 아래에 연결되어 있다.
이때의 의미는 '뿐 아니라, 보다' 등으로 풀이할 수 있다. 예문 (61가)
에서와 (61나)에서는 '-ra'와 함께 쓰여 선행문장을 후행문장에 연결
시켜 주는 기능을 수행하고 있다. 이때의 의미도 '뿐 아니라, 보다' 등
으로 풀이할 수 있다.

淸朝의 문법서에서는 '-ra'와 결합하는 것에 대한 설명은 있지만
'-ha'와 결합하는 것에 대한 설명은 없다. 그러나 예문 (62가, 나)에
서처럼 '-ha'의 아래에 쓰여서도 선행문장을 후행문장에 연결시켜 주
는 기능을 수행하고 있다.[44] 따라서 'anggala'는 '-ra, -ha'와 자유롭
게 결합할 수 있음을 알 수 있다.

이상의 사실로부터 'anggala'가 관형어 아래에서만 쓰이는 의존명사
의 특성을 지니고 있다는 것을 알 수 있다.

(6) canggi

만주어 'canggi'는 한국어의 '-뿐, -만'의 의미를 갖고 있으며 속격
어미 'i'와 내포문어미 '-ra, -ha'의 아래에 쓰인다. 그리고 대격어미
'be' 아래에서 쓰이는 경우도 있다.[45] 淸朝의 문법서와 예문을 살펴보
면 다음과 같다.

專純竟只使 canggi 僅上惟獨用 teile

44) 박은용(1973:144) 참조.
45) 'canggi'에 대하여 愛新覺羅·烏拉熙春(1982)에서는 後置詞로, 박은용(1973)
　　에서는 連體接續副詞로 처리하였다.

二字上接 i, ni, de, be ra, re, ha, he 等字多(虛指上:15)

(63) 가. oilorgi yangse be canggi wesihulembi.(虛指上:15)
　　　겉　　모습　을　만　　존중한다.

나. boode isinafi amgaci jeci gemu elhe akū dolo
　　집에　　와서　　자나　먹으나　다　平安치　않고　속은
　　damu tere hehe be canggi gūnimbi.(金瓶2:27)
　　다만　그　女子　를　만　생각한다.

(64) 가. ging yang gang dabagan i tere amba tasha be
　　　景　　陽　　岡　　嶺　의　그　큰　　범　을
　　sikse emu niyalma galai anggi nujašahai wahabi.
　　어제　한　　사람　손으로　만　　쳐서　　죽였다.
　　(金瓶1:33)

나. ilan gise falan i baikū gise hehe i tere ajige
　　三　　妓　　院　의 매춘부　妓女　의 타는 작은
　　giyoo i canggi inu ududu juwan bi.(金瓶65:11b)
　　轎　의 만　도　수　십　있다.

(65) 가. sui ara -ha canggi.(虛指上:15)
　　　죄　만드-ㄹ　뿐이다.

나. mangga ara -ra canggi.(虛指上:15)
　　　강하게　만드-ㄹ　뿐이다.

清文虛字指南에서는 'canggi'의 의미와 선행어와의 통합관계가 'teile'와 일치하는 것으로 '惟獨'의 의미로 설명하고 있다. 즉 속격어미 'i'와 내포문어미 '-ra, -ha' 그리고 대격어미 'be', 여격어미 'de' 등과도 함께 쓰인다고 하였다. 예문 (63)에서는 'canggi'가 대격어미 'be'와 통합관계에 있음을 보여준다. 그리고 예문 (64)에서는 속격어미 'i'와 (65)에서는 '-ra, -ha'와 통합관계에 있음을 보여준다.

이상의 사실로부터 'canggi'는 기원적으로 명사이던 것이 후치사로 변하여 대격어미 아래에서 쓰인다는 것을 알 수 있다. 그러나 '-ra, -ha'와 함께 쓰일 때는 한국어 의존명사에 상응하는 특성이 있음을 알 수 있다.

   (7) dabala

만주어 'dabala'는 한국어의 '따름, 뿐'에 해당되며 내포문어미 '-ra, -ha'의 아래에서 쓰인다.[46] 淸朝의 문법서에서 이에 대해 설명한 것을 제시하면 다음과 같다.

   dabala 羅咧字 乃不過是這樣羅 咧決定之詞 在句尾用 此上必用 ra, re, ro
   等字如有不用者 乃係成語(啓蒙3:47)
   dabala, gojime 此二字 用於句中 皆是止於如此 口氣又作而字意 雖字意 用
   於句末 作不遇二字意(指南3:12)
   dabala 不過是 乃止於如是 不復再有之詞也(指要:16)
   dabala 本是罷字意扌, 又作耳字也使得
   或然又作而已矣 ha, re, kū 尾接處多(虛指:9)
   dabala 之字是罷咧 接字整字之外硬字方用得(接字:36)
   dabala 決斷罷咧說 不比dere 口氣活(字法:33)

위 설명에서는 'dabala'가 '而字, 雖字' 등의 의미로 풀이되어 있다. 그리고 선행어와의 관계에 있어서는 '-ra, -ha'와의 결합이 필수적이라는 제약관계가 있다고 되어 있다. 그러면 다음 예문을 통하여 이상의 사실을 확인해 보기로 한다.

---

46) 박은용(1973)에서는 'dabala'를 連用接續副詞라고 하였다.

(66) 가. sini beye geneki se－re dabala we simbe gene sehe?
　　　네 자신이 가고자 하－ㄹ 뿐 누가 너를 가라 했냐?
　　　(啓蒙3:47)

　　나. efujeci efuje－he dabala ai šolo de seme geli
　　　망치면 망치－ㄹ 뿐 무슨 여가 에 　　또
　　　ere baita be yabumbi?(金甁35:13b)
　　　이 일 을 행하냐?

(67) 가. abka gisurerakū yabun baita de tuwabu－re dabala.
　　　하늘 말하지 않고 행동 일 에 보게하－ㄹ 뿐이다.
　　　(字法:33)

　　나. uthai gamambi seme inu jidere biya de dabala.
　　　즉시 가져간다 하여 도 오는 달 에 뿐이다.
　　　(金甁72:18b)

　　예문 (66가)에서는 '－re', (66나)에서는 '－he'를 선행요소로 하여 선행문을 후행문에 연결시켜 주는 기능을 수행하고 있다. 이때 'dabala'의 의미는 '뿐'이라 할 수 있다. 그리고 예문 (67가)와 (67나)에서는 'dabala'가 어말에서 쓰이고 있다. (67가)에서는 '－re'를 선행요소로 하고 있지만 (67나)에서는 여격어미 'de'를 선행요소로 하고 있다. 이때의 의미도 '뿐'이라 할 수 있다.

　　이상의 사실로부터 'dabala'가 －ra, －ha와 제약관계에 있다는 것을 확인할 수 있으며, 선행요소에 의존하는 의존명사로서의 특성을 갖고 있다는 것을 알 수 있다.

　　(8) ebsihe

　　만주어 'edsihe'는 한국어의 '끝, 한(限)'의 의미에 해당하며 속격어미 'i'와 내포문어미 '-ra'의 아래에서 쓰인다. 淸朝의 문법서에서 이에 대해 설명한 것을 제시하면 다음과 같다.

> ebsihe 儘字 在句中用 此上必用i字(啓蒙3:45)
> 儘數則用 ebsihe 上連字與 ra, re
> 如今下連字用 ebsihei 字句多(虛指下:17)

위 설명에서는 'ebsihe'가 '儘字'의 의미로 풀이되어 있다. 그리고 선행어와의 관계에 있어서는 '-ra'와 제약관계에 있으며 속격어미 'i'와 함께 쓰이는 경우도 있다고 되어 있다.[47] 그러면 다음 예문을 통하여 이상의 사실을 확인해 보기로 한다.

(68) 가. aikabade jurgan giyan de bahaci acara ulin
　　　　 만약 　　 義 　 理 　 에 　 얻어서 　 맞는 　 財物
　　　　 waka oci niyalma udu ai hacin i hūsun i
　　　　 아니면 　 사람 　 비록 무슨 종류 　 의 　 힘 　 의
　　　　 ebsihe kiceme baiha seme gemu baitakū.(啓蒙3:45)
　　　　 끝 　 힘써 　 구했다 해도 　 모두 소용없다.

　　 나. suwe erun nikebure de hūsun i ebsihe ere aha be
　　　　 너희 고문 처벌함 에 　 힘 의 끝 이 녀석 을
　　　　 tsanselame fori.(金甁94:7a)
　　　　 挾하여 　 때려라.

(69) 가. buran taran i ergen bisi-re ebsihei sujume genehe.
　　　　 어지러이 　　 숨 　 있-는 끝으로 달려 　 갔다.
　　　　(金甁35:2b)

---

47) 박은용(1973)에서는 'ebsihe'를 連體接續副詞로, 愛新覺羅·烏拉熙春(1982)에서는 後置詞로 처리하고 있다.

나. cen ging ji tulesi ergen bisi-re ebsihe sujume tucike.
陳 敬 齊 밖으로 숨 있-는 끝 달려 나왔다.
(金甁85:6b)

예문 (68가, 나)에서는 속격어미 'i'와 통합관계에 있음을 보여준다.
그리고 예문 (68가, 나)에서는 내포문어미 '-ra'와 제약관계에 있음을
보여준다. 이것은 淸朝의 문법서에서 이미 확인했던 사실로서 '-ha'와
함께 쓰이는 예문은 확인할 수 없다. 그리고 이때 'ebihe'의 의미는
'끝'이라 할 수 있다.

이상의 사실로부터 'ebsihe'가 '-ra'와 제약관계에 있는 것으로 관형
어 아래에서 사용되는 의존명사의 특성이 있음을 알 수 있다.

(9) gese

만주어 'gese'는 한국어의 '처럼, 같이'에 해당되며 속격어미 'i'와 내
포문어미 '-ra, -ha'의 아래에서 쓰인다.[48] 淸朝의 문법서에서 이에
해당되는 설명을 살펴보고 아울러 예문을 제시하면 다음과 같다.

adali 如同 gese 相似 總作比如似若說
二字之上接 i, ni, ra, re 與 ha, he 諸字多(虛指:16)
adali gese 俱講像似樣與如 接字i字之外硬字方用得(接字:39)

위 설명에서 'gese'의 의미는 '像似'로 되어 있고 선행어와의 관계에
대해서는 '-ra, -ha'와 함께 쓰이며 속격어미 'i'와 함께 쓰이는 경우

---

48) 'gese'에 대하여 Haenish(1961)에서는 postposition으로, 愛新覺羅·鳥拉熙春
(1982)에서도 後置詞로 처리하였으며 박은용(1973)에서는 連體接續副詞
라고 하였다.

도 있다고 되어 있다. 그러면 다음 예문을 통하여 이상의 사실을 확인
해 보기로 한다.

(70) 가. abkai fejergi be <u>gese</u> dendeci antaka?(滿國3:98)
　　　天　　下　　를　같이　나누면　어떠냐?

　　나. ai jaka be <u>gese</u> bume ujihe?(老祖1:26)
　　　어떤　것　을　같이　주어　길렀냐?

　　다. eiten jaka be gemu <u>gese</u> bufi,(老祖1:26)
　　　모든　것　을　다　같이　주고,

(71) 가. ehe be daharangge uleje-re <u>gese</u>.(虛指:16)
　　　惡　을　따르는 것　파멸하-ㄴ　처럼이다.

　　나. hūturi dergi mederi i <u>gese</u>.(虛指:16)
　　　福　東　海　의　처럼이다.

(72) 가. ci de amdun dasimbu-ha <u>gese</u> alimbaharakū haji
　　　칠 에 아교 붙이 -는 처럼 견딜수 없이 사랑하고
　　　halhūn gūnin be gisure-he.(金甁99:3b)
　　　뜨거운　생각　을　말했다.

　　나. asu ci ukcaha nimaha i <u>gese</u> amasi bederefi cing
　　　그물 에서 풀린 물고기 의 처럼 뒤로 돌아가서 淸
　　　ho hiyan i hoton be baime genehe.(金甁94:12b)
　　　河　縣　의　城　을　찾아 갔다.

　　예문 (70)에서는 'gese'가 '같이'의 의미로써 부사의 기능을 수행하
고 있다. 박은용(1973:121)에서도 'gese'가 부사로서 기능을 한다고 하
였다. 이처럼 'gese'는 자립 형태소로서의 기능도 수행하지만 대부분
예문 (71), (72)에서처럼 '-ra, -ha' 혹은 속격어미 'i'와 함께 결합하
여 쓰인다. 예문 (71가)에서는 '-re'와 (71나)에서는 속격어미 'i'와
결합하여 문장의 서술어로 기능을 수행하고 있다. 그리고 예문 (72가)

에서는 '-he'와, (72나)에서는 'i'와 결합하여 선행문장을 후행문장에
연결시켜 주는 기능을 수행하고 있다. 그리고 이때 'gese'의 의미는
'처럼'으로 풀이할 수 있다.

이상의 사실로부터 'gese'가 '-ra, -ha'를 포함한 관형어 아래에서
만 사용된다는 제약이 있으며 선행문장을 후행문장에 연결시켜 주는
기능을 수행하는 의존명사의 특성이 있음을 알 수 있다.

(10) haran

만주어 'haran'은 한국어의 '때문'에 해당되며 속격어미 'i'와 내포문
어미 '-ha'의 아래에서 쓰인다.[49] 淸朝의 문법서에서 이에 대한 설명
을 살펴보고 아울러 해당되는 예문을 제시하면 다음과 같다.

jalin, haran, turgun 因爲情由 綠故多(虛指下:35)
haran 因爲過失多(字法:32)

(73) 가. juse   deote   i   yabun   ginggun   akūngge,   an   i   ucuri
　　　　子　弟들　의　　행동　　삼감　　없는 것　보통　의　경우
　　　tacihiyarakū　　　haran.(虛指下:36)
　　　가르치지 않은　　때문이다.

　　 나. yala   tulergi   i   haran,   dorgi   i   haran   waka kai.
　　　　진정　밖　　의　때문이지　안　　의　때문　아니다.
　　　(字法:32)

(74) 가. si ainci ere emu siran i udu inenggi jobo-ho   haran.
　　　너　아마　이　　속으로　여러　날　수고하-ㄴ　때문이다.
　　　(金甁79:21a)

---

49) 'haran'에 대하여 愛新覺羅・鳥拉熙春(1982)에서는 postposition이라고 하였다.

나. ainci ere ucuri nure omiha labdu <u>haran</u> dere.
　　아마 이 즈음 술 마시기 많은 때문 이리라.
　　(金甁79:29a)

　　淸朝의 문법서에서는 'haran'의 의미를 '因爲, 綠故' 등으로 풀이하고 있다. 그리고 선행어와의 관계에 대해서는 언급한 바 없다. 그러나 예문 (73)에서는 속격어미 'i'와, 예문 (74가)에서는 '-ho'와, 예문 (74나)에서는 형용사 'labdu(많은)'과 통합관계에 있음을 보여준다. 다만 '-ra'와의 통합관계에 대해서는 확인된 바 없다. 그런데 위 예문에서처럼 'haran'은 문장의 서술어로 사용되는 빈도가 높다는 특성이 있다. 이때 'haran'의 의미는 '때문'이라고 할 수 있다.

　　이상의 사실로부터 'haran'이 '-ha'를 포함한 관형어 아래에서만 사용된다는 제약이 있는 의존명사의 특성이 있음을 알 수 있다.

　　(11) jalin

　　만주어 'jalin'은 한국어의 '때문, 탓'의 의미에 해당되며 속격어미 'i'와 내포문어미 '-ra, -ha'의 아래에 쓰인다. 또한 여격어미 'de'와 결합하여 쓰이기도 한다.[50] 만주어 문법서에서 이에 대한 설명을 살펴보고 해당되는 예문을 제시하면 다음과 같다.

　　jalin, haran, turgun 因爲情由綠故多(虛指下:35)
　　jalin 之意講因爲 接字i字之外 ra, re, ro(接字:38)
　　jalin 因爲爲什麽(字法:33)

---

50) 'jalin'에 대하여 Haenish(1961)에서는 postposition으로 처리하고 있으며 愛新覺羅·鳥拉熙春(1982)에서도 後置詞로 처리하고 있다. 그리고 박은용(1973)에서는 連體接續副詞라고 하였다.

위 설명에서는 'jalin'이 '因爲'의 의미로 풀이되어 있다. 그리고 선행어와의 관계에 대해서는 '-ra'와 제약관계에 있으며 속격어미 'i'와 함께 쓰이는 경우도 있다고 되어 있다. 그러면 다음 예문을 통하여 이상의 사실을 확인해 보기로 한다.

(75) 가. sarkū urse oci yali i <u>jalin</u> sembi sara urse
모르는 사람 은 肉 의 때문이라 하고 아는 사람

seme dorolon akū i <u>jalin</u> sembi.(字法:33)
은 禮 없음 의 때문이라 한다.

나. gemu meni meni juse sargan be gūnime ejen i
다 各各의 아들 妻 를 생각하며 主君 의

<u>jalin</u> gūnirakū ereme gūnihangge ufaraha.
때문 생각하지 않으니 바라며 생각한 것 허물어졌다.

(滿國9:101)

(76) 가. aisilame menggun tucibu-re <u>jalin</u> saišame huwekiyebuki
도와 銀 내 -ㄴ 때문 칭찬하여 장려하고자

seme baime wesimbuhebi.(虛指下:36)
하여 청하여 올렸다.

나. bi esei ejen i ping an be tanta-ha <u>jalin</u> injehe.
나 이들의 主人 의 平 安 을 때리-ㄴ 때문 웃었다.

(金甁39:2a)

(77) 가. damu emgi bahafi gisurehekū i <u>jalin</u> de korsombi.
다만 홈의 어더 니르지아닌 타스로 셜워ᄒ노라.

(譯總1:17)

나. mini ilan urhun i ilenggu cenghiyang ni <u>jalin</u> de
내 세 촌 의 혀로 승상의게 위ᄒ여

gisureki.(譯總7:20)
니르쟈.

예문 (75)에서는 'jalin'이 속격어미 'i'와 연결되어 있으며 예문 (76)
에서는 '-re, -ha'와 연결되어 선행문장을 후행문장에 연결시켜 주는
기능을 수행하고 있다. 淸朝의 문법서에서는 '-ra'와 함께 쓰이는 것
에 대해서는 설명하고 있지만 '-ha'에 대해서는 언급하지 않았다. 그
러나 (76나)에서는 'jalin'과 '-ha'가 함께 쓰일 수 있다는 것을 보여
준다. 이때 'jalin'의 의미는 '때문'이라 할 수 있다.

이상의 사실로부터 'jalin'이 관형어 아래에서만 쓰이는 의존성이 있
으며, 선행문장과 후행문장을 연결시켜 주는 기능을 수행하고 있다는
것을 알 수 있다. 더구나 예문 (77)에서 'jalin'이 여격어미 'de'와 통합
관계에 있다는 것은 'jalin'이 한국어 의존명사와 동일한 특성을 지니고
있다는 것을 입증해 준다.

(12) manggi

만주어 'manggi'는 한국어의 '후'에 해당되며 내포문어미 '-ha' 아
래에서 쓰이는 경우와 동사어간, 즉 명령형 아래에서 쓰이는 경우가
있다.[51] 淸朝의 문법서에서 이에 대한 설명을 살펴보고 아울러 해당
되는 예문을 제시하면 다음과 같다.

> manggi 了之後字 而後字 卽而字 此上必用 ka, ha, ko, ho, ke, he 等字
> 在句尾用 乃說言已然 承上起下之詞(啓蒙三:43)
> manggi 此亦已然之詞 下亦接別語 與 amala 之意近 又如了字意 上必用
> ha, he, ho 等字起之(指南3:8)

---

51) 'manggi'에 대하여 愛新覺羅·烏拉熙春(1982)에서는 後置詞로, 박은용(1973)
　　에서는 連用接續副詞로 처리하고 있다. 그리고 만주어 명령형에 대해서
　　는 박은용(1973) 참조.

manggi 而後 然後 乃順頂上文之詞也

又旣然 乃理不宜然而然之詞也(指要:15)

manggi nakū 講旣字 上用半截字連着

彼而又此使 manggi 然而未果 nakū 合(虛指下:17)

manggi 之字講時候 接字必用 ka, ha, ko, ho 與 ke, he(接字:15)

manggi 亦旣而 旣令說 使令字亦上加著 申淺及深 進一步 連環正套義方合……

若作然後而後用 不加使令用 ha, he(字法:44)

위 설명에서는 'manggi'의 의미를 '而後, 然後' 등으로 풀이하고 있
다. 그리고 선행어와의 관계에 대해서는 '-ha'와 통합관계에 있으며
명령형, 즉 동사 어간 아래에서 쓰인다는 것이 지적되어 있다. 그러면
다음 예문을 통하여 이상의 사실을 확인해 보기로 한다.

(78) 가. u wang šang gurun be ete -he <u>manggi</u>, duin ergi
　　　　武　王　商　　國　　을　이기-ㄴ　후　　四　　方
　　　　gurun gemu dahaha.(指南3:8)
　　　　國　　모두　감복시켰다.

　　 나. baita mute-he <u>manggi</u> ujeleme baniha arame buki.
　　　　일　　끝나-ㄴ　후　　　감사하며　감사하며　　주마.
　　　　(啓蒙3:43)

(79) 가. niyalmai yanduha be alime gaisu <u>manggi</u> geli
　　　　사람의　　요청함　을　받아　가진　후　　또
　　　　weri i baita be duhemburakū.(啓蒙3:43)
　　　　다른이　의　일　을　끝내지　않는다.

　　 나. niyalmai gisen be wesimbu <u>manggi</u> beye mujilen be
　　　　사람의　　말　을　올린　후　　몸　마음　을
　　　　getukelembi.(字法:44)
　　　　밝힌다.

예문 (78)에서는 'manggi'가 '-ha'와 통합관계에 있음을 보여주며 예문 (79)에서는 명령형 아래에 연결되어 있음을 보여준다. 그리고 이 때 'manggi'는 '후'의 의미를 지니고서 선행문장을 후행문장에 연결시켜 주는 기능을 수행하고 있다. 이러한 기능상의 특성은 淸文啓蒙에서도 '承上起下之詞'라고 하여 설명하고 있다.

이상의 사실로부터 'manggi'는 명령형 아래에서 쓰인다는 두드러진 특성이 있지만 '-ha' 아래에서 선행문장과 후행문장을 연결시켜 주는 기능을 수행하여 한국어 의존 명사에 상응하는 특성을 지니고 있음을 알 수 있다.

(13) nerginde

만주어 'nerginde'는 한국어의 '순간'에 해당되며 속격어미 'i'와 내포문어미 '-ra, -ha'의 아래에서 쓰인다.[52] 淸朝의 문법서에서 이에 대한 설명을 살펴보고 아울러 해당되는 예문을 제시하면 다음과 같다.

nerginde 上按與 ra, re, ha, he 等字多(虛指:42)

(80) bekten bakta i <u>nerginde</u> eyehengge getuken akū.(虛指上:42)
　　　倉　　　狹　　의　순간에　　흐르는 것　　맑지　않다.

(81) 가. tolome baica-re <u>nerginde</u> gaitai ice hafan halaci ojorakū.
　　　　밝혀　살피-는　순간에　갑자기　새　관리　바꾸면　안된다.
　　　　(虛指上:42)

　　 나. nimeku manggala-ha <u>nerginde</u> hercun akū wangga
　　　　　병　　심각하 - ㄴ　순간에　의식　없고　혼수

---

52) 愛新覺羅・烏拉熙春(1982)에서는 'nerginde'를 後置詞라고 하였다.

      šangga   oho.(虛指上:42)
      상태   됐다.

  淸朝의 문법서에서는 'nerginde'의 의미에 대해 '間, 際' 등으로 풀이
하면서 선행어와의 관계에 대해서는 속격어미 'i' 그리고 내포문어미
'-ra, -ha'와 통합관계에 있다고 하였다. 실제로 예문 (80)에서는
'nerginde'가 속격어미 'i'와 통합관계에 있으며, 예문 (81가)에서는 '-ra'
와, (81나)에서는 '-ha'와 통합관계에 있음을 보여준다. 특히 예문 (81)
에서는 선행문장과 후행문장을 연결시켜 주는 기능을 수행하고 있다.
이때 'nerginde'의 의미는 '순간'으로 풀이할 수 있다.

  이상의 사실로부터 'nerginde'가 관형어 아래에서만 쓰이는 의존성이
있으며 선행문장과 후행문장을 연결시켜 주는 특성이 있음을 알 수 있
다. 이와 함께 'nerginde'가 '순간'의 의미를 갖는 명사 'nergin'과 여격어
미 'de'가 결합하여 된 것으로서 기원적으로 자립명사이던 'nergin'이
'de'와 결합하여 관용화하였다는 사실은 'nergin-de'가 한국어 의존명
사에 상응하는 특성을 지니고 있음을 나타내 준다.

  (14) onggolo

  만주어 'onggolo'는 한국어의 '전(前)'에 해당되며 속격어미 'i'와 내
포문어미 '-ra'의 아래에서 쓰인다.53) 淸朝의 문법서에서 이에 대한
설명을 살펴보고 아울러 해당되는 예문을 제시하면 다음과 같다.

---

53) 'onggolo'에 대하여 Haenish(1961)에서는 postposition으로 처리하고 있으며
    愛新覺羅·烏拉熙春(1982)에서도 後置詞로 처리하고 있다. 그리고 박은
    용(1973)에서는 連用接續副詞라고 하였다.

onggolo 預先字 未先字 未曾頭裡字 在句尾用(啓蒙三:30)

onggolo 未先 unde 尙未 ra, re, ro 字上連着(虛指上:43)

(82) 가. hangsi   onggolo   emu   inenggi   hoton   i   tule
　　　　 清明   전   1   일   城   의   밖에
　　　　 oksome   yabure   de(聊志1:5)
　　　　 걸어   다닐   제

　　나. emu   eniya   i   onggolo   yala   goidakū   bucehe.
　　　　 1   年   의   前   果然 오래지 않아 죽었다.
　　　　(滿實4:55)

(83) 가. gisureme   waji-re   onggolo   nure   booha   sasa   benjihe.
　　　　 말하여   마치-기   전   술   안주   함께   보냈다.
　　　　(金甁34:11a)

　　나. tsootsoo   i   fafun   isina-ra onggolo   ioi   ji   mao   jiyai
　　　　 曹操   의   령이   밋지 못ᄒ여서   干   禁   毛   介
　　　　 giyang ni   julergi   cooha   mukei   ing   be   durime   dosirahū
　　　　 강   남녁   군식   믈   딘   올   아사   들끼
　　　　 seme   olhome,(譯總4:17)
　　　　 ᄒ여   저허,

　　清朝의 문법서에서는 'onggolo'의 의미를 '預先, 未先 등으로 풀이하고 있다. 그리고 선행어와의 관계에 있어서는 '-ra'와 통합관계에 있다고 하였다. 실제로 예문 (83)에서는 'onggolo'가 '-ra와 통합관계에 있음을 보여준다. 그런데 예문 (82)은 'onggolo'가 속격어미 'i'를 통하여 명사 아래에서 쓰이는 경우도 있음을 보여준다. 이때 'onggolo'의 의미는 '前'으로 풀이할 수 있으며 선행문장과 후행문장을 연결시켜 주는 기능을 수행한다.

　　이상의 사실로부터 'onggolo'가 관형어 아래에서만 쓰이는 의존성이

있으며 선행문장과 후행문장을 연결시켜 주는 특성을 갖고 있어서 한 국어 의존명사의 특성에 상응하는 것임을 알 수 있다.

(15) sidende

만주어 'sidende'는 한국어의 '사이'에 해당되며 속격어미 'i'와 내포 문어미 '-ra' 아래에서 쓰인다.[54] 淸朝의 문법서에서 이에 대한 설명 을 살펴보고 아울러 해당되는 예문을 제시하면 다음과 같다.

andande 上接整字 sidende i 字與 ra, re, ro(虛指:41)

(84) abka na i sidende niyalma umesi wesihūn.(虛指:42)
天 地 의 사이에 사람 매우 귀하다.
(85) aga aga-ra sidende kiceme baitalarangge jing teisu.
비 오-ㄹ 사이에 힘써 쓰는 것 바로 맞다.
(虛指:42)

淸朝의 문법서에서는 'sidende'의 의미에 대해 '間, 際' 등으로 풀이 하면서 선행어와의 관계에 대해서는 속격어미 'i' 그리고 내포문어미 '-ra' 아래에 쓰인다고 하였다. 실제로 예문 (84)는 속격어미 'i'와의 통합관계를, 예문 (85)는 '-ra'와의 통합관계를 보여준다. 그리고 예 문 (85)에서는 선행문장과 후행문장을 연결시켜 주는 기능을 수행한 다. 이때 'sidende'의 의미는 '사이'로 풀이할 수 있다.

이상의 사실로부터 'sidende'가 관형어 아래에서만 쓰이는 의존성이

---

54) 'sidende'를 'Haenish(1961)'에서는 postposition으로 처리하고 있으며 愛 新覺羅 · 烏拉熙春(1982)에서도 後置詞로 처리하고 있다.

있으며 선행문장과 후행문장을 연결시켜 주는 기능을 수행한다는 것을 알 수 있다. 이와 함께 'sidende'가 '사이'의 의미를 갖는 자립명사 'siden'과 여격어미 'de'가 결합하여 관용화한 것이라는 사실은 'sidende'가 한국어 의존명사의 특성에 상응하는 특성을 지니고 있음을 의미한다.

　(16) songkoi

　만주어 'songkni'는 한국어의 '대로'에 해당되며 속격어미 'i'와 내포문어미 '-ra, -ha'의 아래에서 쓰인다.[55] 淸朝의 문법서에서 이에 대한 설명을 살펴보고 아울러 해당되는 예문을 제시하면 다음과 같다.

ici, songkoi, jergi haran, jalin, turgun 多 上接 i, ni 與 ra, re ha, he, ho 等 也使得(虛指下:45)

　(86) 가.　ere　　duruni　　<u>songkoi</u>　　weileki.(虛指下:45)
　　　　　　이　　모습의　　　대로　　　만들자.
　　　　나.　cen　　ging　　ji　　be　　eigen　　sargan　　be　　tantahai
　　　　　　陳　　敬　　濟　　를　　남편　　부인　　을　　때려서
　　　　　　bucerede　isibuha　fafun　i　bithe　i　<u>songkoi</u>　tatame
　　　　　　죽일 때　적용하는　法　　典　의　대로　　때려
　　　　　　wara　　weile　　tuhebuhe.(金甁92:36a)
　　　　　　죽이는　죄　　적용시켰다.
　(87) 가.　gisure-he　　<u>songkoi</u>　　obo.(虛指下:45)
　　　　　　말하-ㄴ　　대로　　씻어라.

---

55) 'songkoi'에 대하여 Haenish(1961)에서는 postposition으로 처리하고 있으며 愛新覺羅·烏拉熙春(1982)에서도 後置詞로 처리하고 있다. 그리고 박은용(1973)에서는 連體接續副詞라고 하였다.

　나. fu-žin　gisure-he　<u>songkoi</u>　belheme　jabduha　manggi,
　　 夫　人　 말하 -ㄴ　대로　　準備하여　마친　　후,
　　(聊志3:65)

　清朝의 문법서에서는 'songkoi'의 의미에 대해서는 언급하지 않고 다
만 선행어와의 관계에 대해서 속격어미 'i', 내포문어미 '-ra, -ha'와
통합관계에 있다고 설명하였다. 예문 (86)은 'songkoi'가 속격어미 'i'
와, 예문 (87)은 '-ha'와 통합관계에 있음을 보여준다. 그리고 이때
'sonkoi'의 의미는 '대로'라고 풀이할 수 있으며 특히 선행문장과 후행
문장을 연결시켜 주는 기능을 수행하고 있다.

　이상의 사실로부터 'songkoi'가 관형어 아래에서만 쓰이는 의존성이
있으며 선행문장과 후행문장을 연결시켜 주는 특성이 있어서 한국어
의존명사의 특성에 상응하는 것임을 알 수 있다. 특히 'sonko'가 자립
명사로서 '흔적, 자취' 등의 의미로도 쓰이고 있는데 여기에 속격어미
'i'가 결합하여 'songkoi'의 형태로 쓰이게 됐다고 하는 것은 'songkoi'
의 의존명사로서의 특성을 보다 분명히 보여주는 것이 된다.

　(17) teile

　만주어 'teile'는 한국어의 '뿐, 한'에 해당되며 속격어미 'i'와 내포문
어미 '-ra, -ha'의 아래에서 쓰인다.[56] 清朝의 문법서에서 이에 대한
설명을 살펴보고 아울러 해당되는 예문을 제시하면 다음과 같다.

---

56) 'teile'에 대하여 Haenish(1961)에서는 postposition으로 처리하고 있으며 愛
　　新覺羅·烏拉熙春(1982)에서도 後置詞로 처리하고 있다. 그리고 박은용
　　(1973)에서는 連體接續副詞라고 하였다.

teile 止字 獨字 寡字 單是字 偏字 儘字 在句中用 此上必用 i字 如有不用i
字者 乃係成語 不在此例(啓蒙三:44)
專純竟只使 canggi 僅上惟獨用 teile
二字上接 i, ni, de, be 字 ra, re, ha, he 等字多······
若是不獨不止句 teile akū 語活多(虛指上:15~16)
teile 之意講寡字 獨字僅字也繙得(接字:34)

위 설명에서는 'teile'가 '止, 獨, 寡' 등의 의미로 풀이되어 있다. 그
리고 선행어와의 관계에 있어서는 속격어미 'i', 내포문어미 '-ra, -ha'
와 통합관계에 있다고 하였다. 그리고 격어미 'be, de'와의 통합관계에
대해서도 언급하고 있다. 그러면 다음 예문을 통하여 이상의 사실을
확인해 보기로 한다.

(88) 가. tacin fonjin fulu i teile akū yabun tuwakiyan inu
         學   問   넉넉함 의 뿐 아니라 品   行   도
    sain.(虛指上:16)
    좋다.
    나. damu tere emu huwejen i teile de uthai susai yan
        다만 그 한 屛風 의 만 에 바로 50 兩
    menggun jafafi baiha seme inu baharakū kai.
      銀 가지고 원했다 해 도 얻을 수 없다.
    (金瓶45:7a)
    다. ainu damu musei teile be koro arambi?(金瓶69:19a)
        어찌 다만 우리의 만 을 해치느냐?
(89) 가. damu mimbe teile akabumbi.(金瓶92:27a)
        다만 나를 만 슬프게 한다.
    나. sun el niyang ni boode damu emu he huwa sere
        孫 二 娘 의 집에서 다만 한 荷 花 하는

sargan jui be <u>teile</u>   takūrambi.(金甁94:9a)
　　딸　　을　만　　부린다.

(90) 가. ere   baita   be   bi   mute −re −i   <u>teile</u>   sini   jalin
　　　　이　 일　 을 나 할수있-음 -의   한   네 위하여
　　　gisureme   tuwaki.(啓蒙3:44)
　　　말하여　　 보자.

　가. buya niyalma fi   i mute−re <u>teile</u> fiyan tucibure
　　　小　　人　　 筆 의 할수있-는　 한　 색　 낼
　　　dabala.(金甁63:17b)
　　　뿐이다.

　예문 (88)에서는 'teile'가 속격어미 'i'와 통합관계에 있음을 보여준
다. 특히 예문 (88나)에서는 'teile'의 뒤에 여격어미 'de'가 연결되어
있고 (88다)에서는 대격어미 'be'가 연결되어 있다는 것은 'teile'가 명
사로서의 특성이 있음을 의미한다. 예문 (90)에서는 'teile'가 '−re'와
통합관계를 유지하면서 선행문장과 후행문장을 연결시켜 주는 기능을
수행하고 있다. 이때 'teile'의 의미는 명사 아래에서는 '뿐. 만'으로, 동
사 아래에서는 '한'으로 풀이할 수 있다. 그런데 예문 (89)에서 'teile'
가 대격어미 'be' 뒤에서 쓰이고 있다는 것은 후치사로서의 특성을 지
니고 있다는 것을 의미한다.
　이상의 사실로부터 'teile'는 기원적으로 명사이던 것이 후치사로 변
한 것임을 알 수 있다. 그러나 '−ra'와 함께 선행문장과 후행문장을
연결시켜 주는 특성이 있다는 점에서는 한국어 의존명사의 특성에 상
응하는 특성도 내포하고 있다고 하겠다.

(18) turgunde

만주어 'turgunde'는 한국어의 '때문, 까닭'에 해당되며 형용사와 내포문어미 '-ra, -ha' 아래에서 쓰인다.[57] 해당되는 예문을 제시하면 다음과 같다.

(91) 가. amba   baita   be   mutebume   banjinarakūngge   buya
　　　　大　　　事　　　를　　　얻어　　　이루지 못하는 것　　　小
　　　aiside   dosi-ka   <u>turgun.</u>(虛指下:36)
　　　利에　　　드-ㄴ　　　緣故다.

나. niyalma de enduringge bisire arsari bisirengg ai <u>turgun</u>
　　사람 에게 聖   있고 凡 있는 것 무슨 까닭
　　seci mergen mentuhun i banin adali akū ofi kai.
　　하면 賢   愚   의 性 같지 않아서 이다.
　　(虛指下:36)

(92) 가. mende   umai   ekšere   oyonggo   baita   akū   ai
　　　　우리게 아조 밧분 긴흔 일 업스니 므슴
　　　<u>turgunde</u>   erde   genembi.(淸老2:19b)
　　　연고로 일 가리오.

나. inlere erin de da debtelin amba <u>turgunde</u> juwan
　　影印 時 에 本 册 大 때문에 十
　　ninggun kai obume   ajige obuhabi.(滿語語法:305)
　　六   開 되게하여 小 되게했다.

(93) 가. ere   majige   jobo -ho   <u>turgunde</u> ai   gelhun akū
　　　　이   약간 수고하-ㄴ 까닭에 어찌 감히

---

57) 'turgunde'에 대하여 Haenish(1961)에서는 postposition으로 처리하고 있으며 愛新覺羅·烏拉熙春(1982)에서도 後置詞로 처리하고 있다.

menggun　be　alime　gaimbi?(金甁88:14a)

銀　을　받아　갓느냐?

나.　inenggi　nikan　i　šusai　emgi　emu　bade　tefi　bithe

날마다　漢　의　션비　과　흔　딕　이셔　글

taci-ha　turgunde　majige　bahanambi.(淸老1:8)

비호-ㄴ　緣故로　적이　아노라.

(94) 가.　cimaha　inenggi　ging　hūla-ra　turgunde　boode　cuse

來　日　經　읽　-을　때문에　집에　尉子

gajifi　šayo　buda　weilebumbi.(金甁66:3a)

가지고　佛家　밥　만들게 한다.

나.　jui　be　erše-re　turgunde　te　amba　ajige　boo　haša　i

아이　를　돌보-는　때문에 지금　大　小　家　창고　의

anakū　be　wacihiyame　tede　jafabuhabi.(金甁88:24b)

열쇄　를　모두　그에게　잡게 했다.

　　淸文虛字指南에서는 'turgun'의 의미를 '因爲情由緣故多'라고 풀이하면서도 선행어와의 관계에 대해서는 언급한 바 없다. 그러나 예문 (91)에서처럼 '-ka'와 형용사 아래에서 사용되는 예를 제시하고 있다. (91가)에서는 '-ka'와 (91나)에서는 형용사와 결합하여 'turgun'이 서술어로서 기능을 수행하고 있다. 그런데 'turgun'은 여격어미 'de'와 결합하여 선행문장과 후행문장을 연결시켜 주는 기능을 수행하는 경우도 있다. 예문 (92)에서는 형용사와, (93)에서는 '-ka'와, (94)에서는 '-ra'와 함께 쓰여 상위문을 하위문에 연결시켜 주는 기능을 수행하고 있다. 이때 'turgunde'의 의미는 '때문, 까닭' 등으로 풀이할 수 있다.

　　이상의 사실로부터 'turgunde'는 'turgun'과 여격어미 'de'가 결합한 것으로서 관형어 아래에서만 쓰이는 의존성을 띠고서 선행문장과 후행문장을 연결시켜 주는 기능을 수행하고 있다는 것을 알 수 있다. 따

라서 'turgunde'가 한국어 의존명사에 상응하는 특성이 있다고 할 수
있다.

지금까지 논의를 통해 만주어에도 한국어 의존명사에 상응하는 형
태들이 존재하는지 여부를 확인해 보았다. 그리고 이러한 형태들을 만
주어에서 식별해 내기 위하여 한국어 의존명사의 식별 준거로 제시된
조건을 기준으로 다음과 같은 식별준거를 설정한 바 있다.

1. 속격어미와 결합이 가능한 것으로서 명사로서의 특성을 갖는 것.
2. 관형화내포문이나 관형사 아래에서 의존성을 지닌 채 쓰여 제약관계
   가 있는 것.
3. 하위문을 상위문에 연결시켜 주는 기능을 수행하는 것.
4. 격어미를 취하는 것.

이상과 같은 기준에 의거하여 한국어 의존명사에 상응하는 형태들
을 분류해 낸 후 이들의 통사, 의미 특성을 고찰하고 내포문어미와 제
약관계를 규명해 보았다. 그 결과를 열거하면 다음과 같다.

'-ra'와 통합관계에 있는 것.

anggala: 뿐 아니라	ebsihe: 끝, 한
jaka: 적	onggolo: 전(前)
siden: 사이	

'-ha'와 통합관계에 있는 것.

da: 터	haran: 때문
manggi: 후(後)	

통합관계에 제약이 없는 것.

adali: 처럼	ba: 바
canggi: 뿐, 만	dabala: 따름
gese: 처럼	jalin: 때문
nergin: 순간	songko: 대로
teile: 뿐	turgun: 때문

위에 제시한 제약관계는 내포문어미의 선택과 내포문명사의 의미 사이에 밀접한 관계가 있음을 암시해 준다. 가령 '-ra'와 통합관계에 있는 명사들은 미완료적 명사라고 부를 수 있는 것들이며 '-ha'와 통합관계에 있는 것들은 완료적 명사라 부를 수 있는 것들이다. 그리고 '-ra, -ha'와 통합관계에 제약이 없는 명사들은 이러한 의미제약을 갖지 않는 것들이라 할 수 있다. 따라서 이러한 제약관계는 만주어의 내포문어미 '-ra'와 '-ha'가 미완료상 : 완료상의 대립관계를 갖고서 내포문명사의 의미 특성에 따라 선택되고 있음을 보여주는 실질적인 예라 할 수 있다.

지금까지 내포문어미의 선택이 내포문명사와의 통합 관계에 의해서 결정되리라는 가정을 근거로 하여 한국어와 만주어 내포문어미의 의미를 밝히기 위하여 내포문어미와 의존명사 사이의 제약관계를 고찰해 보았다. 특히 만주어에서는 한국어 의존명사의 식별준거에 상응하는 형태들의 존재를 확인한 후 한국어와 마찬가지로 만주어에도 의존명사의 범주에 포함되는 형태임이 존재함을 밝히고 이들 의존명사와 선행하는 내포문어미와의 제약관계를 규명하였다. 그 결과 한국어와 만주어가 모두 동작상이라는 의미 범주에 제약을 받고 있음이 확인되었다. 지금까지 살펴본 두 언어의 관형화내포문어미 사이의 대응관계를 간략히 제시하면 다음과 같다.

-관형화내포문어미 체계-

	완료상	미완료상
한국어	-을	-은
만주어	-ra	-ha(ka)

4 명사화내포문

1) 명사화어미

중세한국어에서는 매우 제한된 경우이지만 관형화어미 '-은'과 '-을'이 명사화어미로서 기능을 수행하고 있다. 이것은 만주어 관형화내포문에서 쓰이는 '-ra'와 '-ha'가 명사화내포문에서도 확인되는 것과 일치하는 형태상의 특성이다. 그런데 한국어와 만주어 명사화내포문어미가 통사, 의미상으로도 동일한 특성을 지니고 있는지 여부는 '-은'과 '-을'이 매우 제한된 경우에서만 명사화어미로서 기능을 수행하기 때문에 확인할 수 없다. 따라서 여기서는 현대한국어에서 명사화어미로 쓰이는 '-음'과 '-기'의 통사, 의미 특성을 기존의 논의를 중심으로 살펴보고 아울러 만주어 명사화내포문어미 '-ra, -ha'의 통사, 의미 특성을 규명하여 한국어와 만주어 명사화어미의 통사, 의미 특성을 비교해 보고자 한다.58)

58) 관형화내포문에서 확인된 바와 같이 만주어 내포문어미 '-ra, -ha'는 관형화라는 통사적 기능을 수행하지 않는다. 그리고 논의를 진행함에 따라 규명되겠지만 '-ra, -ha'는 명사화라는 통사적 기능도 수행하지 않는다. 따라서 명사화어미, 명사화내포문어미라고 하는 술어는 한국어와 달리

96

한국어 명사화어미는 중세한국어, 근대한국어, 현대한국어에서 각각 다른 형태적 특성을 보여준다. 중세한국어에서 '-음'은 그 사용빈도가 현재보다 훨씬 다양하지만 '-기'는 매우 제한된 곳에서만 사용되고 있다. 즉 17세기 이전의 문헌에서는 '-기'가 사용된 예문을 확인하기 어렵고 당시에는 거의 '-음'이 명사화어미로서의 기능을 수행하였다. 그러던 것이 18세기부터는 '-기'의 사용빈도가 부쩍 증가한 반면 '-음' 의 사용빈도는 점차 감소하고 있다. 그리고 현대에 와서는 오히려 '-기' 는 활발히 사용되는 반면 '-음'은 사용빈도가 점차 줄어드는 양상을 보여주고 있다. 이에 대해 채완(1979:93~107)은 한국어 명사화어미가 상위문서술어에 따라 '-음>-기/-음>-기'의 변화를 겪거나 '-음> -음/-기>-음'의 변화과정을 겪고 있다고 주장하였다.

이처럼 중세한국어 이전 단계에서는 한국어 명사화어미로 '-음'만 이 사용되다가 17세기 이후에는 급격한 변화 양상을 보여주고 있다. 이러한 변화가 발생한 이유의 하나로서 중세한국어 이전 단계에서는 관형화어미 '-은'과 '-을'이 명사화어미로서의 기능도 수행하였다는 사실과 관계가 있었으리라고 가정할 수 있다.

중세한국어에서 관형화어미 '-은'과 '-을'이 명사화어미로 사용된 예들을 열거하면 다음과 같다.[59]

(1) 가. 虞芮質成ᄒᆞᄂᆞ로 方國이 해 모ᄃᆞ니.(龍歌:11)
    나. 威化振旅ᄒᆞ시ᄂᆞ로 與望이 다 몯ᄌᆞᄫᅡ나.(龍歌:11)
(2) 가. 놀애롤 ᄂᆞ외야 슬픐 업시 브르ᄂᆞ니.(杜初25:53)
    나. 流落ᄒᆞ야 ᄃᆞ뇨매 ᄡᅳ디 다옰 업소라.(杜初21:25)

명사화내포문에서 내포문의 서술어와 결합하여 쓰이는 어미를 지칭한다.
59) 예문은 심재기(1978:341) 참조.

예문 (1가)에서는 내포문이 '虞芮質成ᄒ+ㄴ+ᄋ로'로 분석되며 (1나)에서는 '威化振旅ᄒ시+ㄴ+ᄋ로'로 분석되는데 어미 '-ㄴ'이 공통적으로 격어미 'ᄋ로'와 함께 쓰이는 것으로 미루어 '-ㄴ'이 명사화어미임을 확인할 수 있다. 그리고 예문 (2가)에서는 내포문이 '슬프+ㄹ+ㅅ'으로, (2나)에서는 '다ᄋ+ㄹ+ㅅ'으로 분석되는데 이들 구문에서도 어미 '-ㄹ'이 속격어미 'ㅅ'과 통합관계에 있는 것으로 미루어 '-ㄹ'이 명사화어미임을 확인할 수 있다.[60]

이상의 예문은 중세한국어 이전 단계에서 관형화어미와 명사화어미가 형태적으로 일치했음을 보여준다. 그러나 이들이 형태적 일치와 함께 통사, 의미상에 있어서도 일치했는지 여부는 한정된 자료를 통해서는 확인할 방법이 없다. 그리고 '-음'과 '-기'가 어떠한 원인과 절차에 의해 '-은'과 '-을'의 기능을 수행하게 되었는지도 밝힐 수 없다. 그러나 '-은', -을'과 '-음, -기'가 상호 밀접한 관계에 있었으리라고 가정할 수는 있다.[61] 이러한 사실은 만주어 명사화내포문을 다루는 과정에서 보다 자세히 다루겠지만 만주어 명사화어미가 관형화어미 '-ha, -ra'와 형태뿐만 아니라 통사, 의미상으로도 일치한다는 사실과 좋은 비교가 된다. 어떻든 현대한국어 명사화어미 '-음'과 '-기'의 통사, 의미 특성을 검증하여 관형화어미의 통사, 의미 특성과 비교해 봄으로써 형태상으로 일치하는 중세한국어 명사화어미와 관형화어미가

---

60) '-은'과 '-을'이 동명사어미로 쓰였었다는 견해는 Ramstedt(1939), 김완진(1957)에서 지적된 바 있다. 한편 심재기(1978:340)에서는 "動名詞形과 冠形形의 어느 것이 먼저 生成되었느냐 하는 生成 기원의 문제는 덮어 두기로 한다"라고 하면서 기원적으로는 어떠한 관계에 있었는지에 대해 의문을 제기하고 있다.

61) 심재기(1982:341)에서는 {-ㄴ}{-ㄹ}의 雙은 {-ㅁ}{-기}의 雙과 불가분의 관계가 想定된다고 하면서 {-ㄴ}은 {-ㅁ}과 같이 [+決定性]을 표현하고 {-ㄹ}은 {-기}와 같이 {-決定性}을 표현한다고 하였다.

통사, 의미상에 있어서도 일치의 가능성이 있는지를 고찰하기로 한다.

명사화어미 '-음'과 '-기'의 특성에 대하여 이들이 명사라는 통사적 기능만을 수행한다고 보는 입장과 통사적 기능과 함께 자체의 고유한 의미 특성도 지니고 있다고 보는 입장이 있다.

'-음'과 '-기'가 통사적 기능만을 수행한다고 보는 입장에서는 이들 어미가 상위문서술어와의 제약관계에 따라 자동적으로 구분되어 선택된다고 주장하고 있다. 다음 예문들은 이러한 제약관계를 보여준다.

(3) 가. 철수는 인생의 목표가 <u>중요함</u>을 알았다.
　　나. *철수는 인생의 목표가 <u>중요하기</u>를 알았다.
(4) 가. 나는 도독놈이 몰래 접근하고 <u>있음</u>을 깨달았다.
　　나. *나는 도독놈이 몰래 접근하고 <u>있기</u>를 깨달았다.
(5) 가. 철수가 입학시험에 <u>합격했음</u>이 확실해 졌다.
　　나. *철수가 입학시험에 <u>합격했기</u>가 확실해 졌다.

위 예문은 동일한 상위문서술어에 '-음'은 제약 없이 쓰이는 반면 '-기'는 결합에 제약이 따르는 것을 보여준다. 그래서 예문 (3가), (4가), (5가)에서는 '-음' 명사화어미가 제약 없이 쓰이는 반면 (3나), (4나), (5나)에서는 '-기' 명사화어미가 결합에 제약을 받아 쓰이지 못한다. 이처럼 '-음' 명사화어미와 결합하는 데 제약이 따르지 않는 문장은 상위문서술어가 '보다, 듣다, 느끼다, 맛보다, 깨닫다'와 같은 지각동사 또는 '분명하다, 마땅하다, 당연하다, 확실하다'와 같은 평가동사인 문장들이다.

그러나 다음 예문들은 이와 반대되는 제약관계를 보여준다.

(6) 가. 나는 철수가 우리 학교에 <u>입학하기</u>를 바랬다.

  나. [*]나는 철수가 우리 학교에 <u>입학함</u>을 바랬다.

(7) 가. 나는 학교에서 입학 통지서가 <u>오기</u>를 기다렸다.

  나. [*]나는 학교에서 입학 중지서가 <u>옴</u>을 기다렸다.

(8) 가. 철수는 자기의 제안이 <u>채택되기</u>를 희망했다.

  나. [*]철수는 자기의 제안이 <u>채택됨</u>을 희망했다.

  위 예문은 동일한 상위문서술어에 '−기'는 제약 없이 사용되는 반면 '−음'은 결함에 제약이 따르는 것을 보여준다. 그래서 예문 (6가), (7가), (8가)에서는 '−기' 명사화어미가 제약 없이 쓰이는 반면 (7나), (8나), (9나),에서는 '−음' 명사화어미가 결합에 제약을 받아 쓰이지 못하고 있다. 이처럼 '−기' 명사화어미와 결합하는 데 제약이 따르지 않는 문장은 상위문서술어가 '기다리다, 바라다, 희망하다'처럼 '요구'의 의미 특성을 갖는 문장들이다.

  이처럼 '−음'과 '−기'가 쓰이는 영역에서 차이가 나는 데 주목하여 '−음'과 '−기'가 상위문서술어의 종류나 의미에 따라 자동적으로 선택되는 것으로 보는 입장에서는 상위문과 하위문 사이의 제약관계를 통사적 입장에서 체계화를 시도하고 있다.[62]

  그런데 이처럼 '−음'과 '−기'가 통사적 기능만을 수행한다고 보는 입장과는 모순되게 다음 예문은 '−음, −기'가 명사화라는 통사적 기능과 함께 자체의 고유한 의미 특성도 지니고 있음을 보여준다.[63]

  (9) 가. 이 사람은 ××대회에서 좋은 성적을 <u>냈음으로</u> 이 상장을 주어 표창함.

   나. 이 사람은 ××대회에서 좋은 성적을 <u>냈기</u>에 이 상장을 주어 표창함.

---

62) 이러한 논의에 대해서는 이맹성(1965), 이홍배(1970), 양인석(1971), 권재일(1981, 1982) 참조.

63) 다음 예문은 심재기(1982:329) 참조.

(10) 가. 이 어린이가 큰 행길에서 공치기를 <u>하므로</u>(하매), 안전한 학교
운동장으로 데리고 왔습니다.

나. 이 어린이가 큰 행길에서 공치기를(하기로) <u>하기에</u>, 안전한 학
교 운동장으로 데리고 왔습니다.

(11) 가. 말하기의 <u>쉬움</u>과 행하기의 <u>어려움</u>을 아울러 알라.

(최현배, 1961:749)

나. 말함의 <u>쉽기</u>와 행함의 <u>어렵기</u>를 아울러 알라.

이상의 예문은 '-음'과 '-기'가 상위문서술어의 종류에 관계없이
공존하고 있음을 보여준다. 이처럼 동일한 상위문서술어에 '-음'과
'-기'가 모두 선택이 가능하다고 하는 것은 '-음'과 '-기'의 선택이
상위문서술어의 종류나 의미에 의해서만 결정되는 것이 아님을 보여
주는 예문이 된다. 더구나 명사화어미로서 '-음'과 '-기'라는 상이한
형태가 존재한다고 하는 사실 자체가 이들이 단순히 명사화라는 통사
적 기능만을 수행하는 것이 아님을 입증해 주고 있다. 따라서 '-음,
-기'가 명사화라는 통사적 기능 이외에 그 자체의 의미를 내포하고
있는 것으로 볼 수 있다.

이상과 같은 사실을 근거로 하여 '-음'과 '-기'의 의미에 대하여
국응도(1968)에서는 '+사실성'과 '-사실성'으로, 양동휘(1979)에서는
'事實性'과 '期待相'으로, 임홍빈(1974)에서는 '+對象化'와 '-對象化'로
심재기(1982)에서는 '+決定性, +完了相'과 '-決定性, -完了相'으로
정의하고 있다.

이처럼 '-음'과 '-기'에 대한 의미 규정은 매우 다양한 양상을 보
여준다. 이러한 다양한 설명 가운데 어떤 것이 '-음'과 '-기'의 의미
를 가장 명료하게 표현하였는가 하는 것은 한국어 명사화내포문 자체
에 대한 면밀한 검증을 통해서 결론에 이르러야 할 것이다. 그러나 우

리는 이미 관형화내포문에서 '-은'과 '-을'이 완료상과 미완료상의
의미를 지니고 있음을 확인했고 중세한국어 이전 단계에서는 관형화
어미와 명사화어미가 동일한 형태를 지니고 있었다는 사실을 근거로
할 때 심재기(1982)에서처럼 명사화어미 '-음, -기'도 완료상과 미완
료상의 특성을 지니고 있다고 할 수 있다.

그러면 만주어 명사화내포문어미는 어떠한 통사, 의미 특성을 지니
고 있는지 규명해 보기로 한다.

(1) 만주어 명사화어미의 의미 특성

만주어 명사화어미는 3.1.2장에서 논의한 관형화어미와 형태면에 있
어서 일치한다. 다음 예문을 통하여 만주어 명사화어미의 형태적 특성
을 확인해 보기로 한다.

(12) 가. sini boihoii be <u>gidaša-ra</u> de sini deo han el
　　　　　네　　主人　을　괴롭히-ㅁ　에　네　아우　韓　二
　　　　　umesi fancafi tesei baru jamaraha bihe.(金甁34:3a)
　　　　　매우　　화나서　그들　과　　　싸웠다.

　　나. ejen ai erin de <u>jide-re</u> be sara?(金甁34:19a)
　　　　主人 어느 때 에 오-ㅁ　을　아느냐?

　　다. damu wenjefi <u>yojohoso -ro</u> be alime muterakū bihe.
　　　　다만　덥고　간지러우-ㅁ　을　받아　할 수 없었다.
　　　　(金甁51:28a)

(13) 가. ejen i <u>tacibu-ha</u> be buya niyalma ulhihe.(金甁34:24a)
　　　　主人 의 가르치-ㅁ 을 小　　人　　알았다.

　　나. tere be takūrafi musei jalin <u>gisurebu-he</u> de urunakū
　　　　그　를　시켜서　우리의　때문　말시키-ㅁ　에　반드시

102

　　　sain dere.(金甁34:16a)
　　　좋으리라.

다.　geren age se ududu inenggi <u>jobo －ho</u> be gisurehe
　　　여러　兄　들　여러　　날　수고하 － ㅁ　을　말했다
　　　seme　wajirakū.(金甁66:17a)
　　　하여　끝나지 않는다.

(14) 가.　emu bucehe giran eyeme jihei onggolo de <u>dosi －ka</u>
　　　한　죽은　시체　흘러　와서　港　에　들어가 － ㅁ
　　　be　jang　loo　sabufi,(金甁48:7a)
　　　을　長　老　알고,

나.　sini booi ejen <u>buce－ke</u> ci te ere boode damu
　　　네 집의　主人　죽 －음 부터 지금　이　집에　다만
　　　sini teile oho　be dahame,(金甁72:3b)
　　　네　만　됐음　을　따라,

다.　fa　de biya i elden jalu <u>foso－ko</u> be sabufi,
　　　창　에　달　의　빛　가득　비치 － ㅁ 을 보고,
　　　(金甁71:13a)

　　만주어 명사화내포문에 쓰이는 어미들은 형태상으로 크게 3종류로
분류할 수 있다. 그리고 이들은 모음조화에 따라 예문 (12)의 ‘－ra／
re／ro’ (13)의 ‘－ha／he／ho’, (14)의 ‘－ka／ke／ko’와 같은 변이형
으로 표현된다.[64] 그런데 관형화내포문에서와 마찬가지로 ‘－ha’와
‘－ka’는 이들이 결합하는 서술어의 종류에 따라 선택적으로 사용되는
형태적 변이형이다.[65] 따라서 만주어 명사화내포문에 쓰이는 어미는
‘－ha’와 ‘－ra’ 두 종류가 있다고 하겠다.
　　이상의 사실은 이미 명사화내포문에서도 확인되었던 사실들로서 만

---

64) 母音調和에 관한 자세한 논의는 3.1.2장 참조.
65) ‘－ha’와 ‘－ka’의 선택제약관계에 대해서는 3.1.2장 참조.

주어 명사화어미의 가장 두드러진 특징이라고 한다면 명사화어미와 관형화어미가 형태적으로 전혀 구분이 되지 않는다는 점이다.

　　그러면 명사화내포문에서는 '-ha'와 '-ra'가 어떠한 의미를 지니고 있는지 논의해 보기로 한다. '-ha'와 '-ra'가 관형화내포문에서 쓰일 때 시제 범주가 아닌 동작상의 범주에서 각각 '완료상'과 '미완료상'의 의미 특성을 표현한다는 것을 확인했다. 따라서 이들이 명사화내포문에서도 동일한 의미 특성을 표현하는 어미로서 기능하는지를 확인하기 위해 우선 이들 어미가 시제 범주에서 '-ha'는 과거시제를, '-ra'는 현재, 미래시제를 표현한다고 하는 주장의 타당성부터 검증해 보기로 한다.

　　다음 예문에서는 사건시점을 기준시점으로 할 때 '-ha'는 과거시제를 '-ra'는 현재나 미래시제를 표현한다고 할 수 있다.[66]

(15) 가. bi　terei　doroi　jaka　benere　bithe　<u>ara-ra</u>　be
　　　　나　그의　禮의　物　보내는　글　쓰-ㅁ　을
　　　　tuwame　besergen　de　goidahabihe.(金甁35:7b)
　　　　보며　　床　에　기다리고 있었다.

　　 나. i　marame　dosifi　gūnihakū　looyei　<u>tuci-re</u>　be
　　　　그　밀고　들어와서　갑자기　老爺　나오-ㅁ　을
　　　　ucaraha.(金甁35:21b)
　　　　마주쳤다.

(16) 가. jai　gajime　<u>ji-he</u>　de　tere　aha　de　ainaha seme
　　　　또　가지러　오-ㅁ　에　그　녀석　에게　어떻든
　　　　ume bure.(金甁35:44a)
　　　　주지 말아라.

　　 나. ereci　amasi　wan　san guwan　si　men　king　be
　　　　이로부터 후로　王　三　官　西　門　慶　을

104

<u>aca -ha</u>   de   ama   seme   hūla-mbi.(金瓶72:26a)
만나 -ㅁ   에   아버지   하고   부른다.

예문 (15)의 내포문에 쓰인 '-ra'는 사건시점을 기준시점으로 할
때 현재 혹은 미래시제를 표현한다고 할 수 있다. (15가)에서 '글을
쓰는 행위는 '기다리고 있는 행위(사건시점)'와 동시적 행위다. 그리고
이들 두 행위는 발화시점 이전의 행위들이다. 따라서 발화시점을 기준
시점으로 하면 '-ra'는 과거시제어미가 되어야 한다. 그러나 '글을 쓰
는 행위'가 사건시점과는 동시적 행위이므로 사건시점을 기준시점으로
하면 현재시제 어미가 된다. (15나)에서도 '나오는 행위'는 '만나는 행
위(사건시점)'과 동시적 행위이다. 그리고 이들 두 행위는 모두 발화
시점 이전의 행위이다. 따라서 '-ra'는 발화시점을 기준시점으로 하면
과거시제어미가 되어야 하지만 사건시점을 기준시점으로 하면 현재시
제 어미가 된다.

예문 (15)의 '-ra'가 사건시점을 기준시점으로 해서 현재시제 어미
가 될 수 있는 것처럼 (16)의 '-ha'도 사건시점을 기준시점으로 해야
과거시제어미가 될 수 있다. (16가)의 '가지러 오는 행위'는 '주지 않
는 행위(사건시점)' 이전의 행위이다. 그리고 이들 두 행위는 모두 발
화시점 이후의 행위이다. 따라서 '-ha'는 발화시점을 기준시점으로 해
서는 미래시제어미가 되어야 하지만 사건시점을 기준시점으로 하면
과거시제어미가 된다. (16나)에서도 '西門慶을 만나는 행위'는 '부르는
행위(사건시점)' 이전의 행위이다. 그리고 이들 두 행위는 모두 발화
시점 이후의 행위들이다. 따라서 '-ha'는 발화시점을 기준시점으로 해
서는 미래시제어미가 되어야 한다. 그러나 사건시점을 기준시점으로
하면 과거시제어미가 된다. 이처럼 예문 (15)와 (16)은 사건시점을 기

준시점으로 해서 '-ha'는 과거를, '-ra'는 현재 혹은 미래를 표현하는 시제어미라고 하는 데 무리가 없음을 보여준다.67) 그러나 모든 예문들이 이러한 기준에 적용되는 것은 아니다.

다음 예문들은 '-ha'와 '-ra'의 기준시점이 사건시점이 될 수 없음을 보여준다.

(17) 가. sikse   wesihun   i   booi   niyalma   gene-he   de   bi
　　　어제   귀인   의   집의   사람   가-ㅁ   에   나
　　　ide bihe.(金甁75:51a)
　　　당직이었다.
　　나. seibeni   looye   bisi-re   de   duibuleci   ojorakū.
　　　前에   老爺   잇-음   에   비교하면   되지않는다.
　　　(金甁79:44a)
(18) 가. muse   te   gene-he   de   sain.(金甁68:6a)
　　　우리   지금   가-ㅁ   에   좋다.
　　나. bi inu sini ere ucuri tede usha-ha be sarkū bihe.
　　　나 또 네 이 즈음 그에게 화내-ㅁ 을   몰랐다.
　　　(金甁72:40b)

(17가)에서 '家人이 오는 행위'와 '당직인 事實(사건시점)'은 동시적 행위이다. 그리고 이들은 모두 발화시점 이전의 행위이다. 따라서 '-he'는 사건시점을 기준시점으로 해서는 현재시제어미가 되어야 한다. 그리고 발화시점을 기준시점으로 해야만 과거시제어미가 된다. 더구나 (17나)에서는 '老爺가 있는 事實'은 '비교하면 안 되는 행위(사건시점)' 이전의 행위이다. 그리고 사건시점은 발화시점과 일치하고 있다. 따라

서 '−re'는 사건시점을 기준시점으로 하거나 발화시점을 기준시점으로 하거나 모두 과거시제어미가 되어야 한다. 이러한 사실은 '−re'가 현재나 미래시제를 표현한다는 일반론에 어긋나는 것으로서 'seibeni(前에)'라는 과거 표현의 시간부사와 '−re'가 함께 쓰이고 있다는 사실에 의해서도 입증된다.

예문 (18)도 시제 표현의 부사와 이들 어미 사이의 모순 관계를 보여준다. (18가)에서 '가는 행위'와 '좋다는 행위(사건시점)'와 발화시점이 모두 일치하고 있다. 이것은 현재 표현의 시간부사 'te(지금)'에 의해서도 입증이 된다. 그러나 내포문에는 과거시제어미라고 할 수 있는 '−he'가 쓰이고 있다. (18나)에서도 '화를 내는 행위'와 '몰랐다는 행위(사건시점)'과 발화시점이 모두 일치하고 있다. 그리고 이러한 사실은 현재 표현의 시간부사 'ere ucuri(요즈음)'에 의해서도 입증된다. 그러나 내포문에는 역시 '−ha'가 쓰이고 있다. 이러한 모순은 '−ra'와 '−ha'를 시제 범주에서 정의하는 데 따르는 불가피한 현상이다.

'−ha'와 '−ra'가 시제 표현의 어미가 아니라고 해서 이들 어미가 상위문서술어의 종류와 특성에 따라 자동적으로 선택되는 것은 아니다. 다음 예문은 이러한 사실을 분명하게 보여준다.

(19)　si　ere　niyalma　be　ba-ha　　de　gise　hehe　be　gai-re
　　　　너　이　사람　을 얻-음　에　妓　女　를　갖-음
　　　ci　wesihun.(金瓶80:22a)
　　　보다　좋다.

위 예문은 '이 사람을 얻는 행위'와 '妓女를 갖는 행위'를 비교하여 전자가 후자보다 더 좋다고 말하는 것으로서 두 행위가 동등한 자격으로 비교되고 있다. 그리고 이들 두 행위는 상위문서술어 'wesihun

(좋다)'에 통사적으로도 동등한 입장에서 관계를 맺고 있다. 따라서 '-ra'와 '-ha'가 상위문서술어의 종류에 따라 자동적으로 선택되는 것이라면 위 예문에서처럼 '-ha'와 '-re'로 달리 표현되어서는 안 된다. 그러나 이처럼 '-ha', '-re'로 달리 표현되었다는 것은 만주어 명사화내포문에 쓰이는 이들 어미가 상위문서술어에 따라 자동적으로 선택되는 것은 아니라는 것을 분명히 해준다.

그리고 앞에서 이미 살펴본 바와 같이 이들 어미는 시제를 표현하는 것도 아니다. 내포문 '사람을 얻는 행위'와 '妓女를 갖는 행위'는 동등한 상태에서 비교되고 있다. 즉 시간상으로 선후관계를 갖는 행위들이 아니다. 따라서 이들 어미가 시제를 표현한다고 하면 동일한 형태로 표현되어야 한다. 그런데 여기서 '-ha'와 '-re'로 달리 쓰였다는 것은 이들 어미가 기준시점을 중심으로 선후관계에 따라 정의되는 시제 범주에는 속하지 않는다는 것을 다시 한번 입증해 주는 예가 된다.

'-ha'와 '-ra'가 상위문서술어의 종류에 따라 자동적으로 선택되는 것도 아니며 이들이 표현하는 의미가 시제 범주에도 속하지 않는다고 하면 이들의 의미 특성은 다른 범주에서 찾아져야 한다. 우리는 관형화내포문을 다루는 곳에서 '-ha'와 '-ra'가 동작상의 범주에서 각각 완료상과 미완료상의 의미를 지니고 있다는 사실을 확인했다. 그런데 명사화내포문에서도 동일한 형태로서 '-ha'와 '-ra'가 쓰이므로 의미에서도 동일한 특성을 표현할 가능성이 있다. 예문 (19)에서 내포문의 '이 사람을 얻는 행위'와 '妓女를 갖는 행위' 사이의 차이를 구분함으로써 '-ha'와 '-ra' 사이의 의미 차를 확인해 보기로 한다. 이 문장은 화자가 청자에게 이 사람, 즉 미망인을 소실로 얻는 것이 妓女를 갖는 것보다 더 좋다고 주장하는 내용이다. 이러한 두 행위를 비교하면 이들 행위가 과거의 사실이냐 미래의 사실이냐 하는 시점에는 관계없이

'이 사람을 얻는 행위'는 하나의 총체적 행위로서 완결된 행위로 볼
수 있는 반면 '妓女를 갖는 행위'는 반복적이면서도 지속적인 행위로
서 내적 변화를 갖는 완결되지 않은 행위로 볼 수 있다. 그리고 이러
한 사실은 미망인과 기녀라는 대상의 차이에 의해서도 충분히 예견된
다. 따라서 전자와 관련해서는 '-ha'에 의해 완료상의 의미 특성이 표
현되고 후자와 관련해서는 '-re'에 의해 미완료상의 의미 특성이 표
현된다고 하겠다.

명사화내포문의 '-ha'와 '-ra'가 완료상과 미완료상의 의미 특성을
지니고 있다고 하는 것은 관형화내포문과 형태뿐만 아니라 의미상으
로도 일치하는 것을 의미한다. 그리고 이러한 일치는 淸朝의 문법서에서
'-ha'와 '-ra'를 已然과 未然으로 정의하면서도 관형화내포문에 쓰일
때와 명사화내포문에 쓰일 때를 구분하지 않고 있다는 사실에 의해서
도 입증된다.[68]

이상의 논의를 통하여 만주어 명사화내포문에서 '-ha'와 '-ra'가
완료와 미완료의 의미 특성을 표현한다는 사실을 확인했다. 그리고 이
러한 특성은 관형화어미와 형태, 의미상으로 모두 일치하는 것이며 한
국어 명사화어미 '-음, -기'가 각각 완료와 미완료상의 의미 특성을
지니고 있다는 것과도 일치하는 것임을 확인했다.

(2) 만주어 명사화어미의 통사 특성

한국어에서는 '-음'과 '-기'가 동작상의 의미 특성과 함께 명사화
라는 통사적 기능도 수행하고 있는 것으로 보고 있다. 만주어의 경우
에는 '-ha'와 '-ra'가 동작상의 의미 특성을 지니고 있다는 사실은

---

68) 淸朝의 만주어문법서에서 '-ha, -ra'에 대해 설명한 내용은 p.21~22 참조.

확인됐지만 이들 어미가 명사화라는 통사적 기능도 수행하는지 여부는 확인된 바 없다. 따라서 여기에서는 '-ha'와 '-ra'가 동작상의 의미 특성과 함께 명사화어미로서의 기능을 수행하는지 여부를 확인해 보고자 한다.

명사화란 한 문장이 다른 문장 속에서 명사나 명사 상당어구와 동일한 기능을 하는 것을 말한다. 그리고 한 문장으로 하여금 명사로서의 자격을 갖게 하면서 명사화라는 통사적 기능을 수행하는 것을 명사화어미라고 한다. 한국어의 경우 '-음'과 '-가'가 명사화어미로서 내포문과 상위문 사이에서 명사화라는 통사적 기능을 수행한다. 이를 구조화하면 다음과 같다.

NP[S_1-comp]

이것은 내포문 S_1이 명사화어미(comp)와 결합하여 상위문명사(NP)로 기능하는 것을 구조화한 것으로서 내포문에는 명사화어미기 결합하는 것이 필수적임을 보여준다.

그러면 만주어 '-ha'와 '-ra'가 명사화라는 통사적 기능을 수행하는지 여부를 확인하기에 앞서 만주어 명사화내포문의 구조적 특성을 살펴보기로 한다. 만주어 명사화내포문의 특성 가운데 하나는 한국어와 마찬가지로 격어미와의 결합을 통하여 상위문명사로서 기능을 수행한다는 점이다. 다음에 만주어의 格 체계를 열거하고 이들이 내포문과 결합하여 쓰이는 양상을 검토하면 다음과 같다.

주격: Ø   대격: be
속격: i / ni   여격: de
탈격: ci   유격: beri

만주어의 격 체계는 학자에 따라 다소간의 차이가 있지만 대개
6~7개의 격을 설정하고 있다. 본고에서는 'Ø' 형태소의 주격어미와
함께 위에서처럼 6개의 격어미를 설정하고 이들 격어미와 명사화내포
문의 통합관계를 검증해 보기로 한다.[69]

(20) aša   sei   <u>golo−ho</u>   Ø   weile   guwan−mu   de   bikai.
아즈미 들 놀라−ㅁ (은)   죄   關   某   의게 잇느니라.
(譯總2:18)

(21) si   men   king   li   ping   el   i   boode   <u>gisure−re   be</u>
西   門   慶   李   瓶   兒   의   房에서   말하−ㅁ   을
donjifi   uthai   li   ping   el   de   acanjiha.(金瓶34:35a)
듣고   즉시   李   瓶   兒   에게   만나러왔다.

(22) emu siran i   juwe   amba   hūntahan   omifi   dere
계속   두   큰   잔   마시고   얼굴
<u>fulara −ra de</u>   olhome   jai   omihakū.(金瓶34:22a)
붉어지−ㅁ 에   두려워   다시   마시지 않았다.

(23) yafan   ci   amasi   boode   <u>ji−he   ci</u>   dobori   baibi   songgome
墳   에서   뒤로   房에   오−ㅁ   부터   밤새   단지   울며
umai   huhun   jeterakū.(金瓶48:25a)
결코   젖   먹지않는다.

(24) juwe   nofi   boo   i   dolo   hūntahan   hūlašame   emu   bade
두   사람   房   의   안에서   잔   바꾸며   한   곳에서
nure   <u>omica−ra</u>   Ø   dai   an   buda   i   boode   tefi   fung
술   마시−ㅁ   과   玳   安   부엌   의   房에   앉아서   馮
mama   gucu   arame   nure   <u>omi −re   be</u>   gemu   sisure−re   be
媽媽   친구   삼아   술   마시−ㅁ 을   모두   말하−기   를

---

69) 滿州語의 格 체계에 대해서는 최학근(1975), 박은용(1969), Haenish(1961),
愛新覺羅・烏拉熙春(1982) 참조.

nakaki.(金甁37:16b)

　그치자.

　예문 (20)에서는 'aša sei golo-ho'가 'Ø' 형태소의 주격어미와 함
께 상위문서술어 'bi'의 주어로 쓰이고 있다.[70] 그리고 예문 (21)에서
는 대격어미 'be', 예문 (22)에서는 여격어미 'de', 예문 (23)에서는 탈
격어미 'ci'가 각각 내포문과 결합하여 상위문에 내포되어 있다. 한편
예문 (24)에서는 두 개의 내포문이 'Ø' 형태소의 공동격어미를 통하
여 대등한 상태로 결합하여 대격어미 'be'와 함께 상위문의 목적어로
쓰이고 있다.[71]

　그런데 이들 내포문이 격어미와 통합되는 양상을 보면 모든 내포문
에 '-ha'와 '-ra'가 결합되어 있음을 알 수 있다. 따라서 이러한 사실에
의거하여 '-ha, -ra'를 한국어 '-음, -기'처럼 명사화라는 통사적 절
차를 수행하는 명사화어미로 처리하기 쉽다. 그런데 이들을 명사화어미
라고 했을 때 제기되는 문제는 내포문서술어와 이들 어미가 결합하는
데 있어서 서술어의 종류에 따라 각각 다른 통합관계를 보여준다는 문
제점이 있다. 실제로 위 예문처럼 내포문의 서술어가 동사인 경우에는
'-ha, -ra'와의 결합이 필수적이지만 내포문의 서술어가 명사나 형용
사인 경우에는 '-ha, -ra'와 결합하지 않은 상태로 상위문에 내포된

---

70) 명사화내포문이 Ø 형태소의 주격어미와 결합하여 상위문의 주어로서 기
　　능을 수행하는 것은 愛新覺羅·鳥拉熙春(1982:417)에서도 다음과 같은 예
　　문을 제시하면서 動名詞가 주어로 쓰인다고 하였다.
　　1) sabuhangge komso ofi ferguwecuke labdu oho(小見而多怪)
　　2) sicerengge ele nemeci dosinarangge ele šumi ombi(功愈加則業亦愈進)
71) 최학근(1976:1~3)에서는 零形態가 列擧格, 主格, 呼格 등을 表示한다고
　　하였다. 한편 중세국어를 대상으로 하여 김상대(1981:96~98)에서는 '-과,
　　-이며'와 함께 '제로형'을 공동격어미의 한 이형태로 설정하고 있다.

다. 다음 예문은 내포문서술어가 명사와 형용사인 경우로서 내포문에
'-ha, -ra'가 결합하지 않았음을 알 수 있다.

(25) 가. sini beye uttu kumdu <u>yadalinggū</u> de erdeken in daifu
　　　　 네   몸   이리 허하고   약함   에   급히   任 大夫
　　　 be gajifi   simbe tuwakini.(金瓶79:26b)
　　　 를 데려와서 너를   보게하마.

　　 나. meng ioi leo, u yuwei niyang ni mujilen <u>geren</u> be
　　　　 孟   玉   樓 吳 月   娘   의   마음   복잡함   을
　　　 safi,(金瓶79:45b)
　　　 알고,

(26) 가. jang el guwan terei banin   bolgo   <u>gincihiyan</u> geli
　　　　 張   二   官   그의 모습   깨끗하고   아름답고   또
　　　 julergi bai ucun uculeme <u>bahana-ra</u> be sabufi,
　　　 남쪽   땅의 노래   노래하며   할수있-음   을   알고,
　　　 (金瓶87:4a)

　　 나. mama i giran kemuni <u>bisi-re</u> <u>akū</u> be mejige gaisu.
　　　　 祖母 의 시체   아직   있-음 없음 을 소식 가져오라.
　　　 (金瓶88:11a)

(27) 가. suwni juwe nofi terei nainai <u>deo</u> be saci,
　　　　 너희   두   놈 그의 奶奶 동생임 을 알면,
　　　 (金瓶94:13b)

　　 나. gemu heo lin el de buserebu-re <u>niyalma</u> be ulhifi
　　　　 모두 候 林 兒 에게 남색시키-는   사람임   을 알고
　　　 yooni yobodome efimbi.(金瓶96:24a)
　　　 모두   장난치며   놀린다.

예문 (25)는 내포문 서술어가 'yadalinggu(약한)'과 'geren(복잡한)'

으로서 모두 형용사다. 그리고 이들 내포문에는 '-ha, -ra'가 결합되어 있지 않다. 예문 (26)은 내포문 서술어가 'deo(동생)'과 'niyalma(사람)'으로서 모두 명사다. 그리고 이들 내포문에도 '-ha, -ra'가 결합되어 있지 않다. 예문 (27)은 상위문에 두 개의 내포문이 내포되어 있는 문장들로서 (27가)에는 두 개의 내포문이 있는데 하나는 내포문 서술어가 형용사인 'gincihiyan(아름다운)'이고 다른 하나는 내포문 서술어가 동사인 'bahana-(할 수 있다)'이다. 그런데 여기서도 내포문 서술어가 동사인 'bahana-'에만 '-ra'가 결합되어 있을 뿐 형용사인 'gincihiyan'에는 결합되어 있지 않다. (27나)에도 역시 두 개의 내포문이 내포되어 있다. 하나는 내포문 서술어가 동사인 'bi(있다)'이고 다른 하나는 내포문 서술어가 형용사인 'akū(없다)'이다. 그런데 여기서도 역시 동사인 'bi-'에만 '-re'가 결합되어 있을 뿐 형용사인 'akū'에는 결합되어 있지 않다. 이것은 예문 (24)에 두 개의 내포문이 존재하지만 내포문 서술어가 'omica-'와 'omi-'로서 모두 동사이기 때문에 각각 'ra-'와 're-'가 결합되어 있는 것과 좋은 대조가 된다.

이처럼 내포문 서술어가 형용사나 명사인 경우에는 '-ha, -ra'가 결합하지 않고 동사인 경우에만 결합하여 쓰인다. 따라서 이들 어미를 명사화어미로 보게 되면 만주어 명사화내포문의 구성은 서술어의 종류에 따라 다음과 같은 두 가지 구조를 갖게 된다.

MP[S_1-Comp]

NP[S_1]

우리는 관형화내포문을 다루는 곳에서 이미 '-ha'와 '-ra'가 관형화라는 통사적 기능을 수행하는 어미가 아니라 다만 완료와 미완료

의미 특성을 표현하는 어미라고 설명한 바 있다.[72] 이는 이들 어미가 동사와만 결합하여 쓰이기 때문에 내포문을 지배하는 관형화어미로 처리할 수 없고 서술어와 결합하여 동작상의 의미만을 표현하는 어미로 처리한 결과이다. 여기서도 이들 어미가 동작상의 범주에서 완료와 미완료의 의미만을 표현하는 것으로 보게 되면 만주어 명사화내포문의 구성체계는 다음과 같이 단일화된다.

NP[S_1]

이상과 같은 구조분석은 '-ha'와 '-ra'가 기저구조에서 생성되는 것을 의미한다. 그리고 만주어에는 명사화라는 통사적 절차를 수행하는 일정 형태의 어미는 존재하지 않으며 다만 내포문이 단독적으로 명사화라는 통사적 기능을 수행하는 것을 의미한다. 그리고 이상과 같은 구조 설정은 내포문 서술어의 종류에 따라 각각 다른 기저구조를 설정하는 것보다 간결성이라는 설명상의 이점도 얻는다. 뿐만 아니라 동일 형태의 '-ha, -ra'를 관형화어미와 명사화어미로 달리 불러야 하는 모순도 제거할 수 있다.

이러한 사실에도 불구하고 '-ha'와 '-ra'를 명사화어미로 인식하는 것은 기원적으로 완료와 미완료의 의미 특성을 표현하던 어미들이 명사화내포문이라는 동일한 환경에서 반복되어 쓰인 결과 명사화어미로서 인식되게 된 것이라 할 수 있다.

지금까지 한국어 명사화어미 '-음, -기'와 만주어 명사화어미 '-ha, -ra'의 통사, 의미 특성을 고찰해 보았다. 그 결과 한국어의 '-음, -기'와 만주어 '-ha, -ra'가 모두 완료상과 미완료상의 의미를 지니고 있

---

72) 만주어 관형화내포문어미 '-ha, -ra'의 통사적 특성에 대해서는 § 3.1.3 참조.

음을 확인했다. 그리고 만주어는 명사화어미와 관형화어미가 형태, 의미상으로 일치한다는 사실도 확인했다. 이러한 특성은 한국어에서도 중세한국어 이전 단계에서는 '-은'과 '-을'이 관형화어미와 명사화어미로 함께 쓰였다는 사실과 일치하는 것이다. 다만 만주어에서는 '-ha'와 '-ra'가 명사화라는 통사적 기능을 수행하지 않고 동작상의 의미만을 표현한다는 점이 한국어와 다르다. 그러나 한국어의 경우에도 '-음, -기'가 동작상의 의미 표현과 명사화라는 두 가지 기능을 함께 수행하는 것이 기원적인 현상이냐 하는 문제가 제기될 수 있고 만약 기원적으로 명사화의 기능을 수행했다고 하면 명사화의 기능을 수행하는데 '-음'과 '-기'라는 두 개의 어미가 존재하는 이유를 설명하기 어렵다. 따라서 한국어의 경우에도 기원적으로는 동작상의 의미 특성만을 표현하던 것이 명사화어미로서의 기능도 부가적으로 지니게 되었을 가능성이 있다. 그리고 이러한 가능성은 '-은'과 '-을'이 중세한국어 이전 단계에서는 만주어처럼 관형화어미, 명사화어미, 종결어미[73] 등으로 두루 사용되었다는 사실에 의거하여 볼 때 이러한 다양한 통사적 특성을 동일한 형태의 어미가 모두 수행하였다고 보기 어렵기 때문에 정당성을 인정받을 수 있다. 더구나 만주어 '-ha, -ra'가 동작상의 의미 특성만을 수행한다는 사실이 이러한 정당성을 뒷받침해 준다고 할 수 있다.

2) 명사화어미와 서술형어미

본 장에서는 3.1장과 4.1장에서 확인된 명사화어미와 관형화어미가 서술형어미와는 어떠한 대응관계에 있는가를 고찰해 보고자 한다. 지

---

73) '-은, -을'이 종결어미로 사용된 경우에 대해서는 § 4.2.1 참조.

금까지 이에 관한 연구에서는 한국어 서술형어미에 부분적으로 나타나는 '-은, -을'이 기원적으로 동명사 어미라는 주장이 제기된 바 있다. 서술형어미에 나타나는 '-은, -을'의 통사, 의미 특성을 기존의 논의를 중심으로 살펴보고 아울러 만주어에서 서술형어미로 설명되어온 '-ha, -ra'의 통사, 의미 특성과 비교해 보고자 한다.

현대한국어의 경우 다음 예문에서처럼 서술형 종결어미와 내포문어미 사이에 형태, 의미상으로 대응이 이루어지지 않는다.74)

　(28) 가. 나도 영수가 지은 책을 읽었다.
　　　나. 나도 (영수가 책을 지었) 책을 읽었다.
　(29) 가. 그놈을 죽일 나
　　　나. (내가 그놈을 죽이겠) 나

　(28가)와 (29가)의 내포문을 서술문으로 변형시킨 결과, (28가)의 '-은'은 (28나)의 '-었-'으로, (29가)의 '-을'은 (29나)의 '-겠-'으로 대응이 되어 형태, 의미상으로 전혀 일치하지 않는다.75)

그러나 역사적으로는 서술형 종결어미가 명사구내포문어미 '-은'과 '-을'에서부터 기원하였다는 사실은 일찍부터 지적되었다. Ramstedt (1938:74)는 分詞(participles) '-ㄴ, -ㄹ'에 添詞(particle) '이라'가 붙어서 서술어적으로 쓰인다고 하면서 '보난-이라, 본-이라, 볼-이라'와 같은 예를 들고 있다. 河野六郎(1951:60, 54)는 '-니라', '-리라'가 기원적으로는 동명사어미 '-ㄴ, -ㄹ'에 형식명사 '이'와 종지형어미 '라'가 붙어서 형성되었다고 주장했다. 그리고 김완진(1957)은 한국어

---

74) 예문은 남기심(1976:35~7) 참조.
75) 현대한국어의 서술형 종결어미와 관형화어미에 대해서는 남기심(1976), 이필영(1981) 참조.

의 서술어가 통사론상으로 보아 동명사를 서술어로 하는 Nominal-satz였다고 주장하면서 이들이 붕괴, 융합된 결과 현재와 같은 시제표지의 혼란과 변천을 가져왔다고 하였다.

이처럼 기원적으로 동명사어미이던 '-은'과 '-을'에 첨사가 결합하여 서술형 종결어미가 형성되었다고 보는 관점에서는 한국어의 문장들이 기원적으로 모두 명사문이었다고 주장하고 있다. 이기문(1978:180)에서는 다음과 같은 예문을 통하여 한국어의 文들이 기원적으로 명사문이었다고 주장하고 있다.

(30) 가. 이는 賞가 罰아?(蒙山法語:53)
     나. 趙州는 이 엇던 面目고?(同55)
(31) 가. 이리도록 우는다?(月印釋譜8:101)
     나. 므슴 놀애 브르는다?(月印釋譜8:101)

예문 (30)은 동사는 없고 의문 첨사가 명사에 연결되어 있다. 그리고 예문 (31)에 대해서는 서술어가 동사인 경우로서 각각 '는', '브르는' 등의 동명사에 첨사 '다'가 연결되어 있는 것으로 보았다. 위 예문들은 모두 의문문이지만 평서문의 경우도 명사문의 흔적을 찾을 수 있으며 다만 중세한국어에서는 동사문으로 변모되어 있어서 역사적 해석에 의해서만 명사문으로서의 해석이 가능하다고 하였다.

그런데 이상과 같은 주장이 가능한 것은 한국어의 문장이 기본적으로 명사문이라고 가정하기 때문이다. 그러나 '-은'과 '-을'은 명사화어미로서의 기능과[76] 함께 관형화어미로서의 기능도[77] 갖고 있으며 더 나아가 서술형어미에서도 확인이 된다. 따라서 이들 어미가 기원적

---

76) '-은, -을'의 명사화어미로서의 기능은 § 3.1.1 참조.
77) '-은, -을'의 관형화어미로서의 기능은 § 2.1.1 참조.

으로 명사화어미였느냐, 관형화어미였느냐, 아니면 서술형 종결어미였느냐 하는 문제에 대하여 설명이 되어야 한다. 그리고 이들 어미가 완료와 미완료라는 동작상의 의미 특성을 내포하고 있다는 사실도 이미 확인된 바 있는데 이들 어미가 동명사어미로서의 통사적 기능과 동작상의 의미 특성을 동시에 수행하였는지 여부도 명확히 규명이 되어야 한다. 이것은 이미 언급한 바와 같이 동명사어미로서는 두 개의 형태소, 즉 '-은'과 '-을'이 중복된 형태로 존재할 필요성이 없다는 사실과도 밀접한 관계가 있기 때문이다.

이와 관련하여 고영근(1982)에서는 서술성어미와 관형사형어미의 상관관계를 통하여 '-ㄴ, -ㄹ'이 근원적으로는 '-ㄴ'으로 통합이 가능하다고 하였다. 그리고 서술성어미 '-ㄴ'을 관형사형 표지로서보다는 어말어미의 일부분으로 처리하는 것이 더 합리적이라고 하면서 역사적으로는 서술성어미 형태들이 Ramstedt(1939)에서처럼 관형사형과 첨사 '이라, 여, 이'로 분석할 수 있을지 모르지만 공시적으로는 거꾸로 관형사형이 서술성어미에서 관계절 형성규칙, 즉 첨사 탈락규칙에 의해 변형되는 것으로 볼 수 있다고 하였다.

이상의 주장은 공시적 입장임을 분명히 하면서 역사적인 입장과 구분하고 있지만 '-은'과 '-을'이 동명사어미라는 역사적 입장과는 반대로 서술성어미에서 변형의 결과 생성된 것으로 처리하고 있다. 그리고 이러한 관점은 내포문이 이에 대응하는 서술문에서 유도된다고 하는 보편이론에 기초하고 있다.

지금까지의 논의를 통하여 동명사어미로 설명된 '-은'과 '-을'이 기원적으로 관형화어미였느냐, 명사화어미였느냐 하는 문제가 제기될 수 있음을 확인했다. 그러면 만주어 서술형어미로 쓰이고 있는 '-ha, -ra'는 어떠한 의미와 통사적 특성을 지니고 있는지 검토해 보기로 한다.

(1) 만주어 서술형어미의 형태

만주어에서 서술형어미로 설명되고 있는 것은 '-mbi, -ha, -ra'의
세 종류가 있다. 여기서는 이들 세 종류의 어미가 갖는 형태적 특성을
살펴보고 나아가 이들 어미 상호간의 관계를 규명해 보고자 한다.

(32) 가. cimari suwende toktofi sunja tanggū yan menggun
　　　내일　너희에게　분명히　五　　百　　兩　　銀
　　　niyeceme 　bu-mbi.(金甁46:1b)
　　　채워　　주겠다.

　　나. bi cimari ere menggun de etuku adu majige udafi
　　　나 내일 이 銀 에 의복 옷 약간 사서
　　　gūwa bade genefi banji-mbi.(金甁56:10a)
　　　다른 곳에 가서 살겠다.

(33) 가. ere mangga ba akū, bi gemu daha-ra.(金甁93:22b)
　　　이 어려운 바 없다. 나 모두 따르겠다.

　　나. bi uthai tere be solime gajifi emu giyani boo be
　　　나 즉시 그 를 초대해 가지고 한 間의 房 을
　　　icihiyafi tebu-re.(金甁56:17a)
　　　치우고 살게하겠다.

　　다. si ume fancame songgo-ro.(金甁94:22a)
　　　너 말아라 화내며 울지 (말아라).

(34) 가. terei emhe hiyan de habšafi hontoho biya loode
　　　그의 장모 縣 에 고발해서 반 달 牢에
　　　hori-ha.(金甁93:2b)
　　　가두었다.

　　나. ere sini sakda niyalmai amba gebu be sarkū ofi
　　　이 네 老 人의 大 名 을 모르고서

tašarame　felehude－he.(金甁94：4b)

잘못하여　　서둘렀다.

다. gucu　wang　siowan　hengkileme　dorolo－ho.(金甁93：17a)

친구　王　宣　　절하며　　禮했다.

(35) 가. hūda　mangga　de　uncarakū　oci　yargiyani　haira－ka.

값　비쌈　에　팔지아니　하면　진실로　　후회한다.

(金甁81：6a)

나. ai　turgunde　booci　tuci－ke?(金甁97：5a)

무엇　때문에　집에서　나왔냐?

다. uthai　acaki　seme　duka　su　sere jakade　tere　niyalma

즉시　보고져　ᄒ여　문　열라　ᄒ니　　그　　사름

duka　sufi　okto－ko.(譯總7：9)

문　열고　맞다.

만주어 서술문에 쓰이고 있는 어미는 (32)의 －mbi, (33)의 －ra / re /
ro, (34)의 －ha / he / ho, (35)의 －ka / ke / ko와 같은 형태들이 있다.
이 중에서 '－mbi'만 이형태가 없고 그 이외에는 모두 모음조화에 따
라 결정되는 이형태들로 되어 있다.[78]

그리고 '－ha'와 '－ka'는 이들이 결합하는 서술어의 종류에 따라 선
택적으로 사용되는 형태적 변이형이다.[79] 이들 이형태가 쓰이는 조건
은 관형화내포문과 명사화내포문에서 설명한 바와 동일한 조건에 따
른다. 따라서 만주어 서술문에 사용되는 어미는 '－mbi', '－ha', '－ra'
의 세 종류라고 할 수 있다. 그런데 서술문에 쓰이는 어미들과 명사화
내포문이나 관형화내포문에 쓰이는 어미들을 비교해 보면 '－ha'와 '－ra'
는 공통적으로 확인되는 반면 서술문에는 '－mbi'라는 새로운 형태가 존

---

78) '－ha'와 '－ra'의 모음조화에 대해서는 § 3,1,2참조.

79) '－ha'와 '－ra'의 선택 조건에 대해서는 § 3,1,2참조.

재한다는 점에서 차이가 난다.

　서술문에서 '-mbi', '-ha', '-ra'의 세 종류가 사용된다고 해서 이들이 각각 개별 의미 특성을 갖고서 변별적으로 사용되는 것은 아니다. 우선 이들 어미 상호간의 관계를 확인하기 위해서 '-mbi'의 특성을 淸朝의 문법서에서 확인해 보면 다음과 같다.

　　mbi 在字尾聯用, 乃將然未然, 殺尾之語, 比ra, re, ro等字, 詞義實在(啓蒙
　　3:25)
　　mbi 是漢文未然之詞, 結殺語 如上文係整語則用 ombi 字接之(指南3:5)
　　mbi 語畢虛結 乃現在未然之詞也(指要:19)

　淸朝의 문법서에서 '-mbi'에 대해 설명한 것을 요약하면 '將然, 未然'의 의미를 갖고 종결어미로 쓰이는 형태소임을 알 수 있다. 이러한 기능은 '-ra'와 중복되는 것으로서 이들 상호간의 의미차를 거의 인식할 수 없고 다만 어감상의 미세한 차이가 존재하는 것으로 기술되어 있다. 淸書指南에서는 '-ra'를 '比mbi 稍活動此'라고 하였으며,[80] 淸文啓蒙에서는 '-ra'를 '比mbi 字語氣輕活'이라고 한 사실에서 이를 확인할 수 있다.[81] '-mbi'와 '-ra'가 상호 유사한 의미특성을 지니고서 어미로 사용되고 있지만 이들 어미가 기원적으로 함께 사용되었다고는 할 수 없다. 이러한 사실은 '-mbi'가 갖는 음운상의 특성에 의해서도 확인할 수 있고 이들 두 어미가 사용되는 분포를 통해서도 확인할 수 있다. 우선 음운론적인 면에서 '-ra'가 '-mbi'에 비하여 보다 기원적인 형태고 '-mbi'는 후기에 발달한 형태라는 것은 '-mbi'처럼 자음이 연속하여 나타나는 현상이 만주어의 일반적인 음운현상이 아

---

80) 淸書指南卷三:2 참조.
81) 淸文啓蒙卷三:22 참조.

니라는 사실에서 쉽게 인식할 수 있다. 실제로 '-mbi'의 어원에 대해서는 다음과 같은 두 가지 설명방법이 제시되고 있다.

-n+bi〉-mbi(n〉m)
-me+bi〉-mbi(e의 탈락)

첫 번째 설명방법에 대하여 박은용(1973)에서는 '-mbi'가 명사형성접미사 '-n'과 'bi' 동사가 결합하여 된 것으로서 '-n'이 음운변화(역행동화)를 일으킨 결과 '-m'으로 변하게 되었다고 주장하고 있다. 두 번째 설명방법에 대하여 Haenish(1961)는 연결어미 '-me'와 'bi'동사가 결합한 후 'e' 모음이 탈락한 결과 '-mbi'가 형성되었다고 주장하고 있다. 이상의 두 가지 설명 방법 중 어떤 것이 '-mbi'의 어원을 보다 극명하게 설명하였는가 하는 문제는 본 연구의 영역 밖에 있기 때문에 '-mbi'의 어원에 관하여서는 더 이상 논의를 하지 않겠다. 다만 이상의 논의를 통하여 '-mbi'가 '-ra'에 비하여 보다 후기에 발달한 형태임을 확인하는 데 만족하고자 한다. 그런데 '-mbi'와 '-ra'의 차이점은 이들 어미가 사용되는 분포를 통해서도 확인할 수 있다. 분포상에 있어서 가장 큰 차이점은 이미 살펴본 바와 같이 '-mbi'는 서술문에서만 사용되는 반면 '-ra'는 서술문에서도 사용되고 관형화내포문과 명사화내포문에서 두루 사용된다는 점이다. 그리고 '-mbi'와 '-ra'가 어말에서 함께 사용되고 있다고 해서 이들이 항상 함께 쓰이는 것은 아니다. 서술문의 경우 '-mbi'와 '-ra'가 함께 쓰이지만 부정문이나 의문문의 경우에는 상호 보완적인 관계를 유지하고 있다.

먼저 '-mbi'와 '-ra'가 의문접미사 'o'와 통합되는 양상을 보면 분포상으로는 제약이 없으나 표현하는 의미에서는 차이가 난다.

(36) 가. li ping el boode jifi aika <u>se-he-o</u>?(金甁35:43a)
　　　李　瓶　兒　房에　와서　무엇　했냐?

　　나. julergi boode tehe nure yali jetere hūwašan
　　　앞　　房에　있는　술　고기　먹는　　和尙
　　　<u>gene-hebi-o</u>?(金甁50:2b)
　　　　　갔느냐?

(37) 가. looye si jai emu hūntahan omicina, boode
　　　老爺　너　또　한　　잔　마시려무나. 집에
　　　isinafi geli <u>omi-mbi-o</u>?(金甁50:16a)
　　　이르러　또　마시겠느냐?

　　나. juwe ahūn kemuni cuwan de genefi <u>dedu-mbi-o</u>?
　　　두　兄　항상　船　에　가서　자느냐?
　　　(金甁36:12b)

(38) 가. gelhūn akū bairengge looye ede emu ši bithe arafi
　　　감히　　청하는것　老爺　여기에　한　詩　글　써서
　　　<u>bu-re-o</u>.(金甁49:21a)
　　　주시오.

　　나. looye i yamun de isinjiha be dahame looye turgun
　　　老爺　의　衙門　에　이르렀음　을　따라　老爺　형편
　　　be <u>kimci-re-o</u>.(金甁34:13a)
　　　을　살피시오.

　만주어 의문문은 두 가지 유형으로 나타난다. 하나는 문장 내에 의
문사가 있는 경우로서 이때에는 어떠한 다른 형태소의 첨가나 구문의
변화 없이 서술문의 구조 그대로 의문문을 표시한다.
　이와 달리 문장 내에 의문사가 없는 경우에는 문장의 어말어미에
'-o' 첨사를 첨가함으로써 의문문을 표시한다.[82] 후자에 의한 의문문

---

82) 만주어 의문문에 대해서는 성백인(1969) 참조.

124

형성 방법은 위 예문에서 확인할 수 있다. (36)은 '-he'와 의문첨사 '-o'가 결합하여 의문문을 나타내고 있으며 (37)도 '-mbi'와 '-o'가 결합하여 의문문을 나타내고 있다. 그러나 예문 (38)에서는 다른 양상을 보여준다. '-ra'와 의문첨사 '-o'가 결합하였음에도 불구하고 이들은 의문문을 형성하지 못하고 존칭이나 겸양의 의미를 나타내거나 상대방에게 요청을 하는 표현으로 쓰이고 있다. 즉 의문첨사 '-o'가 '-mbi, -ha'와 결합해서는 의문문을 형성하지만 '-ra'와 결합해서는 의문문을 형성하지 못한다.83) 이러한 차이점은 淸朝의 문법서에서도 확인할 수 있다.

> kao, hao, koo, hoo, keo, heo 此六字俱是, 了麼字 乎字, 歟字 乃上六字作
> 已然疑詞, 在字尾聯用(啓蒙3:20)
> mbio, bio 此二字俱是, 麼字, 乎字, 歟字, 又啊字口氣, 俱係詰問疑詞, 在字
> 尾聯用 大凡 an, en, in, ao, eo, io 二頭之字 用在字尾 多係疑問之語(啓蒙
> 3:26)
> mbio, bio, kao, hao, keo, heo, nio 凡疑詞多是那 ao, eo, io 頭者 如乎歟之
> 類是也 已然未然 及叫韻 俱照前例……
> 又有因本話帶用疑詞者 如 hahao, heheo 之類 nio字 亦揣度其不然之意也
> bio字是反詰之詞也(指南3:9)
> o 乎, 哉, 歟, 乃質問之詞也 凡有三義
> -rao, reo, roo 仰望懇乞之詞也
> -正問之詞也
> -反詰之詞也(指要:27)
> ao, eo, io 尾皆疑問 又作反口語氣說(虛指上:8)

---

83) '-ra'와 'o'가 결합하여 부분적으로 의문문을 구성하는 경우도 있지만 대부분 의문문을 이루지 못한다. 어떻든 '-ra'가 의문문에서 사용되는 경우에는 '-mbi'와의 관계가 규명되어야 한다. 여기서는 일단 '-ra'가 의문문을 형성하는 것을 古形의 잔재로 보고 있다.

mbio, hoo, heo, geo, nio, rakūn 與 hakūn 七字俱是與乎麼(接字:9)

又作未然疑問語, rao, reo, roo 字亦繙麼(字法:20)

下接o尾爲疑問過了的麼了的麼(字法:24)

　　淸朝의 문법서에서도 서술형어미 '-mbi, -ha'와 의문첨사 '-o'가 결합하여 의문문을 형성한다는 사실을 기술하고 있다. 그런데 字法擧一歌를 제외하고는 '-ra'와 의문첨사 '-o'가 결합하여서 의문문을 형성한다는 설명은 찾아볼 수 없다. 그리고 淸書指南에서는 '-ra'와 '-o'가 결합하여서는 '仰望, 懇乞'의 의미를 갖는 것으로 기술되어 있다. 이것은 예문 (38)에서도 확인할 수 있었던 것으로 '-ra'와 '-o'가 결합하여서는 의문문을 형성하는 것이 아니라 '祈願'의 의미를 나타내고 있다. 그리고 淸朝의 문법서에서는 '-ra'와 '-o'의 결합형에 대한 설명을 의문문에 대한 설명과 구분하여 별도의 항목으로 제시하고 있다. 이를 열거하면 다음과 같다.

　　reo, roo 此二字俱是 應字, 乎字,歟字,懇乞字 救祈字 望祈字意 在字尾聯用
　　(啓蒙3:23)

　　reo 是卑字 向尊者言也 如欲望允行 而不敢用直接之詞(指南32:9)

　　rao, reo 懇求祈請說ㄵ(虛字下:5)

　　求祈念 hūlarao, 求祈用 baitalarao(接字:3)

　　ra, re, ro 字下接 o懇請 求祈叶韻著(字法:20)

　　淸朝 문법서는 이처럼 '-ra'가 '-o'와 결합하면 '懇請, 求祈' 등의 의미를 나타낸다고 기술하고 있다. 이는 화자가 상대방에게 행위의 실현을 청원하는 것이라고 풀이할 수 있다. 더구나 淸書指南에서 '-reo 是卑字向尊者言也'라고 한 것은 '-reo'를 화자가 자신을 낮추고 상대

방을 높이는 경어법의 일종으로 설명하고 있음을 알 수 있다. 따라서 이들은 기원적으로는 미완료의 어미 '-ra'와 의문첨사 '-o'가 결합하여 형성되었지만 내포된 의미는 청원형의 겸양법이라고 정의 내릴 수 있다. 이와 같이 기원적으로는 의문문의 기능을 수행했을 것으로 보이는 '-rao'가 의미 변화를 일으켜 청원형어미로 쓰이게 된 원인은 후기에 발달한 '-mbi'가 사용 영역을 확대하여 '-ra'에 의해 수행되던 역할까지 담당하게 된 결과라고 생각할 수 있다. 어떻든 만주어에서는 의문문을 표현하는 데 있어서 완료상은 '-ha'와 '-o'의 결합에 의해서, 미완료상은 '-mbi'와 '-o'의 결합에 의해서 기능을 수행하며 의문문에 관한한 '-ra'는 비관여적이라고 할 수 있다.

의문문을 형성하는 데 있어서 '-mbi'와 '-ra'가 상호 변별적으로 사용된 것처럼 부정문을 형성하는 데 있어서도 이들 어미는 변별적으로 쓰인다. 다음 예문은 이들 어미와 부정사 'akū'의 통합관계를 보여준다.

(39) 가. cimari jingkini baita bisire be dahama gelhūn akū labdu
　　　 내일　　중요한　　일　　 있음으로　　　　 감히　 　많이
　　　 omici　　ojo－ra－kū.(金甁55:11b)
　　　 마시면　 되지 않는다.

　　 나. si getukeleme　　alarakū oci　　 bi　 inu　 jete－re－kū.
　　　 너　 분명히하여　 아뢰지 아니하면　 나　 도　 먹지 않겠다.
　　　(金甁34:20a)

(40) 가. ere ucuri bahafi age be tuwanji－ha－kū.(金甁35:10b)
　　　 요　 즈음　 능히　 兄　 을　 보러오지 않았다.

　　 나. arki nure omime genefi amba duka be tuwakiyame
　　　 소주　고량주　마시러　 가서　　大　 門　 을　　지키며
　　　 bi－he－kū.(金甁35:15a)
　　　 있지않았다.

이상의 예문을 통하여 만주어 부정문의 구성 방법을 확인할 수 있다. 만주어 부정문은 예문 (39)처럼 '-ra'와 'akū'가 결합한 '-rakū'나, 예문 (40)처럼 '-ha'와 'akū'가 결합한 '-hakū'의 형태로서 표현된다. 그러나 '-mbi'와 'akū'가 결합한 형태는 존재하지 않는다. 즉 만주어 부정문에 관한한 '-mbi'는 비관여적이다. 만주어 부정문의 완료상은 '-ha'와 'akū'가 결합하여 표현되는 반면 미완료상은 의문문에서 '-mbi'가 쓰이는 것과는 달라 '-ra'가 'akū'와 결합하여 부정문을 형성한다.

이상의 사실로부터 만주어 서술형어미 '-mbi'와 '-ra'는 의문문과 부정문에 관한한 상호 보완적 관계에 있다는 것을 알 수 있었다. 그리고 이미 언급한 바와 같이 명사화나 관형화내포문에서도 '-ra'만이 쓰이고 '-mbi'는 쓰이지 않는다는 사실도 알 수 있었다.

이러한 제약 이외에도 분포상에 있어서 차이가 있다. 다음 예문은 어말에서 쓰일 때 이들 어미가 갖는 통합관계를 보여준다.

(41) 가. bi damu suwembe sitaburahū seme jobošo-mbi-he.
　　　　나 다만   너희를   뒤떨어질까 하여   걱정했다.
　　(金瓶48:30a)

　　나. sikse han soo el ai turgunde suihume balai niyalma
　　　　어제 韓 婢 兒 무슨 이유에 취하여 헛되이 사람
　　　　be too-mbi-he?(金瓶24:16a)
　　　　을 꾸짖었냐?

(42) 가. guwan mu gene-mbi-me suilabume bu-re kesi be
　　　　關   某 간다ᄒ고   슈고ᄒ여 주는 덕 을
　　　　gaici ojorakū.(譯總2:13)
　　　　가지지 못ᄒ로다.

　나. emu　　derei　　giyang　ni　　muke　feifufi　<u>suita－mbi－me</u>
　　　한　　편으로　　薑　　의　　물　　끓여서　　　뿌리며
　　　emu　　derei　　lai　　an　　be　　hūlafi,(金甁59:20b)
　　　한　　편으로　　來　　安　　을　　불러서,

(43) 가. eifu　tuwakiyara　jang　an　ejen　i　baru　gisun　gisureki
　　　산소　　지키는　　張　安　主人　에게　　말　하고자
　　　seme　tule　　<u>aliya－ha－bi.</u>(金甁30:2a)
　　　하여　밖에　기다리고　있다.

　나. u　puseli　da　dung　ging　hecen　ci　amasi　jifi　　ne
　　　吳　主　管　東　京　城　에서　돌아　와서　지금
　　　dukai　jakade　morin　ci　<u>ebu－he－bi.</u>(金甁30:20a)
　　　문의　옆에서　　말　에서　　내렸다.

　예문 (41)에서는 '－mbi'가 완료상을 표현하는 '－he'와 결합하여
'－mbihe'의 형태로 쓰이고 있다. 예문 (42)에서는 '－mbi'가 연결어미
'－me'와 함께 '－mbi－me'의 형태로 표현되고 있음을 보여준다.[84]
그리고 이러한 통합상의 특성은 '－ha'에서도 나타난다. 예문 (43)은
'－ha'가 'bi'와 결합하여 '－habi'의 형태로 쓰이고 있음을 보여준다.
그런데 '－mbi'와 '－ha'가 지니고 있는 이상과 같은 통합상의 특성을
'－ra'에서는 찾아볼 수 없다. '－ra'는 어말의 한정된 영역에서만 사용
되며 통합관계에 제약이 있음을 알 수 있다.
　지금까지 논의한 바와 같이 '－mbi'와 '－ra'는 분포상에 있어서 많
은 차이가 난다. 특히 부정문, 의문문을 형성하거나 서술문의 어말에
서 다른 형태소와 결합하는 데 있어서 변별적으로 사용되고 있다. 다
만 이들이 어말에서 공통적으로 서술형어미로 사용되는 경우가 있지
만 이러한 경우에는 이들이 거의 의미차가 없다고 하는 것은 이미 확

84) '－me'의 用法에 대해서는 성백인(1958:39), 최학근(1977) 참조.

인된 바 있기 때문에 이들 어미가 상호 이형태의 관계에 있다고 보아도 무방하다. 다만 보다 후기에 형성된 '-mbi'가 원래 '-ra'에 의해 수행되던 기능을 대신하는 과정에서 분포상의 차이와 함께 어말에서는 중복되어 사용되는 현상도 나타나게 된 것이다. 따라서 만주어 서술문에 쓰이는 어말어미는 '-ha'와 '-ra'의 두 종류로 구분할 수 있고 이것은 만주어 명사화내포문과 관형화내포문에 사용되는 어미에 '-ha'와 '-ra'의 두 종류가 있다는 것과 일치한다.

(2) 만주어 서술형어미의 의미 특성

淸朝의 문법서에서 '-mbi, -ra'와 '-ha'의 의미 특성으로 기술된 '未然'과 '已然'의 의미가 내포문에서는 미완료상과 완료상의 대립관계를 갖는 동작상의 범주에 속한다는 사실을 확인했다.[85] 따라서 여기서는 이들 어미가 서술문의 어말에 사용되는 경우에도 동작상의 의미 특성을 깆고 있는지 여부를 확인해 보기로 한다.

다음 예문에 사용된 '-mbi, -ra, -ha'는 시제 범주에서 '-mbi, -ra'는 현재 혹은 미래시제를 표현하고 '-ha'는 과거시제를 표현한다고 해도 전혀 문제가 되지 않는다.

(44) 가. cimari   suwende   toktofi   sunja tanggū yan menggun
         내일 너희에게 분명히 해서   五   百   兩   銀
         niyeceme   bu-mbi.(金甁46:1b)
         채워   주겠다.

---

85) 관형화내포문에서의 '~ra, ~ha'의 의미는 § 3.1.2를 참조하고 명사화내포문에서의 '~ra, ~ha'의 의미는 § 4.1.2를 참조.

나. bi cimari emu ilhangga sujei guwalasun baime tucibufi
　나　내일　한　색있는　비단　조끼　찾아　내서
sinde　bu－re.(金甁78:28a)
너에게　주겠다.

다. cananggi hoošan deijire giran benere de tere yooni
　전날　종이　태우고　관　보낼　때　그　모두
bi－he－ni?(金甁60:6a)
있었냐?

　예문 (44가)는 한국어로 된 대역에서 알 수 있는 것처럼 미래에 행할 행위를 서술하고 있다. 그리고 이것은 cimari(내일)이라는 미래표현의 시간부사가 문장 내에 쓰이고 있다는 사실에 의해서도 입증된다. 따라서 어말에 사용된 '－mbi'가 미래시제어미라고 할 수 있다. (44나)에서도 문장 내용은 미래의 행위를 서술하고 있으며 이것은 cimari(내일)이라는 미래표현의 시간부사와 함께 쓰이고 있다는 사실에 의해서 입증된다. 따라서 어말에 사용된 '－re'도 역시 미래시제어미라고 할 수 있다. 한편 (44다)에서는 문장 내용이 과거에 행하여진 사실을 서술하고 있다. 그리고 이것은 cananggi(전날)이라는 과거 표현의 시간부사가 문장 내에 사용되고 있다는 사실에 의해서도 입증된다. 따라서 어말에 사용된 '－he'는 과거시제어미라고 할 수 있다. 이상에 제시된 예문과 논의들을 대상으로 할 때는 '－mbi, －ra, －ha'가 시제 범주에 속하는 것이라고 할 수 있다. 그러나 이들 어미를 시제 범주에서 결코 설명할 수 없는 예문들이 있다. 다음 예문들은 이들 어미를 시제 범주에서 설명하게 되면 앞에서 논의된 것과는 정반대되는 결과를 얻게 된다.

(45) 가. gege   teike   uthai   mende   gasa-mbi.(金瓶79:23a)
　　　 姐姐　　방금　　바로　　우리에게　불평했다.

　　 나. han   hendume   sag'o   ama   be   waliyafi   minde   hūsun
　　　 皇帝　말하되　　察割　父親　을　 버리고　나에게　　힘
　　　 bu-mbi.(遼史:9)
　　　 주었다.

(46) 가. erei   baru   aimaka   okto   baimbi   se-re.(金瓶49:29b)
　　　 이　 에게　 어떤　　약　 요청한다　하더라.

　　 나. li   da   jiyei   mujakū   emu   sain   niyalma. i   ainahai   ere
　　　 李　大　姐　　매우　 한　좋은　 사람이다. 그　어째서　이
　　　 gese   gisun   gisure-re?(金瓶51:7a)
　　　 같은　 말　　　했나?

(47) 가. yali   jetere   de   jai   jalin   de   maka   erun   sui   ai   gese
　　　 고기　먹음　에　來　世　에　 혹　　죄　 벌　무엇　처럼
　　　 labdu   bi-he-ni?(金瓶53:34b)
　　　 많이　 되겠냐?

　　 나. si   boo   baime   baha   erinde   menggun   be   uheri
　　　 너　房　찾아　얻은　 때에　　銀　　 을　 함께
　　　 pingselefi   buci   waji-ha kai.(金瓶56:8b)
　　　 싸서　　 주면　 끝나니라.

　　예문 (45)는 '-mbi'가 현재나 미래시제가 될 수 없음을 보여준다. (45가)는 姐姐가 불평한 사실을 청자에게 고자질하는 내용이다. 따라서 불평을 한 행위는 과거의 사실이다. 그리고 이것은 teike(방금)이라는 과거 표현의 시간부사와 함께 쓰이고 있는 사실에 의해서도 입증된다. 따라서 '-mbi'가 현재나 미래시제어미라고 할 수 없다. (45나)에서도 진술 내용은 황제가 과거를 회상하는 장면으로서 도와준 행위는 과거의 사실이다. 따라서 여기서도 '-mbi'는 현재나 미래시제어미

가 될 수 없다.

예문 (46)도 '-ra'가 현재나 미래시제어미가 될 수 없음을 보여준다. (46가)는 玳安이 西間慶의 진술을 인용하는 내용이다. 따라서 '-ra'의 의미특성이 회상이나 과거시제는 될 수 있을지 모르지만 현재나 미래시제는 될 수 없다. (46나)에서도 사람들이 李大姐가 남을 비난했다고 모함하니까 大妗子가 그를 옹호하는 내용이다. 따라서 '-ra'의 의미 특성은 현재나 미래시제가 될 수 없다.

예문 (47)에서는 '-ha'가 과거시제어미가 될 수 없음을 보여준다. (47가)는 고기를 먹으면 내세에 어찌되느냐 하는 의문을 표현한 것으로서 미래 사실을 진술하고 있다. 이것은 jai jalin(來世)라는 미래표현의 시간부사와 함께 쓰인 사실에 의해서도 분명해진다. 따라서 '-ha'는 과거시제어미라고 할 수 없다. (47나)는 집을 얻는 행위가 아직 이루어지지 않는 행위다. 따라서 menggun(銀)을 주는 행위도 미래의 행위가 될 수밖에 없다. 그러므로 '-ha'는 과거시제어미가 될 수 없다.

이상의 예문을 통하여 '-mbi, -ra, -ha'의 의미 특성을 시제 범주에서는 정의 내릴 수 없다는 것을 알았다. 이것은 다음 예문과 같이 두 문장이 대등하게 연결된 문장에서도 확인할 수 있다.

(48) si yargiyan be alaci <u>waji-ha</u>. yargiyan be alarakū oci
   너 진실   을 아뢰면 끝난다.   진실   을 아뢰지아니 하면
   sini amba nainai simbe tantame <u>wa-mbi</u>.(金甁59:15b)
   네   大   妳妳   너를   때려   죽인다.

위 예문은 화자가 청자에게 진실을 말하면 그 자체로서 상황이 끝난다는 내용과 진실을 말하지 않으면 때려죽이겠다는 내용이 대등하게 연결된 문장이다. 그리고 발화시점을 기준시점으로 할 때 이들 두

행위는 모두 아직 발생하지 않은 미래 행위이다. 따라서 이들과 결합하는 어미가 시제의 의미 특성을 갖고 있다면 동일 범주에 속하는 어미 형태와 결합해야 한다. 그럼에도 불구하고 이들이 '-ha'와 '-mbi'라는 각각 다른 의미 범주의 어미와 결합하고 있다. 이것은 결과적으로 이들 어미가 시제 범주에 속하지 않는다는 것을 입증하게 된다.

'-mbi, -ra, -ha'가 표현하는 의미특성이 시제의 범주에 속하지 않는다고 할 때 이들의 의미특성을 동작상의 범주에서 확인해 볼 수 있다. 예문 (48)에서 대등하게 연결된 두 문장의 의미 차를 확인해 보면 '진실을 말하면 끝난다'고 하는 행위는 그 자체로서 진행되고 있던 상황이 완료되는 것을 의미한다. 반면에 '아뢰지 아니하면 때려죽인다'고 하는 행위는 진행되고 있는 상황이 어떠한 형태로든지 계속되는 것을 의미한다. 이러한 의미 차는 행위가 발생할 시점과는 관계없이 발생한 행위를 완료된 상태로 인식하느냐 아니면 진행 또는 계속되는 상태로 인식하느냐 하는 차이로 구분할 수 있다. 따라서 전자는 완료를, 후사는 미완료의 의미특성을 나타내기 위하여 '-ha'와 '-mbi'로 표현되었다.

서술문의 어말에서 '-ha'와 '-ra'가 완료상과 미완료상의 의미특성을 표현한다고 하는 사실은 관형화내포문, 명사화내포문에서 '-ha'와 '-ra'가 완료상과 미완료상을 표현한다고 하는 사실과 일치한다. 그리고 이것은 한국어의 '-은'과 '-을'도 어말에서 완료상과 미완료상의 의미 특성을 표현하는 어미로 사용되었을 가능성이 있음을 보여주는 것이 된다.

134

(3) 만주어 서술형 어미의 통사 특성

한국어의 '-은'과 '-을'이 기원적으로 명사화어미였느냐, 관형화어
미였느냐, 아니면 서술형어미로부터 변형된 것이냐 하는 문제가 논란
이 되고 있다. 이와 관련하여 만주어 '-ra'와 '-ha'는 명사화내포문과
관형화 내포에서는 명사화나 관형화라는 통사적 기능은 수행하지 않
고 다만 동작상의 의미 특성만을 표현하는 어미임을 확인했다.[86] 여
기서는 서술문의 어말에서도 이들 어미가 이미 확인된 동작상의 의미
특성만을 표현하고 종결어미로서의 통사적 기능은 수행하지 않는지
여부를 분포상의 특성과 통합관계 등을 통하여 확인해 보기로 한다.

다음 예문은 서술문의 어말에서 '-ra'와 '-ha'가 통합관계에 제약
이 있음을 보여준다.

> (49) 가. bayan   booi   derengge   jui   bime   banjihangge   geli
> 　　　 부유한   집의   귀한   아이   이며   생긴것   또
> 　　　 bolgo   gincihiyan.(金甁93:4b)
> 　　　 깨끗하고   아름답다.
>
> 　　 나. ajige   doose   bi   bederebuci   ginggunakū,   alime   gaici
> 　　　 小   道師   나   거절하면   부당하고   받아   가지면
> 　　　 yertecuke.(金甁93:17b)
> 　　　 부끄럽다.
>
> (50) 가. damu   ere   sifikū   teile   bime   geli   ehe   menggun.
> 　　　 다만   이   머리핀   뿐   이며   또   나쁜   銀이다.
> 　　　 (金甁94:6a)

---

86) 관형화어미의 통사적 특성은 § 3.1.3을 참조하고 명사화어미의 통사적
　　 특성은 § 4.1.3 참조.

나. nainai sini gisun yala <u>mujangga</u>.(金甁95:13a)
　　 奶奶　 네 　말　 진정　사실이다.

다. hūwaitahangge ainaha <u>niyalma</u>?(金甁95:5b)
　　 묶은 이 　　 어떤　 사람이냐?

(51) 가. gise hehe de feliyeme boo be tuwarakū jalin
　　　 妓　 *女*　에게　다니며　 집　을　 보살피지 않기　때문
　　　 ambula <u>fanca－mbi</u>.(金甁13:7b)
　　　 크게 　　 화냈다.

나. sini gisun be bi gemu <u>sa－ha</u>.(金甁16:13b)
　　 네　 말 　을　 나　모두　 알았다.

위 예문들은 서술어의 종류에 따라 분류한 것이다. (49)는 서술어가 형용사로 쓰인 예문들이다. (49가)는 gincihiyan(아름답다), (49나)는 yertecuke(부끄럽다)가 각각 서술어로 쓰이고 있다. 예문 (50)은 서술어로 명사가 쓰인 예문들이다. (50가)는 menggun(銀), (50나)는 mujangga(사실), (50다)는 niyalma(사람)이 각각 서술어로 쓰이고 있다. 그런데 이들 서술어들은 종류에 따라 '-ra, -ha'와의 결합 양상에 차이가 있다. 서술어가 동사인 예문 (51)에서는 이들 어미와 결합하여 쓰이는 반면 서술어가 명사나 형용사인 예문 (49)와 (50)에서는 이들 어미가 결합하여 쓰이지 않는다. 이러한 차이점은 이들 어미가 종결어미로서의 통사적 기능을 수행하지 않는다는 증거가 된다.

　종결어미란 하나의 문장이 끝났다는 것을 지시하는 기능을 수행하는 것이라 할 수 있다. 그렇다면 서술어의 종류에 관계없이 문장이 끝나는 곳에서는 기능을 수행하여야 한다. 물론 만주어의 명사나 형용사가 활용을 할 수 없다는 통합상의 제약 때문에 명사나 형용사가 서술어로 쓰였을 경우에는 이들 어미와 결합할 수 없고 따라서 서술어가

동사인 경우에만 종결어미로서의 기능을 수행한다고 설명할 수 있다. 그러나 이러한 주장이 설득력을 상실하게 되는 것은 명사나 형용사가 서술어로 사용되는 경우에도 이들 어미와 결합하여 의미 기능을 수행하는 예문들이 있다는 사실이다. 다음 예문들은 서술어가 명사나 형용사인 경우에 '-ra'와 '-ha'가 어떻게 결합하여 어떠한 기능을 수행하는가를 보여준다.

(52) 가. garingga aha si ainu atanggi ere gese <u>amba bi-he</u>?
　　　　천한　　녀석　너　어찌　언제　이　처럼　　컸냐?
　　　　(金甁94:19b)

　　나. si terei jalin hoton i dorgi juse be baici hono
　　　　너 그의 때문　城　의 안에서 아이 를 얻으니 또
　　　　majige <u>sektuken bi-he</u>.(金甁95:20a)
　　　　적이　현명하였다.

(53) 가. ere daci mini booi <u>hoki bi-he</u>.(金甁95:6a)
　　　　이 본래 내 집의 夥討였다.

　　나. maka ai gese t'sui funggalai <u>gidakū bi-he-ni</u>?
　　　　혹 무엇 같은 翠 깃의 머리띠이었냐?
　　　　(金甁95:15a)

예문 (52)의 서술어는 각각 amba(큰), sektuken(현명한)으로서 모두 어미 활용을 할 수 없는 형용사다. 그리고 어말에 쓰인 'bihe'는 'bi-'와 '-he'로 분석된다. 그리고 예문 (53)에서는 서술어가 각각 hoki(夥討), gidakū(머리띠)로서 모두 어미 활용을 할 수 없는 명사다. 그리고 어미에 쓰인 'biheni'는 'bi-'와 '-he' 그리고 의문첨사 '-ni'로 분석된다. 그런데 이상과 같은 분석에서 명사와 형용사를 서술어로 설명한 것은 뒤따르는 'bi-'가 어휘적 의미를 갖지 못하고 '-he'와의 연결을 위한 수단으로서 그 기능을 수행하는 동사이기 때문이다.

이상과 같은 'bi-' 동사의 특성은 만주어 접속문에서 연결어미가 사용되는 양상을 보면 쉽게 확인할 수 있다.

(54) 가. terei   boode   bene-ci   inu   adali kai.(金甁23:2a)
　　　 그의   집에   보내면   또   같다.

　　 나. aikabade mini ere arga waka bi-ci adarame bahafi
　　　 만약   나의   이   방법   아니면   어찌   능히
　　　 ukcambihe?(金甁86:16b)
　　　 풀려났냐?

(55) 가. dobon   dulin   de   duka   neibu-me   imbe aliyabumbi?
　　　 밤   중   에   문   열게하며   그를 기다리느냐?
　　　 (金甁24:12a)

　　 나. tere hehe baibi terei jalin bi-me si kemuni tere hehe
　　　 그   여자 단지 그의   때문이며   너   항상   그   여자
　　　 be narašafi   ainambi?(金甁25:22a)
　　　 를   원해서   어찌하느냐?

(56) 가. udu   yamun de   ganabufi   ara-cibe   inu   weile   be
　　　 비록   아문   에   ᄃ려가셔   딍그라도   또   일   을
　　　 sartabumbi   kai.(譯總4:21)
　　　 어긋나게   홈이라.

　　 나. angga de gisurerakū bi-cibe dolori gūnime,(金甁87:14a)
　　　 입   에   말하지 아니하지만 속으로 생각하여,

　　만주어 접속문의 구조는 한국어와 동일하게 선행문의 어말에 연결어미가 결합하여 후행문과 연결하게 된다. 위 예문들은 만주어 연결어미 '-ci(-면), -me(-며), -cibe(-지만)'가 서술어와 연결되는 양상을 보여주고 있다. 예문 (54가), (55가), (56가)에서 이들 어미가 결

138

합한 서술어가 어미 활용이 가능한 동사이기 때문에 바로 동사 어간에 연결되어 쓰이고 있다. 그러나 (54나)의 형용사 'waka(아니)', (55나)의 명사 'jalin(때문)', (56나)의 형용사 'akū(아니)'는 모두 어미 활용을 할 수 없는 형용사나 명사이기 때문에 이들 어미와 결합하는 데 있어서 공통적으로 'bi-'를 매개로 하여 쓰이고 있다. 더구나 이때 'bi-'에 대하여 어떠한 어휘적 의미도 상정할 수 없는 것은 'bi-'를 서술어와 어미를 연결시켜 주는 기능만을 수행하는 동사이기 때문이다.

서술문에 쓰인 '-he'의 의미 특성에 대하여 가정할 수 있는 의미 특성은 문장의 종결을 표시하는 종결어미거나, 아니면 동작상의 의미 특성을 표현하는 어미라고 할 수 있다. 그런데 만약 '-he'가 종결어미로서 기능을 수행하고 있다고 하면 예문 (49)와 (50)처럼 명사와 형용사가 독자적으로 문장의 종결형으로 사용되면서 'bihe'와는 결합하지 않는 문장들과 예문 (52), (53)과의 차이점을 설명할 방법이 없다. 따라서 이때 '-he'가 종결어미로서 기능을 수행했을 가능성은 배제할 수밖에 없다.

이에 반해 이들 어미가 동작상의 의미 특성을 표현하고 있다고 하면 'bihe'가 선택적으로 사용된 이유를 설명할 수 있다. 즉 서술어가 형용사나 명사인 경우에도 완료의 의미를 표현하기 위해서는 '-he'와 결합하여야 하기 때문에 이를 위해서 'bi-'를 매개로 상호 결합하였다고 설명할 수 있다. 이러한 설명이 갖는 정당성을 입증해 줄 수 있는 하나의 근거는 동일한 위치에서 완료상을 표현하는 '-he'가 사용된 예문은 확인이 되는 반면 미완료상을 표현하는 '-ra'가 사용된 예문은 확인할 수 없다는 점이다. 이러한 제약은 명사나 형용사가 갖는 [+狀態性]의 특성과 '-ra'가 갖는 [+進行相]의 특성이 모순관계에 있기 때문이다. 따라서 이러한 위치에서 'bi'와 '-re'가 결합한 'bisire'의 형태를 발견할 수 없는 것이다. 그리고 이러한 특성은 이들 어미가 종결 어미로서 기능을 수행한다면 결코 설명할 수 없는 제약관계로서 한국 어의 경우에도 형용사가 서술어로 쓰인 경우에는 선어말어미 '-는-' 과 결합하지 못하는 현상과 일치한다.

그리고 '-ra'와 '-ha'가 서술형 종결어미가 될 수 없다는 것은 다음 예문처럼 이들 어미가 의문첨사 '-o'와 함께 사용되는 것을 통해서도 확인할 수 있다.

(57) 가. cen   da   guwan   sini   hūdašara   maiman   antaka?
　　　　陳   大   官   네   장사하는   買賣   어떠냐?
　　　　booi   turigen   jiha   gajime   <u>ji-he-o</u>?(金甁93:10b)
　　　　집의   세   금   가져   오-았-냐?
　　나. mini   niyaman   hūncihin   gemu   ubade   bi.   terei   emgi
　　　　내   친   척   모두   여기에   있다.   그   함께
　　　　sasa   geneci   <u>o-mbi-o</u>?(金甁91:13a)
　　　　같이   가면   되-느-냐?

예문 (57가)에서는 '-he'와 의문첨사 '-o'가 함께 쓰이고 있으며 (57나)에서는 '-mbi'가 '-o'와 함께 쓰이고 있다. 따라서 만약 '-he' 와 '-mbi'가 서술형 종결어미라고 한다면 화자가 청자에게 일정한 사실을 진술함과 동시에 청자에게 어떠한 정보를 요구하는 모순된 문장이 되고 만다. 이러한 사실을 통해서도 '-ra'와 '-ha'가 서술형 종결어미가 될 수 없음은 확실하다.

지금까지 '-ha'와 '-ra'의 형태, 통사, 의미 특성을 규명해 보았다. 이들 어미는 관형화내포문, 명사화내포문, 서술문에서 공통적으로 사용되고 있다. 그러나 관형화어미, 명사화어미, 서술형어미로서의 통사

적 기능은 수행하지 않으며 다만 동작상의 범주에서 완료상과 미완료
상의 의미 특성만을 표현하고 있다. 이러한 사실에도 불구하고 관형화
어미, 명사화어미, 종결어미로서 인식되는 것은 동일한 환경에서 반복
되어 사용된 결과라고 할 수 있다.

이상과 같이 만주어 '-ha, -ra'의 특성과 한국어 '-은, -을'의 특
성을 비교함으로써 다음과 같은 공통점을 확인할 수 있었다. 형태상으
로는 두 종류의 어미가 사용되고 있으며, 의미상으로는 모두 동작상의
범주에서 완료와 미완료의 의미 특성을 표현한다는 점에서 일치한다.
한편 만주어에서는 관형화, 명사화, 문장의 종결과 같은 통사상의 기
능이 이들 어미에 의존하는 것이 아니라 주어진 문장이 위치한 분포
상의 특성에 따라 결정된다. 만약 문장이 단독적으로 쓰이면 서술문으
로, 명사 앞에 쓰여 명사를 수식하게 되면 관형화내포문으로, 그리고
명사의 위치에서 격어미와 결합하여 명사로서 기능하게 되면 명사화
내포문으로 쓰이게 되는 것이다. 따라서 한국어의 '-은'과 '-을'도 기
원적으로는 동작상의 의미만을 표현했을 가능성이 있으며 이러한 경
우에는 '-은, -을'이 기원적으로 동명사 어미였느냐, 아니면 서술형
어미로부터 변형의 결과 생성된 것이냐 하는 문제는 제기될 수 없는
성질의 것이다.

이상과 같은 한국어와 만주어 내포문어미의 관계를 도표로 제시하
면 다음과 같다.

	명사화		관형화		서술형	
	한국어	만주어	한국어	만주어	한국어	만주어
완 료	*-음(-은)	-ha	-은	-ha	-은	-ha
미완료	*-기(-을)	-ra	-을	-ra	-을	-ra

3) 명사화내포문의 주어

중세한국어 명사화내포문은 주어가 속격어미에 의해 표현되는 현상이 매우 생산적이었다. 그러면 내포문의 주어가 주격어미에 의해 표현되는 문장과 속격어미로 표현되는 문장 사이에 존재하는 통사·의미상의 차이를 확인해 보기로 한다.[87] 다음 예문은 동일한 의미를 표현하는 문장이라 할 수 있는데도 내포문의 주어가 주격어미와 속격어미로 달리 표현되고 있음을 보여준다.

(58) 가. 다믄 죵이 들며 쓰믈 맛본 거시라.(小諺6:16)
　　　나. 죵의 들며 쓰믈 맛보아.(東新三孝4:62)
(59) 가. 아돌돌히 아비 죽다 듣고.(月釋18:21)
　　　나. 諸子ㅣ 아비 주그믈 듣고.(法華5:158)
(60) 가. 諸佛이 맛당홀 야올 조차 說法ᄒ시논 뜯 아로미 어려ᄫᄂᆞ니,
　　　　　(釋詳13:47~8)
　　　나. 諸佛ㅅ 맛당호ᄆᆞᆯ 조차 說法호미 ᄠᅳ디 아로미 어려우니라.
　　　　　(法華1:175~6)

위 예문은 거의 동일한 의미 내용의 문장에서도 내포문의 주어가 주격어미와 속격어미로 달리 표현되고 있음을 보여준다. 이른바 주어적 속격(genitivus subjectivus)으로 설명되는 이러한 현상은 관형화내포문에서와 마찬가지로 중세한국어에서는 매우 생산적으로 쓰였다. 그리고 이러한 주어적 속격은 내포문이 상위문에서 목적어로 기능하느냐, 주어로 기능하느냐 하는 데 관계없이 널리 쓰이고 있다.[88]

---

87) 이에 대한 자세한 논의는 이기문(1978:176), 안병희(1968:312~313), 이광호(1976), 서정목(1982) 참조.

142

(61) 가. 이제 부톄 光明 뵈샴도 ᄯᅩ 이ᄀᆞᆺᄒᆞ시니.(釋詳13:27a)

나. 菩薩이 부텻 法 므르ᄉᆞᄫᅩ미 아ᄃᆞ리 아비 쳔량 믈러가쥬미 ᄀᆞᄐᆞᆯ
씨.(釋詳13:18b)

다. 比丘ㅣ 큰 械를 디뉴미 半ᄃᆞᆯ만ᄒᆞ야도.(月釋10:20b)

(62) 가. 모미 버므류미 ᄃᆞ외디 아니ᄒᆞ샤.(月釋18:33)

나. 양ᄌᆞ이 ᄀᆞᆺ 싁싁ᄒᆞ샤미 獅子ㅣ ᄀᆞᄐᆞ시며,(月釋2:57)

다. ᄒᆞᄅᆞ 二十里를 녀시ᄂᆞ니 轉輪王이 녀샤미 ᄀᆞᄐᆞ시니라.(釋詳6:23)

(63) 가. 諸佛子ᄃᆞᆯ히 舍利 供養ᄒᆞᄉᆞᄫᅩᆯ 爲ᄒᆞ야,(法華1:85b)

나. 覺明이 識 내요ᄆᆞᆯ 브터,(楞嚴6:88)

다. 부톄 뎡바기 ᄆᆞᆫ지샤ᄆᆞᆯ 받ᄌᆞ와.(楞嚴7:23a)

(64) 가. 뭇 後ㅅ 사ᄅᆞ미 福 어두믈 이제 반ᄃᆞ기 굴히요리라.(法華6:16b)

나. 能히 이 娑婆佛事를 보ᄉᆞᄫᅩᄃᆞᆫ 佛神力의 뎌에 通力빌이샤ᄆᆞᆯ 因
ᄒᆞ니,(月釋18:7b)

다. 아ᄒᆡ들히 慈孝ᄒᆞᄂᆞᆫ 가마괴 튜믈 듣디 아니 ᄒᆞ노라.(杜諺15:22b)

예문 (61)과 (62)는 내포문이 상위문의 주어로 내포된 문장들로서
(61)에서는 내포문의 주어가 주격어미로 표현되어 있으며 (62)에서는
내포문의 주어가 속격어미에 의해 표현되어 있다. 그리고 예문 (63)과
(64)는 내포문이 상위문의 목적어로 내포된 문장들로서 (63)에서는
내포문의 주어가 주격어미에 의해 표현되어 있으며 (64)에서는 내포
문의 주어가 속격어미에 의해 표현되어 있다. 이상은 내포문이 상위문
에 어떠한 성분으로 내포되느냐 하는 데 관계없이 내포문의 주어가
주격형과 속격형으로 표현된다는 것을 의미한다.

내포문의 주어가 속격형과 주격형으로 달리 표현된다고 할 때 이들
사이의 관계를 설정하기 위해서 속격형의 기저구조를 관형화내포문에
서처럼 다음과 같이 두 가지 방법으로 가정해 볼 수 있다.[89]

---

88) 이에 대한 자세한 논의는 이광호(1976) 참조.

(65) 諸子ㅣ 아비 주구믈 듣고(法華5:158)

　　가. 諸子ㅣ (아비 주구믈) 듣고

　　나. 諸子ㅣ 아비 (아비 주구믈) 듣고

(65)의 기저구조로서 (65가)와 (65나)를 설정해 볼 수 있다. (65가)를 기저구조로 설정하는 경우에는 내포문의 주어가 변형이라는 과정을 거쳐 상위문의 속격형으로 변형되었다고 할 수 있으며 (65나)를 기저구조로 설정하는 경우에는 기저에 이미 속격형의 '아비'가 존재하고 있으며 이것이 내포문의 '아비'와 동일 명사구가 되어 내포문의 '아비'가 삭제된 결과 (65)와 같은 구조를 갖게 되었다고 할 수 있다. 그런데 두 기저구조 가운데 어떤 것이 (65)의 기저구조를 바르게 표현한 것인가 하는 문제에 대해서는 현재로서 어떠한 설명도 할 입장이 아니다. 다만 명사화내포문의 속격형과 관형화내포문의 속격형이 동일한 절차로 설명되어야 한다는 입장에서 본고에서는 관형화내포문과 마찬가지로 명사화내포문의 속격형도 기저에서부터 속격형인 것으로 보고자 한다.

　그리고 내포문주어의 속격형이 어떠한 기저구조로부터 생성된 것이든 내포문의 주어가 주격어미로 표현되는 경우와 속격어미로 표현되는 경우의 차이도 설명되어야 한다.

(66) 가. <u>迦葉의</u> 能히 信受호믈 讚歎ᄒ시니라(月釋13:57a)

　　나. <u>迦葉이</u> 能히 信受호믈 이 希有호미라(月釋13:57b)

위 예문에서는 동일한 '-음' 명사화내포문의 주어가 (66가)에서는 주격어미로, (66나)에서는 속격어미로 표현되어 있다. 따라서 이들 사

---

89) 관형화내포문의 주어에 대한 자세한 논의는 § 3.2 참조.

이에 어떠한 의미 차가 있으며 이러한 차이가 일어나게 되는 원인이 무엇인가 하는 점도 논의되어야 한다. 그러나 이 문제에 대해서도 현재로서는 어떠한 설명도 할 수 있는 입장이 아니다.

만주어 명사화내포문의 주어도 한국어와 마찬가지로 주격어미와 속격어미에 의해 표현되고 있다. 뿐만 아니라 속격형의 사용이 중세한국어에서처럼 매우 생산적이다. 다음 예문을 통하여 만주어 명사화내포문의 주어가 표현되는 양상을 확인해 보기로 한다.

(67) 가. <u>šu tung</u> Ø aibide gene-he be si inu sarkūn?
　　　書 童 이 어디에 가 -ㅁ 을 너 도 모르냐?
　　　(金甁51:41a)

　　나. <u>sung siyūn an</u> Ø doroi jaka benji-he be sabufi
　　　宋　巡　按 이 禮의 物 보내-ㅁ 을 　알고
　　　dolori ambula urgunjehe.(金甁52:1b)
　　　속으로　크게　기뻐했다.

(68) 가. si men king <u>tere-i</u> guwan ge el be tebeliye-he
　　　西　門　慶　그의　官　哥　兒 을 　안 -음
　　　be sabufi(金甁52:7b)
　　　을　알고

　　나. <u>mini</u> tuhe -re de si aiseme niyama fintambi?
　　　나의　떨어지-ㅁ 에 너 왜　가슴　아프냐?
　　　(金甁52:32a)

예문 (67)에서는 내포문의 주어가 주격형으로 표현되어 있다. (67)에서는 내포문의 주어 'šu tung(書童)'이 'Ø' 형태소의 주격어미와 함께 'gene-'의 주어로 쓰이고 있으며 (67나)에서도 내포문의 주어 'sung siyūn an(宋巡按)'이 'Ø' 형태소의 주격어미와 함께 'benji-(보내다)'

의 주어로 쓰이고 있다. 그러나 예문 (68)에서는 내포문의 주어가 속격형으로 표현되어 있다. (68가)에서는 내포문의 주어 'tere(그)'가 속격어미 'i'와 결합하여 'tebeliye-(안다)'의 주어로 쓰이고 있으며 (68나)에서는 내포문의 주어로서 일인칭 대명사 'bi'의 속격형인 'mini'가 쓰이고 있다.

내포문의 주어가 속격어미에 의해 표현되는 현상은 내포문이 상위문에서 주어로 기능하느냐 목적어로 기능하느냐 하는 데 관계없이 널리 쓰이고 있다. 다음 예문은 내포문이 상위문에서 수행하는 기능에 따라 열거한 것으로서 속격형의 형태를 두루 확인할 수 있다.

(69) 가. dungdzo amcara de <u>lioi bu</u> Ø suju-re Ø hūdun
　　　董卓이　쏠올　제　呂　布 ㅣ　드ᄅ-ㅁ　이　급ᄒ니
　　　(譯總1:21)

　　나. <u>aša　se-i</u> golo-ho Ø weili guwan-mu de bi kai.
　　　아즈미 들의 놀라-ㅁ 은　죄　關　某 의게 잇ᄂ니라.
　　　(譯總2:18)

(70) 가. <u>amba niyalma</u> Ø mimbe wakala -ha be bi ai
　　　대　인　(이)　나를　그릇너기시-ㅁ　을　내　엇지
　　　gelhūn akū　ehe　gūnimbi sefi,(譯總1:12)
　　　싱심이나　사오나이　싱각ᄒ리 ᄒ고,

　　나. <u>beye</u> Ø emgeri nantuhūn o-ho be dahame(譯總1:12)
　　　몸　(이)　ᄒ번　더러이　되-ㅁ　을　조차

　　다. si baibi <u>mini</u> gisure-re be wakalara dabala.
　　　너　단지　나의　말하-ㅁ　을　비난할　뿐이다.
　　　(金甁65:37a)

　　라. <u>han mama i</u> bisi-re be amcame looye i ere gahari
　　　韓　媽媽　의 있-음　을　쫏아　老爺　의　이　汗衫

fakūri be niyanca.(金甁72:3b)

小衣 를 풀먹여라.

(71) 가. ereci amasi <u>wan san guwan</u> Ø si men king be

이로부터 뒤로 王 三 官 (이) 西 門 慶 을

aca-ha de ama seme hūlambi.(金甁72:26a)

만나-ㅁ 에 아버지 하고 부른다.

나. sikse wesihun i <u>booi niyalma</u> Ø gene-he de bi

어제 貴人 의 家의 사람 (이) 가-ㅁ 에 나

ide bihe(金甁75:51a)

당직 이었다.

다. giyan i <u>sefu i</u> jobo-ho de karulaci acarangge kai.

진실 로 師父 의 수고하-ㅁ 에 보답하면 적절한것이니라.

(金甁66:16b)

라. <u>mini</u> gene-he de sadun mimbe ambula wakašaha.

나의 가-ㅁ 에 親家 나를 매우 꾸짖었다.

(金甁72:11a)

예문 (69)는 내포문이 상위문의 주어로 내포된 문장들로서 (69가)
에서는 내포문의 주어 'lioi bu(呂布)'가 'Ø' 형태소의 주격어미에 의
해 표현되었으며 (69나)에서는 내포문의 주어 'aša se(아즈미들)'이
속격어미 'i'에 의해 표현되었다. 그리고 예문 (70)은 내포문이 대격어
미와 함께 상위문의 목적어로 내포된 문장들로서 (70가)와 (70나)에
서는 내포문의 주어 'amba niyalma(大人)'과 'beye(몸)'이 각각 'Ø'
형태소의 주격어미에 의해 표현되어 있으며 (70다)와 (70라)에서는
내포문의 주어 'mini(나의)'와 'han mama(韓媽媽)'가 속격어미 'i'에
의해 표현되어 있다. 한편 예문 (71)은 내포문이 여격어미 'de'와 함께
상위문에 내포된 문장들로서 (71나)에서는 내포문의 주어 'wan san

guwan(王三官)'과 'booi niyalma(家人)'이 각각 'Ø' 형태소의 주격어
미에 의해 표현되어 있으며 (71다)와 (71라)에서는 내포문의 주어
'sefu(師父)'와 'mini(나의)'가 각각 속격어미 'i'에 의해 표현되어 있다.
이처럼 명사화내포문은 상위문에 어떠한 성분으로 내포되느냐 하는
데 관계없이 내포문의 주어가 주격형과 속격형으로 표현된다.

그러면 주격형과 속격형 사이의 관계를 설정하기 위해서 한국어 명
사화내포문에서처럼 속격형의 기저구조를 설정해 보기로 한다.

(72) giyan i   sefu i   jobo −ho de   karulaci acarangge kai.
      진실 로   師父 의 수고하−ㅁ 에   보답하면 적절한 것 이니라
      (金甁66:16b)

　가. giyan i (sefu Ø   jobo −ho) de   karulaci acarangge
      진실 로   師父 (가) 수고하−ㅁ   에   답하면 적절한 것
      kai.
      이니라.

　나. giyan ı sefu i (sefu Ø   jobo −ho)   de   karulaci
      진실 로   師父 의 師父 (가) 수고하−ㅁ   에 보답하면
      acarangge   kai.
      적절한 것   이니라.

(72)의 기저구조로서 (72가)와 (72나)를 설정할 수 있다. (72가)를
기저구조로 설정하는 경우에는 내포문의 주어가 기저에서는 내포문의
주어이던 것이 변형에 의해 상위문의 속격형으로 되었다고 할 수 있
으며 (72나)를 기저구조로 설정하는 경우에는 기저에서부터 속격형이
었으며 이것이 내포문의 주어와 동일 명사구가 되어 내포문의 주어
'sefu(師父)'가 삭제된 결과 (72)와 같은 구조를 갖게 되었다고 할 수
있다. 본고에서는 한국어 명사화내포문에서처럼 두 기저구조 가운데

어떤 것이 (72)의 기저구조를 바르게 표현한 것인지를 설명할 수 없다. 다만 한국어에서처럼 (72)의 기저구조로서 (72나)를 설정하여 속격형이 기저에서부터 존재하였던 것으로 보고자 한다. 이것은 (72가)를 기저구조로 설정할 경우에는 변형의 원인과 절차를 설명하기 어렵다는 문제점도 있지만 관형화내포문의 속격형이 기저구조에서부터 존재하였던 것으로 설명한 것과 일치하기 때문이다.

이상의 논의를 요약하면 다음과 같다. 한국어와 만주어는 모두 관형화내포문과 명사화내포문의 내포문주어가 주격어미에 의해 표현되는 경우와 속격어미에 의해 표현되는 경우가 있다. 그리고 명사화내포문의 속격형은 내포문이 상위문에 내포되어 어떠한 기능을 수행하느냐에 관계없이 생산적으로 쓰인다. 한편 속격형은 기저구조에서부터 속격형이었으며 내포문의 주어가 동일명사구삭제에 의해 삭제된 결과 속격형이 내포문의 주어로 기능을 수행하게 된 것으로 보았다. 이러한 내포문주어의 특성은 3.2장에서 살펴본 관형화내포문과 5.3장에서 설명할 인용화내포문의 주어와 동일한 통사적 특성이 된다.

4) '것' 명사화와 '-ngge' 명사화

내포문어미 '-은, -을'과 통합관계에 있는 '것'이 명사화어미로서 기능하느냐 아니면 관형화내포문의 내포문명사로써 일종의 의존명사에 속하는 것이냐 하는 문제를 가지고 논란이 되고 있다. '것'에 관한 논의들을 검토하고 동일한 특성을 갖는 만주어 '-ngge'와 비교하여 '것'이 명사화어미로서 기능하는 것임을 확인하고자 한다.

내포문 연구가 활발히 진행되면서 논란이 되고 있는 문제 가운데 하나가 전통적으로 의존명사로 보고 있는 '것'이 명사화어미로서 기능

을 수행하느냐 하는 것이었다. 그러면 먼저 이러한 논의의 타당성을
검증하기에 앞서 '것'의 사용 분포와 의미를 확인해 보기로 한다.[90]

(73) 가. 이것이 내가 좋아 하는 것이다.
  나. 저것도 사람이라고 할 수 있느냐?

(74) 가. 내것이 네것보다 훨씬 좋다.
  나. 나는 어려서 부터 항상 형님 것을 물려 받았다.

(75) 가. 철수가 지금 읽고 있는 것은 소설책이다.
  나. 그가 학생들에게 요구한 것은 진실이었다.

(76) 가. 저 젊은 학생은 생각하는 것이 건전하다.
  나. 언제나 고향만을 생각하는 것이 애처롭다.
  다. 내일까지 당신과의 약속을 지킬 것이다.

이상은 '것'이 사용되는 분포를 유형별로 분류한 것이다. (73)은 '것'
이 관형사 '이, 그, 저' 등과 함께 쓰인 것으로서 '것'의 의미는 어떠한
사물을 지칭하는 것으로 볼 수 있다. (74)는 '것'이 명사나 대명사와
함께 쓰인 것으로서 '것'과 명사 사이에 속격어미 '의'가 생략되었다고 볼
수 있다. 그리고 이때의 의미는 (73)의 '것'과 마찬가지로 사물을 지칭
한 것으로 볼 수 있다. (75)와 (76)은 '것'이 관형화어미 '-은, -을'
과 함께 쓰인 경우로서 전통적으로 관형화내포문과 의존명사 '것'이
결합된 구성으로 처리되어 온 것들이다. 그런데 (75)와 76)의 차이점
이라고 하면 (75)에 쓰인 '것'에 대해서는 '책' 또는 '사항' 등과 같은
의미를 쉽게 상정할 수 있지만 (76)에 쓰인 '것'에 대해서는 그 의미
를 상정하기가 쉽지 않다는 점이다.

---

90) '것'의 용법과 의미에 대해서 중세한국어의 경우는 이숭녕(1975), 현대한
  국어는 임홍빈(1974) 참조.

위에 열거한 '것'의 분포를 통해서 확인할 수 있는 것은 '것'이 가장 전형적인 의존명사의 하나라는 사실이다. 실제로 '것'은 문장 내에서 어떤 일정한 기능을 수행하는 데 있어서 독자적으로 쓰이지 못하고 다른 요소에 의존한 상태로 기능을 수행하면서 격어미와 결합하여 명사처럼 쓰인다. 전통문법에서는 이러한 기준에서 '것'을 의존명사로 처리하고 있으며 사용되는 문맥에 관계없이 어떤 일정한 의미를 내포하고 있는 것으로 처리하여 왔다. 임홍빈(1974)에서도 '것'의 의미를 사용되는 환경에 관계없이 '대상 일반을 지시 내용으로 하는 명사'라는 동일 범주에 포괄하여 설명하고 있다.

그런데 다양한 양상으로 표현되는 '것'을 하나의 의미 범주에 포괄하여 설명하는 것은 간결성이라는 점에 있어서는 바람직한 방법이 될 수 있다. 그러나 간결성을 추구한 나머지 언어 현실을 왜곡시킬 수도 있다는 것을 유의하여야 한다. 실제로 예문 (76)의 '것'은 그 의미를 규정하기가 쉽지 않다. 이와 관련하여 송진오(1981)는 다음과 같은 예문을 근거로 하여 '것'을 추상명사화소(abstract nominalizer)로 처리하고 있다.

(77) 가. 나는 자동차가 가는 것을 들었다.
　　 나. 나는 것을 들었다.
　　 다. 나는 들었다.
(78) 나는 자동차가 가는 것을 보았다.

(77가) 내포문 구성의 상위문으로서 (77나)와 (77다)를 설정할 수 있다. 그러나 (77나)는 '것'이 목적어가 될 수 없기 때문에 비문법적인 문장이 되며 (77다)는 타동사인 '들었다'의 목적어가 없기 때문에 불완전한 문장이라고 할 수밖에 없다. 이러한 문제점을 극복하기 위해서

'것'을 내포문명사로 처리하고 내포문이 관형화에 의해 상위문에 내포되는 것으로 볼 수 있다. 그러나 이 경우에도 '것'의 본질적 의미가 무엇이냐 하는 문제가 남는다. 위 예문에서 (77가)의 '것'의 의미로서 추정이 되는 것은 '소리' 정도가 예측이 되지만 (78)의 경우에는 '장면' 혹은 '모습' 정도의 의미가 예측되어 '것'이 자체의 의미를 갖는 것으로 보기는 어렵고 전체 문장의 의미론적 특성에 의존하는 것임을 알 수 있다. 즉 어떤 일정한 의미를 갖는 명사라고 하기 어렵다. 따라서 (77가)의 구성을 관형화내포문으로 보고 '것'을 내포문명사라고 하기 어렵다.

이상과 같이 '것'에 특정 의미를 부여하는 것보다는 '것'의 기능을 '-은, -을'과의 결합을 통하여 내포문을 명사화시키는 내포문어미로 보게 되면 예문 (77가)의 설명에 무리가 없다. 즉 '자동차가 간다'라고 하는 내포문이 '-는 것'과의 결합을 통하여 명사화되어 상위문의 목적어로 내포되었다고 할 수 있다.[91]

'것'을 명사화어미로 보는 것은 동일한 형태의 '것'이 사용되는 분맥에 따라 각각 다른 의미를 갖는 것으로 처리해야 한다는 문제점이 있다. 그러나 하나의 의미를 갖고 있던 형태들도 변화에 의해 다양한 기능을 수행할 수 있다. 실제로 '-음'에 의한 명사화는 대부분 '것'에 의해 의미 변화 없이 자연스럽게 바뀌어 쓰일 수 있을 뿐만 아니라 구어체의 경우에는 '-음'에 의한 명사화가 쓰일 자리에 거의 '것'에 의한 명사화가 쓰이고 있다. 이러한 사실은 한국어 명사화가 변화의 상태에 있음을 보여주는 것으로 '-음' 명사화의 사용 영역이 점점 축소되고 있는 현상과 밀접한 관계가 있다. 이와 관련하여 심재기(1982:320)

---

91) 이상과 같은 근거에서 이맹성(1968)은 '것'을 명사화소로 처리하였고 이홍배(1970)와 양인석(1971)은 보문화소로 처리하였다.

에서는 "분명히 20세기의 중반을 경계로 하여 {-ㅁ}은 {-기} 또는 {-는 것}에 의해 그 영역을 침식당해 왔다"라고 주장하고 있다.

지금까지의 논의를 통하여 하나의 의미를 갖고 있던 '것'이 변화의 결과 사용 영역을 확대하여 그 일부가 명사화라는 통사적 기능을 수행하게 되었을 가능성이 있음을 확인했다. 그러면 '것'과 동일한 사용 영역과 의미를 갖고 있는 만주어 '-ngge'와 '것'을 비교해 보기로 한다.

한국어의 '것'과 비교의 대상이 될 수 있는 것으로 만주어 '-ngge'를 들 수 있다. 만주어 '-ngge'는 한국어의 '것'과 분포상으로도 거의 일치할 뿐만 아니라 그 기능과 의미에 있어서도 유사한 양상을 보여준다. 다음에 '-ngge'가 사용되는 예문을 선행어와의 통합관계에 따라 유형별로 분류해 보기로 한다.

(79) 가. ere fila-i-ngge šoloho yali dere.(金瓶36:24b)
　　　이　 접시 의 것　 구운　 고기 니라.

　　나. ere aha wei boo-i-ngge bihe uttu doro akū?
　　　이 녀석 누구의 집 의 것　 인데 이리 禮　 없냐?
　　　(金瓶40:13b)

　　다. sini-ngge be jefu manggi hono simbe sain serakū.
　　　너의 것　 을 먹은 후　 또　 너를 좋다 하지않겠다.
　　　(金瓶46:28a)

(80) 가. ilhangga-ngge gaiki sembio? gulu-ngge gaiki sembio?
　　　색있는 것　 갖고자 하느냐? 색없는 것 갖고자 하느냐?
　　　(金瓶45:17a)

　　나. bi boode geneci gosire be sarkū-ngge kai.
　　　나 집에　 가면　 사랑함 을 모르는 것 이라.
　　　(金瓶45:15b)

(81) 가. ere <u>ningguci-ngge</u> baibi uttu yobodome gisurere mangga.
　　 이　여섯째　것　단지　이리　놀려　말하기　잘한다.
　　 (金甁39:19a)

　　 나. ere <u>gese ngge</u> be bibufi ainambi?(金甁44:6a)
　　 이　같은　것　을　있게해서　어찌하냐?

(82) 가. minde urunakū emu juwe boco <u>bisi-re-ngge</u> be
　　 나에게　반드시　한　두　색　있　는　것　을
　　 sonjofi bu.(金甁40:17a)
　　 골라서　다오.

　　 나. suweni booi jang jiyei duleke aniya omšon biyade
　　 너희　집의　長　姐　지난　해　11　月에
　　 <u>banji -ha-ngge</u> wakao?(金甁41:8a)
　　 태어나-ㄴ　것　아니냐?

(83) 가. gege jiramin doroi jaka <u>bene-he-ngge</u> ambula baniha.
　　 姐姐　친절히　禮의　物　보내-ㄴ　것　크게　감사했다.
　　 (金甁34:35a)

　　 나. gege si sarkū. erei ejen ping an be
　　 姐姐　너　모른다.　이들의　主人　平　安　을
　　 <u>tanta-ha-ngge</u> be lai guwang be dosimbuha turgun.
　　 때리-ㄴ　것　白　賓　光　을　들어오게한　때문이다.
　　 (金甁35:20a)

　　 다. boode niyalmai genere <u>jide-re-ngge</u> umai lakcarakū
　　 집에　사람의　가고　오-는　것　결코　끊이지
　　 kai.(金甁37:5a)
　　 않는다.

　　(79가, 나)에서 '-ngge'는 속격어미 'i/ni'를 통하여 명사와 결합하
고 있다. (79다)에서는 2인칭 대명사 'si'의 속격형인 'sini'와 '-ngge'
가 결합하고 있다. 이때 '-ngge'의 의미는 (79가, 다)에서는 음식물로

풀이할 수 있고 (79나)에서는 사람으로 풀이할 수 있다.

(80가, 나)에서는 '-ngge'가 형용사와 직접 결합하고 있다. 이때 '-ngge'의 의미는 (80가)에서는 '물건'으로 풀이할 수 있고 (80나)에서는 '사람'으로 풀이할 수 있다.

(81가)에서는 여섯(ningguci)이라는 수사와 '-ngge'가 직접 결합하여 '六姐'로 풀이되고 있다. 이때 '-ngge'의 의미는 '사람'으로 풀이할 수 있다. (81나)에서는 '-ngge'가 후치사 gese와 직접 결합하고 있다. 이때의 '-ngge'의 의미도 '사람'으로 풀이할 수 있다.

이상을 종합하면 '-ngge'는 선행어가 명사류인 경우에는 속격어미를 통해서 결합하거나 속격형으로 변형되어 결합하고 선행어가 형용사나 수사인 경우에는 직접 결합하여 쓰이고 있다. 이것은 '-ngge'가 기원적으로 명사의 특성을 지니고 있음을 의미한다.

(82, 83)에서는 동사와 '-rangge, -hangge'의 형태로 결합하고 있다. 물론 이때는 '-ra, -ha'와 '-ngge'로 형태소 분석이 된다. 그리고 위에서 언급한 바대로 '-ngge'가 명사의 특성을 지니고 있고 예문 (82)에서 '-ngge'가 어떤 물건이나 사람을 의미하므로 '-ra, -ha'는 관형화어미라고 할 수 있다. 그러나 (83)의 경우에는 '-ngge'의 의미를 상정하기가 쉽지 않다. 이때 '-ngge'의 기능은 한국어의 '것'이 특정한 의미를 지니지 않은 채 명사화의 기능을 수행하는 것과 일치한다.

지금까지 만주어 '-ngge'가 쓰이는 예문들을 선행어와의 결합 양상에 따라 유형별로 분류, 비교하여 보았다. 그 결과 '-ngge'가 한국어 '것'과 거의 동일한 환경에서 동일한 의미를 지니고 쓰이고 있음을 확인하였다. 그리고 구조적인 측면에서 볼 때 '-ngge'가 독자적으로 홀로 쓰이지 못하고 항상 다른 요소에 의존한 상태로 격어미와 함께 명사로서의 기능을 수행한다고 하는 것은 한국어 의존명사의 특성과 일치하는 특성이다.

한국어 '것'과 만주어 '-ngge'가 동일 형태소라고 할 수 있을 정도로 일치하고 있지만 통사, 의미상으로 다소간의 차이가 있다. 의미에 있어서는 한국어 '것'이 '사물'이라는 한정된 의미로만 쓰이고 '사람'을 지칭하게 될 때에는 상대를 낮추어 거의 사물화된 개념으로 사용하여도 무방한 경우에만 쓰이는 데 반해 '-ngge'는 '사물'과 '사람'을 지칭하는 데 두루 널리 쓰이며 '사람'의 의미를 표현할 경우에도 한국어와 같은 낮춤의 의미는 전혀 내포되어 있지 않다. 이것은 '-ngge'가 '것'보다 더 넓은 분포를 가지고 사용되고 있다는 것을 나타낸다.

통사적인 면에 있어서도 '-ngge'와 '것'은 선행어와의 결합에 다소 차이가 있다. 즉 '것'은 의존성을 띠고 있으면서도 선행어와 분리된 것으로 인식되는 반면 '-ngge'는 완전한 형태의 어미로 사용되고 있다. 따라서 '-ngge'를 상위문명사로 분석하여 한국어와 같은 기저구조를 설정해 보는 것 자체가 불가능하다.

그러면 시금까시 논의한 '-ngge'에 대하여 淸朝의 문법서에서는 어떻게 설명하고 있는지 살펴보기로 한다.

> ningge, ingge 此二字 俱是 <u>的字</u> 上一字聯用單用俱可 下一字聯用
> (啓蒙3:9)
>
> kangge hangge kongge hongge kengge hengge 此六字俱 <u>了的字</u> <u>者 字</u>
> <u>所以字 也者字</u> 乃<u>已然語</u> 在字尾聯用(啓蒙3:20)
>
> rangge rengge rongge 此三字俱是 <u>的字 者字 所以字 也者字</u> 乃未然之語
> 此 i ni
> 字詞義俱不相 同 在字尾聯用(啓蒙3:24)
>
> rangge rengge rongge kangge hangge hongge kengge hengge 此等字
> 皆隨上 文帶出之 如漢文之<u>所以字 者字 也字 也者字</u>(指南3:10)
>
> rangge 等字 <u>者字意</u> 乃<u>未然語</u> <u>呼應</u>之字也 單用則用 ojorongge(指要:26)

hangge 等字 者字意 乃已然語 與 rangge 等字有間 單用則用 ohongge(指
要:26)

rengge, hangge 是的者用 暗有人字意藏着(虛指上:29)

未然之的 ra, re, ro變者 變也接ngge 體變長音義亦變串下變爲叫下格

i, ni 之的似 ra re 實字之下總須他 體變ngge 用亦變接下忽爲應上格 一般

者字有四體 ra, re, ro, kū接 ngge 已然者字同一法 應他之字有多多 ede kai

de kai be kai 字 ……

ofi kai nio 亦可托－

或用整字 mbi 應－

縱還上意 rengge be－

者字不便他求者 整字破了接 ngge－(字法:21－23)

　　淸朝의 문법서에서 '－ngge'에 대하여 설명한 것을 살펴보면 속격어
미 'i, ni'와 결합되어 쓰이거나 '－ra, －ha'와 결합된 상태로 표현되어
있다. 이것은 '－ngge'가 단독으로 표현될 수 없다는 것을 입증해 주
는 것으로서 '－ngge의 의미도 이들과 결합된 상태로 설명되어 있다.
그리고 '－ngge'의 의미는 '所以字, 的字, 者字' 등으로 풀이되어 있는
데 이미 앞에서 살펴본 '사물'이나 '사람'과는 전혀 일치하지 않고 내
포문을 명사화하는 기능을 표현하는 의미와 일치한다.
　　지금까지의 논의를 통하여 다음과 같은 사실을 확인했다. 만주어
'－ngge'는 한국어 '것'과 통사, 의미상으로 유사한 특성을 지니고 있
으며 특히 '－ngge'가 명사화어미로서 기능을 수행하는 것처럼 한국어
의 '것'도 부분적으로 의존명사로서의 기능을 잃고 명사화를 수행하는
어미로 쓰이고 있다. 다만 이들 사이의 차이점이라고 하면 '것'은 자립
성을 다소나마 지니고 있는 의존명사로서 사용되는 경우가 있는 반면
'－ngge'는 자립성을 완전히 상실하고 어미로서 기능을 수행하며 분포
상으로는 '－ngge'가 '것'보다 널리 쓰인다는 점에서 차이가 날 뿐이다.

그러나 의존명사는 원래 실질형태소이던 것이 형식형태소로 바뀌어 가는 과정에 있는 중간 형태이므로 '-nggge'와 '것'의 차이는 변화 과정에서 나타나는 의존성의 정도 차이라고 할 수 있다.

5 인용화내포문

1) 인용화내포문의 통사적 특성

한국어 인용화내포문이 상위문에 명사구(NP)를 통하여 내포되느냐 아니면 동사구(VP)를 통하여 내포되느냐 하는 문제에 대해서는 다양한 논의가 전개되고 있다.[92] 만주어 인용화내포문의 경우에도 내포문과 상위문의 통사적 관계에 대해서는 동일한 문제를 제기할 수 있다. 특히 한국어와 만주어 인용화내포문은 그 구성 방식이 동일한 언어라고 할 수 있을 정도로 유사한 특성을 보여준다.

만주어 인용화내포문의 통사적 특성을 규명하기에 앞서 만주어 인용화내포문의 구성 양상을 검토해 보기로 한다. 만주어 인용화내포문의 구성상의 특성은 첫째, 중세한국어 인용화내포문처럼 직접인용문 간접인용문을 구분할 형태적 차이점이 존재하지 않으며,[93] 둘째, 상위

---

92) 남기심(1973)에서는 인용화내포문을 명사구내포문으로 처리하고 있으며, 이홍배(1970)와 양인석(1971)에서는 인용화내포문이 목적어로서 명사구 내포문이라고 하였다.

93) 중세한국어와 현대한국어 인용화내포문 사이의 가장 두드러진 차이점은 중세한국어 인용화내포문에는 인용화어미가 존재하지 않는 반면 현대한

문에는 한국어의 '하-'와 대응이 되는 'se-'가 필수적으로 쓰인다는
점이다.

만주어 인용화내포문을 구조상의 차이에 따라 분류하여 열거하면
다음과 같다.

(1) 가. gūwa niyalma sabuha de urunakū gemu "si men amba
　　　다른　사람　봄　에 반드시 모두 西 門 大
　　　guwan in tacihangge uttu fulu biheni?" seme gisurembi.
　　　官　人 공부한것 이리 우수하냐? 하고 말한다.
　　　(金甁56:16b)

　 나. si men king geli hendume "loo gio saikan　　 eje.
　　　西 門 慶 又 말하되 老 九 잘 기억하라.
　　　firgembuci ojorakū. amala urunakū enculeme karulambi."
　　　누설하면 안된다. 후에 · 반드시 달리하여 보답하겠다.
　　　seme hendufi(金甁6:4b)
　　　하고 말하고

　 다. dai an el jabume "looye puseli de tefi fu jacin
　　　代 安 兒 대답하되 老爺 가게 에 앉아서 傳 二
　　　ecikei emgi tucike dosika be bodombi." seme alaha.
　　　叔 함께 나가고 듬 을 헤아린다. 하고 아뢰었다.
　　　(金甁7:1b)

(2) 가. u yuwei niyang cen ging ji be "umesi nomhon
　　　吳 月 娘 陳 敬 濟 를 매우 순진한
　　　hojihon." seme tuwaha.(金甁18:15a)
　　　사위이다. 하고 보았다.

　　국어 인용화내포문은 인용화어미 '-고, -라고, -하고'와의 결합을 통
하여 상위문에 내포된다는 점이다.

나. tsai io tuwaci "handu bele sunja tanggū hule"
蔡 攸 보고서 나락 五 百 石
seme arahabi.(金甁18:4a)
하고 썼다.

다. u yuwei niyang terei fayangga tuheke gese
吳 月 娘 그의 정신 떨어진것 같은
arbun be sabufi "ainci jo el jiyei ufaraha
모습 을 보고 아마 卓 二 姐 죽은
turgun dere." seme gūnihabi.(金甁2:27b)
때문이리라. 하고 생각했다.

(3) 가. yamun i boo de dosifi fonjici "da duwan in boode
衙門 의 房 에 들어가서 물으니 大 官 人 房에
bi." sembi.(金甁54:4b)
있다. 한다.

나. si uthai turulefi "gūwa gemu sarkū. damu bi sambi."
너 즉시 나서서 다른이 모두 모른다. 다만 나 안다.
sehe.(金甁75:36b)
했다.

다. hashū ici ergi urse be hūlafi "sini sung looye i
좌 우 쪽 사람 을 불러서 너의 宋 老爺 의
takūraha niyalma be dosimbu." sehe manggi,
부린 사람 을 들게 하라. 한 후,
(金甁65:5b)

(4) 가. geli gūnime "ere ucuri jing menggun be baitalara
또 생각하여 이 즈음 항상 銀 을 사용할
erin taka baitalafi tere erin de isinaha manggi jai
때 잠시 사용하고 그 때 에 이르른 후 다시
bodoki." sefi genehei,(金甁6:4b)
헤아리자. 하고 가면서,

160

나. dolo　　gūnime "bi enenggi faršatai emu jergi yarkiyaki.
　　속으로　생각하여 나 오늘　용감히　한　번 유혹하자.
　　gūnin aššarakū　　jalin gelerakū." sefi emhun simen akū
　　생각 움직이지않는 때문 두렵지않다. 하고 홀로　　쓸쓸히
　　hida　i　fejile　ilifi,(金甁2:5a)
　　수렵 의 아래 서서,

다. bithe de araha gisun "jakūn biya de urunakū boode
　　글 에 쓴　말　 8 　月 에 반드시 房에
　　isinambi." sehebi.(金甁8:17a)
　　이르른다.　했다.

만주어 인용화내포문은 'seme(하고)'의 존재 유무에 따라 크게 두
종류로 구분된다.[94] 예문 (1)과 (2)는 내포문이 'seme'를 통하여 상위
문서술어에 내포되어 있는 반면 (3)과 (4)는 상위문서술어로서 'se-
(하-)'가 쓰이고 있는데 만주어 인용화내포문은 이들 두 유형을 제외
하고는 존재하지 않는다.

그리고 (1)과 (2)는 상위문서술어의 의미에 따라 구분이 된다. 예문
(1)은 상위문서술어가 'gisure-(말하다), hendu-(말하다), ala-(아
뢰다)' 등과 같은 종류들로서 인용문을 이루는 서술어들이다.[95] 예문
(2)는 상위문서술어가 'tuwa-(보다), ara-(쓰다), gūni-(생각하다)'
등과 같은 종류들로서 인용문을 이루는 서술어는 아니지만 인용문의
형식을 취하여 전체적으로 인용화내포문을 이루는 서술어들이다.

이상과 같은 분류 방법에 따라 인용화내포문의 상위문서술어를 분
류하여 열거하면 다음과 같다.

---

94) 'seme'의 통사, 의미 특성은 5.2장 인용화내포문어미 참조.
95) 인용문과 인용화내포문의 관계에 대해서는 2.2.3장 참조.

제1류:	afabumbi(명령하다)	alambi(아뢰다)
	basumbi(놀리다)	belembi(모함이다)
	donjimbi(듣다)	esukiyembi(소리치다)
	fonjimbi(묻다)	gasandumbi(불평하다)
	gebulembi(이름 부르다)	gisurembi(말하다)
	hendumbi(말하다)	hūlambi(소리치다)
	hūlandumbi(부르다)	jabumbi(대답하다)
	sibkimbi(추궁하다)	surembi(소리치다)
제2류:	arambi(쓰다)	erembi(희망하다)
	gūnimbi(생각하다)	tuwambi(보다)

이들은 모든 'seme'를 통하여 내포문과 통합관계를 유지하는 상위문
서술어이다.[96] 예문 (1, 2)와는 달리 예문 (3)과 (4)는 상위문서술어
로 'se-'만이 단독적으로 쓰이며 위에 열거한 형태들은 존재하지 않는
다. 그런데 상위문서술어로 쓰인 'se-'의 의미를 규정하기가 쉽지 않
다. 일반 사전류를 보면 羽田亨의 滿和辭典에서는 '語る, 話す, と云ふ'
등으로 설명하고 있으며 Jerry Norman의 A concise Manchu-English
Lexicon에서는 'to say, to call, to mean' 등으로 설명하고 있다. 그러
나 'se-'의 의미를 이러한 한정된 설명으로 모두 포괄할 수 없다. 예
문 (4)에서 'se-'는 '말하다'의 의미를 지니고 있다. 그러나 (5가)와
(5나)에서는 'se-'의 의미가 '생각하다'로 풀이되며 (5다)에서는 '쓰다'
의 의미로 풀이된다. 이와 같이 'se-'가 다양한 의미로 표현되는 'se-'
의 의미 특성에 대하여 기본 의미는 '말하다'이던 것이 다른 영역의
의미도 포괄하여 나타내게 되었는가, 아니면 'se-'가 위에 열거한 여
러 인용화내포문의 상위문서술어를 대신하는 대동사인가 하는 문제는

---

96) 'seme'는 한국어의 '-라고, 하고'에 대응되는 인용화어미이다. 자세한 논
　　의는 § 5.2.2 참조.

한국어의 '하-'에 대해서도 이미 제기되었던 문제로서 한국어 '하-'
와 만주어 'se-'가 공유하는 문제점이다.[97] 그런데 '하-'와 'se-'는
의미상으로 일대일 대응이 되므로 여기서는 일단 만주어 'se-'가 한국
어 '하-'에 대응한다고 하는 설명으로서 위에 제기된 문제의 결론을
대신하고자 한다.

만주어 인용화내포문의 가장 두드러진 특징이라고 한다면 앞에서
예를 든 것처럼 내포문이 모두 'se-'와 필수적으로 결합한다는 사실
이다. 이것은 중세한국어 인용화내포문이 '하-'와 결합하여 표현되는
것과 일치한다. 따라서 만주어 인용화내포문의 통사적 자격을 규명하
기 위해서는 내포문과 'se-'와의 관계를 규명하는 것이 필요하다.

그러면 먼저 'se-'와 상호 밀접한 관계를 이루고 있는 인용문서술
어 'gisure-, hendu-'와의 비교를 통하여 'se-'의 통사적 특성을 확
인해 보기로 한다.

(5) 가. si unenggi ere <u>gisun be gisurehe</u> biheo?(金甁72:30b)
    너   오늘   이   말   을   말했었냐?

나. bi aibide   ere <u>gisun be gisurehe</u>?(金甁73:14a)
    나 어디에서 이   말   을   말했냐?

(6) 가. sikse imbe udu <u>gisun hendure</u> jakade unenggi uthai
    어제 그를 여러   말   말할   적에   오늘   바로
    jilidame(金甁75:36a)
    화내며

---

97) 한국어 '하-'를 서정수(1975)에서는 대동사라고 하였으며, 남기심(1973)
에서는 형식동사(dummy verb)로, 그리고 김영희(1981)에서는 실질적
의미 기능을 띠고 있는 斷言敍述語라고 하였다. 한편 한국어 '하-'와 만
주어 'se-'의 음운론적 관계에 대해서는 김방한(1977) 참조.

　　나. bi <u>ninggucingge be henduhengge</u>　waka.(金甁76:4b)
　　　　나　여섯째　를　　말한것　　아니다.

(7) 가. amba niyalma ai <u>gisun serengge</u>?(金甁70:17b)
　　　　大　　人　무슨　말　하는것이냐?

　　나. ini angga uthai giyang birai mukei gese juwan
　　　　그의　입　바로　江　　河　水의　처럼　열

　　<u>gisun seme</u>　wajirakū.(金甁75:45a)
　　　말　하여　끝나지 않는다.

　　예문 (5)에서는 'gisure-(말하다)'의 목적어로서 'gisun(말)'이 대격어미 'be'와 함께 쓰이고 있다. 따라서 'gisure-'가 목적어를 요구하는 타동사임을 알 수 있다. 예문 (6)에서도 'hendu-(말하다)'가 'gisun'과 함께 쓰이고 있으며 특히 (6나)에서는 대격어미 'be'와 함께 쓰여 'hendu-'도 역시 타동사임을 알 수 있다. 그런데 예문 (7)에서처럼 'se-'도 '말하다'의 의미로 쓰일 때는 'gisun'과 함께 쓰인다. 따라서 'gisure-, hendu-'와 'se-'를 비교하면 'se-'를 타동사라고 할 수 있다.

　　'se-'가 'gisun'을 목적어로 하는 타동사라는 사실은 인용화내포문이 'gisun'에 의해 대치가 가능하다고 할 수 있기 때문에 명사화내포문일 가능성을 높여 준다. 이와 함께 다음 예문은 인용화내포문이 대격어미 'be'나 여격어미 'de'와 함께 'se-'에 내포되어 쓰임으로써 명사화내포문임을 입증해 준다.

(8) 가. udu eniye boode bisire <u>de</u> <u>seme</u> mini dolo
　　　　비록 어머니 집에 있음 에 해도 나의 속으로
　　　　cihakū ucuri(金甁34:29a)
　　　　원하지 않을 때

나. looye sini amasi julesi yabure <u>de</u> <u>seme</u> inu buya
老爺 너의 뒤로 앞으로 행함 에 하여 도 小
niyalma gisurere leolere ci guweci ombi(金甁38:7b)
人 말하고 論함 에서 피하면 된다.

(9) 가. fung mama sini helmen <u>be</u> <u>seme</u> oron saburakūngge
馮 媽媽 너의 그림자 를 해도 전혀 보이지않는것
ai oyonggo baita bifini?(金甁37:21a)
무슨 급한 일 있어서냐?

나. <u>imbe</u> <u>seme</u> inu fimeci ojorakū <u>simbe</u> <u>seme</u> geli
그를 하여 도 이끌면 되지 않는데 너를 하여 또
ainara?(虛指上:13)
어찌하느냐?

예문 (8)은 명사화내포문이 여격어미 'de'와 함께 '-se'에 내포되어
있으며 (9)에서는 명사화내포문이 대격어미 'be'와 함께 목적어로서
seme와 결합하고 있다. 내포된 문장이 인용화내포문은 아니지만 'se-'
가 격어미와 함께 쓰이고 있으며 특히 예문 (9)처럼 대격어미와 함께
목적어로 쓰이고 있다는 것은 상위문동사로서 'se-'가 명사구문을 내
포하는 형태라는 것을 알 수 있다. 만주어 인용화내포문의 가장 두드
러진 특성의 하나는 피인용문이 'se-' 동사를 통하여 상위문에 내포
된다는 점이다. 이러한 특성은 'se-'의 통사적 특성을 통하여 만주어
인용화내포문의 통사 특성을 확인할 수 있다는 것을 의미하며 이러한
사실에 기초하여 볼 때 만주어 인용화내포문은 명사구내포문임을 알
수 있다.

2) 인용화어미

중세한국어 인용화내포문에는 인용화어미가 존재하지 않는다. 그러나 현대한국어 인용화내포문에는 직접인용화어미 '-라고, 하고'와 간접인용화어미 '-고'가 있어서 인용화내포문을 상위문에 내포시키는 기능을 수행하고 있다. 그런데 인용화어미 '하고'를 '하-'와 '-고'로 분석하여 '하-'는 동사화 접미사로, '-고'는 연결어미로 설명하는 경우도 있다.

본 장에서는 '하고'가 기원적으로는 '하-'와 '-고'로 분석이 되지만 현대한국어에서는 인용화어미로 기능을 수행하는 형태임을 확인하고자 한다. 아울러 만주어 'seme'도 기원적으로는 'se-'와 '-me'로 분석이 되지만 '하고'와 마찬가지로 인용화내포문어미로서 기능을 수행하는 형태로서 'seme'와 '하고'가 동일한 특성을 갖는 인용화어미임을 밝히고자 한다.

중세한국어 인용화내포문에는 인용화어미가 존재하지 않는다. 따라서 내포문이 직접 상위문서술어와 결합하여 내포된다.

(10) 가. 댱가들며 셔방마조물 다 婚姻ᄒ다 ᄒᄂ니라.(釋詳6:16b)
　　나. 이쁴 아들둘히 아비 죽다 듣고……(月釋17:21a)
(11) 가. 사ᄅᆷ이 와 니로되 "믈갑시 요ᄉ이 죠흐니……믈은 열兩 ᄡᄃ"
　　　 ᄒ더라.(淸老1:11b)
　　나. 盟誓ᄒ샤디 "道理 일워아 도라오리라" ᄒ시고,(釋詳6:4b)

예문 (10)은 간접인용화내포문으로 보고 있으며 예문 (11)은 직접인용화내포문이라고 할 수 있다.[98] 그런데 이들 내포문과 상위문서술어 '하-'나 '듣-'과의 사이에는 인용화어미라고 할 만한 것이 존재하지 않는다. 따라서 현대한국어와는 달리 중세한국어에서는 형태적인 면에서 직접인용과 간접인용을 구분할 만한 표지가 없다.

그런데 현대한국어에서는 인용화어미 '고'와 '라고'에 의해 직접인용과 간접인용을 구분할 수 있다.

(12) 가. 철수가 빨리 먹고 싶다고 하면서 군침을 삼켰다.
　　　나. 어머니께서 놀기만 하고 공부는 언제 하느냐고 꾸중하셨다.
(13) 가. 철수가 아버지에게 "언제 도착하셨습니까" 라고 물었다.
　　　나. 아저씨가 "비가 올지라도 돌아 오겠다" 라고 말씀하셨다.
(14) 가. 선생님께서 "언제나 열심히 공부해라" 하고 말씀하셨다.
　　　나. 그가 나에게 "모든 사실이 밝혀졌습니까" 하고 물었다.

예문 (12)은 내포문이 인용화어미 '고'를 통해 상위문에 내포되는 직접인용화내포문이고 (13)과 (14)는 내포문이 인용화어미 '라고'와 '하고'를 통해 상위문에 내포되는 직접인용화내포문이다. 이처럼 현대한국어는 간접인용문과 직접인용문이 형태적으로 구분이 가능하다. 그리고 중세한국어에는 존재하지 않는 어미가 현대한국어에서는 널리 쓰이고 있다는 사실은 '고, 라고, 하고'가 중세한국어 이후에 형성된 형태임을 입증해 준다.

그런데 현대한국어 인용화어미 '하고'에 대하여 남기심(1973)에서는 '하고'를 인용화어미로 보지 않고 '하-(동사화 접미사)'와 '-고(연결어미)'로 분석하여 이들 문장을 '-고'에 의해 접속된 복문이라고 주장하였다. 그러나 김남길(1980)과 이상복(1983)에서는 '하고'를 '라고'와 같은 직접인용문을 이끄는 어미로 처리하고 있다. 본고에서는 '하고'를

---

98) 예문 (12)은 고영근(1981:64)에서 직접인용문으로 분류한 것이다.

인용화어미라고 하는 주장을 중심으로 만주어 'seme'의 특성과 비교해
보기로 한다.

만주어 인용문에서 한국어의 '하고'와 동일한 특성을 보여주는 형태
로 'seme'를 들 수 있다. 'seme'는 사용분포뿐만 아니라 기능면에 있어
서도 '하고'와 일치하는 점이 많다. 따라서 만주어 'seme'의 통사, 의미
특성을 밝히고 한국어 '하고'의 특성과 비교하는 것은 이들 두 형태의
특성을 이해하는 데 크게 도움이 될 것이다.

(15) 가. hehe   hendume "mini   sabu   wase   i   jergi   jaka   be
         그녀   말하되   내   구두   양말   의   等   물건을
         inu   tuwaki   sembio?"   seme   gisureme   bisire   de
         또   보고자   하느냐?   하고   말하며   있을   때
         (金甁7:20a)

    나. dai an el   jabume   "looye   puseli de   tefi   fu   jacin
        玳   安   兒   대답하되   老爺   가게   에   앉아서 傳   二
        ecikei emgi tucike dosika be bodombi." seme   alaha.
        叔   함께   나가고 들어옴 을   헤아린다. 하고   아뢰었다.
        (金甁7:1b)

    다. ho   gio   hendume   "an   age   bi   cimari   mejige   gajime
        何   九   말하되   "安   兒   나   내일   소식   가지러
        jidere."   seme   hendufi   wang   pu   i   emgi   genehe.
        오겠다."   하고   말하고   王   婆   의   함께   갔다.
        (金甁76:31a)

(16) 가. dolo   gūnime   "absi   emu   sain   emile   adarame
         속으로   생각하여 얼마나   한   좋은   雌   어찌
         bahara?"   seme   gūnire   de(金甁2:23a)
         얻겠느냐?   하고   생각할   때

나. wang pu be gūninafi "uttu tuttu oho de ere
    王   婆 를 생각하고 이리 저리 함 에 이
    baita be mutembidere, bi emu udu yan menggun
    일   을   할 수 있으리라.   나   한   여러   兩   銀
    tucifi baniha buci wajiha kai." seme bodofi
    내어서 감사   주면 마치니라.   하고 헤아리고
    (金瓶 2:23a)

다. u yuwei niyanang terei fayangga tuheke gese arbun
    吳 月   娘   그의   정신   떨어진것 같은 모습
    be sabufi "ainci ja el jiyei ufaraha turgun dere."
    을   보고   아마 卓 二 姐   죽은   때문이리라.
    seme   gūnihabi.(金瓶2:27b)
    하고   생각했다.

(17) 가. si men king šeo ben bithe be tuwaci tede
     西 門   慶   手   本   書   를   보니 거기에
     "ajige jalan wang tsai hengkileme dorolombi." seme
      小   生   王   家   절하여   예한다.   하고
     arahabi.(金瓶69:22a)
     썼다.

나. hafan wailan be takūrafi "gucu heo mang doroloho."
    委   吏   를 시켜서   친구 候 濛   인사했다.
    seme   fulgiyan hoošan de araha bithe be(金瓶76:13a)
    하고   붉은   종이   에 쓴   글   을

예문 (15~17)에서 인용문과 상위문서술어 사이에 쓰이고 있는 'seme'가 문장 내에서 수행하는 기능은 크게 두 가지로 생각해 볼 수 있다. 하나는 이들을 'se+me'로 분석하여 'se-'를 상위문서술어나 동사화 접미사로 보고 '-me'는 연결어미로 처리하는 것이며 다른 하나

는 'seme' 전체를 인용화내포문어미로 파악하는 것이다.

'seme'는 기원적으로는 'se+me'로 분석이 가능하다. 그러나 공시적으로는 seme를 'se-'와 '-me'로 분석하여 'se-'를 상위문서술어로 보면 다음과 같은 문제가 제기된다. 첫째는 이들의 의미 규정이 어렵다는 점이다. 앞에서 'se-'의 의미를 살펴보는 곳에서 언급한 바와 마찬가지로 'se-'가 표현하는 의미를 (15)의 예문에서는 '말하다', (16)에서는 '생각하다', (17)에서는 '쓰다' 등으로 다양하게 풀이할 수 있다. 그러나 이것은 뒤따르는 상위문서술어의 의미로부터 추정한 것에 불과하며 가령 이상과 같은 개별 의미를 지니고 있다고 해도 동일한 의미를 가진 서술어가 반복적으로 사용되는 이유를 설명할 수 없다.

둘째는 'se-'를 상위문서술어라고 했을 때는 'se-'와 뒤따르는 서술어 사이의 관계를 설정하기가 어렵다. 이들을 모두 상위문서술어라고 하면 이들의 주어와 관련된 기저구조의 설정에 어려움이 따른다. 즉 하나의 주어에 두 개의 서술어가 존재하게 되는 것이다.

셋째는 'se-'가 언제나 'seme'의 형태로서만 이늘 서술어와 함께 표현된다는 제약을 갖고 있다. 즉 연결어미 '-fi'나 '-ci'와 결합된 'sefi' 또는 'seci'의 형태가 배제되어 있다는 것이 이를 입증한다.

이상과 같은 근거로부터 'seme'를 'se+me'로 분석하여 'se-'에 상위문서술어의 자격을 부여하는 것이 적절하지 못하다는 것을 확인하였다.

그러면 'seme'가 하나의 형태소로서 인용화어미의 기능을 수행한다고 할 수 있는 근거가 있는지 여부를 확인해 보기로 한다.

(18) 가. mini ere boode hutu bifi ere sabu be gamaha.
　　　　내 이 房에 귀신 있어서 이 신발 을 가져갔다.
　　　 semeo?(金瓶 28:4 b)
　　　 하고냐

나. sini ere gisun i songkoi ohode li da jiyei ere tampin
　 네　이　말　대로　함에　李　大　姐　이　壺
be buyehe __semeo__?(金甁31:18b)
을　원했다　하고냐?

다. amargi booi nainai donjiha de nišalame tantarakū.
　 뒷　房의　奶奶　들음　에　두들겨　때리지않는다.
__semeo__?(金甁91:6b)
하고냐?

라. ere gese sure genggiyen of ten de isinjiha __semeo__?
　 이　같이　현명하고　총명해서　정상 에　이르렀다　하고냐?
(金甁 78:41b)

　이상의 예문에서처럼 'seme'는 의문첨사 'o'와 결합하여 쓰이고 있다. 그리고 이때 'seme'는 문장의 어말에서 인용화어미로서 기능을 수행하며 의문첨사 'o'와 함께 의문문을 형성하고 있지만 '-me'가 지니고 있는 연결어미로서의 기능은 전혀 나타나지 않는다. 따라서 이때의 'seme'는 'se+me'로 분석하여 의미를 파악하기보다는 전체로서의 의미를 파악하여야 하며 기능면에 있어서도 문장의 끝에서 사용된 인용화어미로 보아야 한다. 이것은 만주어 의문첨사 '-o'가 연결어미 '-me'와 결합하는 데는 제약이 따르지만 격어미나 내포문어미와의 결합은 자유롭다는 사실에 의해서도 입증된다. 즉 만주어에서는 의문첨사 '-o'가 격어미나 내포문어미와 함께 의문문을 형성하는 구조상의 특성이 있기 때문에 'seme'가 어미로서 의문첨사 'o'와 결합하였다고 하는 것은 만주어의 특성에 어긋나지 않는다.

　다음 예문은 격어미와 의문첨사 'o'의 통합관계를 보여준다.

(19) 가. kemuni ing el emgi yabure tere ju ma tse <u>be-o</u>?
　　　항상　　應　二　함께　다니는　그　祝　麻　子　냐?
　　　(金甁32:8b)

　　나. geren niyalmai dorgi falaci acarangge <u>we-be-o</u>?
　　　여러　　사람　가운데　처벌해야　하는것은　　누구냐?
　　　(啓蒙3:7)

(20) 가. fudze tere gurun de isinahade urunakū terei dasan
　　　夫子　그　　國　에　이르름에　반드시　그　　政
　　　be donjirengge bairedeo? eici <u>alara-de-o</u>?(啓蒙3:5)
　　　을　듣는 것　찾는것이냐?　혹　알리는 것이냐?

　　나. terei aisilabukū oho <u>turgun-de-o</u>?(字法:11)
　　　그의　　宰相　　됐기　때문이냐?

　예문 (19)에서는 대격어미 'be', (20)에서는 여격어미 'de'와 의문첨사 '-o'가 결합하여 쓰이고 있다. 그리고 이때 'beo'와 'deo'는 단순히 의문의 기능만을 수행하고 있다. 이에 대해 淸朝의 만주어 문법서에서는 다음과 같이 설명하고 있다.

　deo 麽字, 乎字, 歟字, 乃 de字作 疑問詞, 在字尾聯用 實解 兄弟之弟
　(啓蒙3:5)
　beo 麽字, 乎字, 歟字, 乃 be字作 質問疑詞(啓蒙3:7)
　變作 deo, beo 義帶麽(字法:11)

　여기에서도 'deo'와 'beo'에 대해 '麽, 乎, 歟' 등으로 풀이하여 의문의 기능만을 나타내고 있다.
　이상의 논의를 통하여 만주어에서는 격어미와 의문첨사 '-o'가 결합하여 쓰이는 구성상의 특성이 있음을 확인했다. 그리고 3.4장에서는 내포문어미 '-ra, -ha'가 의문첨사 '-o'와 결합하여 의문문을 형성하는 것을 확인했다. 따라서 'seme'도 내포문어미로서 의문첨사 '-o'와 결합하였다고 할 수 있다.

그리고 'seme'가 내포문어미로서의 기능을 수행하는 특성을 지니고 있다는 것은 만주어 문법서에서도 확인할 수 있다. 다음에 淸朝의 문법서에서 'seme'에 관해 언급한 것들을 열거하면 다음과 같다.

seme 說字, 雖說字, 雖然字, 揔然學在句中單用(啓蒙3:12)
seme 雖然 縱 乃駁上文之詞也 以爲等因 乃述上文之詞也(指要:13)
單用 seme 是等因等語 承上啓下爲過脉
上文結句連下用 中間過筆用 seme(虛指上:12)
seme 之意是說着 承上接下用處多(接字:23)
seme 之意講雖然 縱然之字也繙得 (指字:17)
seme 單用神活泛, 縱然, 就便與雖說
倒裝承上起下字 等因爲此爲說
雖有縱有, 卽便有 udu 下接 bihe seme
雖說, 縱說, 卽便說 udu 下接 sehe seme (字法:36~37)

'seme'에 대한 이상의 설명은 'se-'가 서술어로서 '말하다'의 의미로 쓰인 것들도 함께 설명하고 있지만 '承上接下'라든지 '上文結句連下用' 이라는 설명은 'seme'가 어미로 사용되고 있는 경우의 통사적 특성을 나타낸 것이며 '雖然, 爲此, 以爲' 등의 설명은 이때의 의미를 풀이한 것이라 할 수 있다.

이처럼 만주어 'seme'와 한국어 '하고'는 동일한 통사적 특성을 지니고서 내포문어미로 쓰인다. 뿐만 아니라 사용 분포에 있어서도 'seme' 와 '하고'는 일치하고 있다. 다음 예문은 이러한 분포상의 특성을 보여 준다.

(21) 가. <u>der seme</u> šeyen umesi bolgo obume hūbalafi bithe,

　　　 덜 하고 흰 매우 깨끗이 씻어 붙이고 書

　　　 nirugan, gi, tonio sindakabi.(金甁48:15a)

　　　 畵 琴 棋 놓았다.

　　 나. u i el <u>dereng darang seme</u> miyamifi tucifi

　　　 如 意 兒 덜렁 달랑 하고 화장하고 나와서

　　　 iniguwan i baru dorolofi,(金甁54:23b)

　　　 任醫官 에게 인사하고,

(22) 가. juwe galai tunggen be bilame milarabufi <u>car seme</u>

　　　 두 손으로 가슴 을 찢어 열게하고 찰 하고

　　　 emgeri asuki tucime,(金甁87:20a)

　　　 한번 소리 내며,

　　 나. gūnihakū gerhen mukiyeme emu jergi <u>luk seme</u>

　　　 갑자기 불 꺼지며 한 번 룩 하며

　　　 farhūn tulhusefi <u>šor seme</u> amgame deribuhe.

　　　 어두움 흐르고 솔 하며 비오기 시작했다.

　　　 (金甁83:3a)

(23) 가. 종소리가 '<u>딸랑 딸랑</u>' 하고 울렸다.

　　 나. 비가 '<u>주루룩 주루룩</u>' 하고 내린다.

만주어 의태어와 의성어는 위 예문 (21)과 (22)처럼 'seme'와 결합하여 문장 내에서 자신의 기능을 수행한다. 이것은 예문 (23)에서 한국어의 의성어, 의태어가 '하고'와 결합하여 상위문에 내포되는 것과 일치하는 구조상의 특성이다.[99]

또한 한국어에서 내포문 종결어미 뒤에 바로 '-고'가 연결되어 쓰이는 다음과 같은 문장들은 간접인용문으로 처리할 수 없는 것들로서

---

99) 남기심(1973:37~42)에서는 擬聲, 擬態語와 함께 쓰인 '하-'를 動詞化 接尾詞라고 하였다.

'-고'의 특성을 규명하는 데 논란이 되고 있다. 그러나 이러한 구성 형태는 만주어에서도 확인 가능한 문장구조로서 '-고'가 '하고'에서 '하-'가 탈락한 형태라는 것을 만주어 'seme'와의 비교를 통하여 확인할 수 있다.

(24) 가. 그는 비가 올지 모른다고 일찍 집에 들어 갔다.

나. 그는 비가 올지 모른다 <u>하고</u> 일찍 집에 들어 갔다.

(25) 가. 네가 말을 안했다고 내가 모르겠냐?

나. 네가 말을 안했다 <u>해도</u> 내가 모르겠냐?

(26) 가. 내가 우승을 하지 못했다고 모두들 나를 무시했다.

나. 내가 우승을 하지 못했다 <u>하고</u> 모두들 나를 무시했다.

이상의 예문은 서술형 종결어미 '-다'와 연결어미 '-고'가 직접 결합하여 쓰이는 예들로서 (24가, 25가, 26가)의 기저구조를 각각 (24나, 25나, 26나)로 상정할 수 있다. 그러나 이상과 같이 기저구조를 설정하는 것이 타당한지 여부는 확인된 바 없다.[100] 특히 (25나)에서는 '해도'라는 의미로 보았을 때 문맥상 자연스러운 문장이 된다.

지금까지 살펴본 한국어 '하고'의 특성들이 만주어 'seme'와 어떻게 대응되는지를 다음 예문을 중심으로 살펴보기로 한다. 그런데 동일한 문맥에서 만주어는 'seme'의 형태로 표현된다. 따라서 만주어와의 비교를 통해서 '-고'의 기저구조를 '하고'로 설정하는 것이 타당하다는 결론을 얻을 수 있다.

---

100) 남기심(1973:88, 89)에서는 "그는 공부한다고 집에 틀어 박혔다"는 문장을 유사절단 축약형으로서 완보문술부 구성으로부터 도출된 것이 아니라고 하였다. 그러나 "그는 공부한다 하고 집에 틀어 박혔다"와 같은 모의문의 축약일 수도 있다고 하면서 '-고'를 '하고'의 축약일 수 있음을 암시했다.

(27) 가. mentuhun haha mentuhun hehe <u>seme</u> saci ombi terei
　　　愚　　夫　　愚　　婦　해도　알수　있고　그
　　　ten de isinaci udu enduringge niyalma <u>seme</u> inu
　　　極 에 이르면 비록　　聖　　　人　　하여 도
　　　sarkū babi.(字法:36)
　　　모르는　바 있다.

나. enduringge niyalma dahūme tucike <u>seme</u> urunakū mini
　　　聖　　　人　　다시　났다　해도　반드시　내
　　　gisun be urušembi.(字法:36)
　　　말　을　옳다한다.

(28) 가. jirgeme tere de taciburakū oci gasha gurge de
　　　지저귀며　있을　때　가르치지　아니　하면　禽　　獸　에
　　　hanci ombi <u>seme</u> enduringge niyalma jobošombi.
　　　가까이　된다　하며　　聖　　　人　　걱정한다.
　　　(字法:36)

나. bi kemuni gašan niyalma ojoro ci ukcara unde.
　　　나　아직　鄕　　人　　됨　에서　벗어나지　못했다.
　　　<u>seme</u> ede jobošombi.(字法:36)
　　　하고　이에　시름한다.

다. ai gung šabisa be we tacire de amuran? <u>seme</u>
　　　哀　公　弟子들　을　누가　배움　에　즐기느냐?　하고
　　　fonjiha.(字法:36)
　　　물었다.

예문 (27)의 'seme'는 한국어의 '해도'에 대응되며 예문 (28)의 'seme'
는 '하고'에 대응이 된다. 이들은 위에 예를 든 淸朝의 만주어 문법서
에서 '雖而'와 '爲此'라고 했던 설명들과 일치하는 것으로서 만주어에서
는 'seme'를 이미 하나의 문법형태소로 처리하고 있음을 알 수 있다.

그런데 'seme'가 표현하는 것으로 보이는 양보의 의미는 (27가)에서
처럼 상위문의 'inu'나 'udu'에 의해 나타나는 것이며 실제의 의미는
한국어의 '하고'와 일치한다. 즉 '하고'와 '해도'의 의미는 문맥에 의해
결정되는 것으로서 'seme'의 의미를 '하고'로 단일화할 수 있다. 이것
은 한국어도 예문 (25)에서 동일한 특성을 확인할 수 있었던 것으로
한국어 '하고'와 만주어 'seme'가 대응되는 또 하나의 특성이라 할 수
있다.

지금까지의 논의를 통하여 한국어의 '하고'와 만주어 'seme'가 유사
한 분포상의 특성을 지닌 채 사용되며 기원적으로는 '하(상위문서술
어)+고(연결어미)'와 'se(상위문서술어)+me(연결어미)'로 분석이 가
능하지만 변화의 결과 하나의 형태소로 기능하면서 인용화라는 통사
적 기능을 수행하는 어미임을 확인했다.

3) 인용화내포문의 주어

한국어 인용화내포문에서는 내포문의 주어가 주격어미에 의해 표현
되는 경우와 대격어미에 의해 표현되는 경우가 있다. 따라서 주격형과
대격형 사이의 관계를 규명하는 데 있어서 논란이 되고 있는데 인용
화내포문의 주어와 관련된 이러한 특성은 만주어에서도 확인된다.

본 장에서는 한국어와 만주어 인용화내포문의 주어와 관련된 이상
과 같은 공통점을 확인하고 대격형의 기저구조를 설정함으로써 주격
형과 대격형 사이의 관계를 밝히고자 한다.

한국어의 인용화내포문은 내포문의 주어가 대격형을 취하는 경우와
주격형을 취하는 경우가 함께 존재한다. 다음 예문은 이러한 내포문주
어의 특성을 보여준다.

(29) 가. 철수는 <u>영희가</u> 이 사건의 중심인물이라고 생각했다.

나. 철수는 <u>영희를</u> 이 사건의 중심인물이라고 생각했다.

(30) 가. 나는 <u>김사장이</u> 회사의 부실에 책임이 있다고 말했다.

나. 나는 <u>김사장을</u> 회사의 부실에 책임이 있다고 말했다.

(31) 가. 나는 <u>그가</u> 문제 해결에 적당하다고 주장했다.

나. 나는 <u>그를</u> 문제 해결에 적당하다고 주장했다.

(29~31)의 예문에 나타나는 (가)와 (나)의 문장들은 구조적인 면에 있어서는 상호 차이가 있지만 의미면에 있어서는 밀접한 관계가 있다. 즉 예문 (29~31)의 내포문주어 '영희, 김사장, 그' 등이 (가)에서는 주격어미에 의해 표현되는 반면 (나)에서는 대격어미에 의해 표현되고 있다. 이처럼 '영희, 김사장, 그' 등은 내포문주어로 가능한다는 점에서는 일치하면서도 문장 구조면에서는 주격형과 대격형으로 달리 표현된다. 따라서 이들 문장이 상호 어떠한 관계에 있느냐 하는 문제와 대격어미에 의해 주어가 표현되는 이유에 대하여 논란이 되어 왔다. 그런데 변형론자와 비변형론자들은 다음 예문처럼 각각 다른 기저구조를 설정함으로써 이러한 문제를 설명하고 있다.

(32) 철수는 영희를 이 사건의 중심인물이라고 생각했다.

가. 철수는 영희를 (영희가 이 사건의 중심인물이다고) 생각했다.

나. 철수는 (영희가 이 사건의 중심인물이다고) 생각했다.

김남길(1985)에서는 문장 (32)의 기저구조로서 (32가)를 설정하여 '철수는 영희를 생각했다'라고 하는 문장에 '영희가 이 사건의 중심인물이다'라고 하는 문장이 내포된 것으로 보고 여기에서 동일명사구 '영희'를 삭제함으로써 (32)의 문장을 도출해 내고 있다. 따라서 (29가)와 (29나)가 각각 다른 기저구조를 갖고 있는 것으로 보고 있다. 이에 반하여 김영희(1982)에서는 문장 (32)의 기저구조로서 (32나)를 설정하고 여기에 주어올리기 또는 주어인상이라는 변형규칙을 적용하여 내포문의 주어가 상위문의 목적어로 인상되어 (32)의 문장이 도출된 것으로 설명하고 있다. 따라서 (29가)와 (29나)를 동일한 기저구조의 다른 변형으로 보고 있다.

본고에서는 비변형론의 입장에서 이들이 서로 관계가 없는 문장으로서 각각 다른 기저구조를 갖고 있는 것으로 보고자 한다. 그리고 만주어 인용화내포문에서도 주어가 주격형과 대격형으로 표현되는 특성이 있음을 확인하고 대격형의 기저구조를 규명해 보기로 한다.

만주어의 경우에도 한국어와 같이 인용화내포문의 주어가 주격형과 대격형으로 표현되는 통사적 특성이 있다. 다음 예문이 이러한 만주어의 특성을 보여준다.

(33) 가. bi　donjici　"ecike　ø　hiyan　juleri　tehe　emu
　　　　내　들으니　아저씨 (가)　縣　앞에　사는　한
　　　　uculere　hehe　be　ujihabi"　sere.(金甁2:6)
　　　　노래하는　남자　를　기르고있다　하더라.

　　나. i　uthai　"bi　ø　suweni　duici　nainai　kai."　sehe.
　　　　그　즉시　나 (는)　너희　넷째　奶奶　니라.　했다.
　　　　(金甁58:16a)

　　다. bi　"julergi　booi　amba gege ø　simbe　hūlambi"　seci,
　　　　나　앞　房의　大　姑娘 (이)　너를　부른다　하니,
　　　　(金甁75:17a)

(34) 가. geli　ainci　mimbe　"simbe　jafafi　gajime　muterakū."
　　　　또　혹시　나를　너를　잡아서　데려올　수 없다.
　　　　seme　bodohobio?(金甁58:13a)
　　　　하고　생각했냐?

나. looye ere-be "be lai guwang be dosimbuha." seme
老爺 이 를 白 來 光 을 들였다. 하고
jili banjihabi.(金甁35:21b)
화 냈다.

다. ajige niyalma be "ini ulin nadan be durifi gamaha."
小 人 을 그의 재산 을 훔쳐서 가졌다.
sembi.(金甁19:19a)
한다.

(35) 가. dehi cooha be "hobo juleri juwe ergi de faidafi
4 軍人 을 靈 앞에서 양 쪽 에 늘어서서
yabu." sehe.(金甁65:11a)
가라. 했다.

나. dai an wang ging be "bargiyame gaisu." sehe.
玳 安 王 經 을 걷어 갖어라. 했다.
(金甁65:6b)

다. ho ciyan hū uthai si men king be "ini boode
何 千 戶 즉시 西 門 慶 을 그의 房에
genefi nure omiki." seme solire de,(金甁71:1b)
가서 술 마시자. 하고 초대함 에,

만주어의 경우에도 내포문의 주어가 대격형이나 주격형으로 표현되
고 있음은 위 예문들을 통하여 확인할 수 있다. 예문 (33)에서는
'ecike(아저씨), bi(나), amba gege(大姑娘)'이 각각 'ø' 형태소의 주격
어미와 결합하여 주어의 기능을 수행하고 있다. 이에 반하여 예문
(34)에서는 'bi(나), ere(이), ajige niyalma(小人)'이 각각 대격어미
'be'와 결합하여 주어의 기능을 수행하고 있다. 그리고 예문 (35)에서
도 'dehi cooha(4 軍人), wang ging(王經), si men king(西門慶)'이
각각 대격어미 'be'와 함께 주어의 기능을 수행하고 있다.

이처럼 내포문의 주어가 주격형과 대격형으로 표현되는 현상을 설명하기 위해서는 한국어에서처럼 대격형의 기저구조를 두 가지 방법으로 설정해 볼 수 있다. 즉 기저에서는 주어이던 것이 주어올리기라는 변형을 거쳐 상위문의 주어로 인상되었거나 아니면 이들이 기저에서부터 상위문에 존재하였고 다만 하위문의 주어가 동일명사구 삭제라는 방법에 의해 삭제되었다고 하는 두 가지 기저구조가 설정될 수 있다. 예를 들면 예문 (34나)의 기저구조로서 다음과 같은 두 가지 기저구조가 제시될 수 있다.

> (36) 가. looye　ere-be　"be　lai　guwang　be　dosimbuha"　seme
> 　　　　老爺　이 를　白　來　光　을　들였다　하고
> 　　　　jili　banjihabi.(金甁35:21b)
> 　　　　화　냈다.
> 　　나. looye　(ere　ø　be　lai　guwang　be　dosimbuha.)　seme
> 　　　　老爺　이 (가)　白　來　光　을　들였다　하고
> 　　　　jili　banjihabi.
> 　　　　화　냈다.
> 　　다. looye　ere-be　(ere　ø　be　lai　guwang　be　dosimbuha)
> 　　　　老爺　이 를　이 (가)　白　來　光　을　들였다.
> 　　　　seme　jili　banjihabi.
> 　　　　하고　화　냈다.

(36나)를 기저구조로 설정한 입장에서는 내포문의 주어 'ere(이)'가 'ø' 형태소의 주격어미와 결합하여 쓰이고 있는 형태로서 'ere(이)'가 주어올리기라는 변형규칙에 의해 상위문의 목적어로 인상되어 (36가)와 같은 문장이 된 것으로 보고 있다. 그리고 (36다)를 기저구조로 설정한 입장에서는 'ere(이)'가 기저에서 상위문 목적어와 내포문의 주

어로 각각 달리 표현되어 있던 것이 동일명사구삭제에 의해 내포문의 주어 'ere(이)'가 삭제되어 (36가)의 문장이 도출된 것으로 보고 있다.

만주어 인용화내포문에는 동일한 형태가 하위문의 주어와 상위문의 목적어로 함께 표현되는 문장들이 있다. 이들 문장은 만주어에서는 대격형이 기저구조에서부터 존재한다고 주장할 수 있는 근거가 된다.

(37) 가. enenggi   mini   sargan   mimbe   "si   beye   joboho manggi
　　　　오늘   나의   부인   나를   너   몸   피곤하니
　　　　amgafi   ilicina."   sehe bihe.(金甁67:4b)
　　　　자고   일어나려무나.   했었다.
　　나. geli li ming be "si ebsi jio" seme hūlafi.(金甁65:3a)
　　　　또   李 銘   을   너 이리 오라 하고 부르고,

예문 (37가)에는 내포문의 주어라고 할 수 있는 것이 내포문에는 2인칭 'si'의 형태로 존재하고 있으며 상위문에는 1인칭 대명사 'mimbe'의 형태로 존재하고 있다. 또한 (37나)에는 내포문의 주어라 할 수 있는 것이 내포문에는 2인칭 대명사 'si'의 형태로 존재하며 상위문에는 'li ming'이 대격어미 'be'와 결합하여 존재하고 있다. 따라서 내포문의 주어가 상위문의 목적어로 引上되었다고 하는 설명이 이상의 예문에 관한한 적용될 수 없다. 만약 주어가 상위문으로 인상되었다고 한다면 내포문에는 주어가 존재할 수 없기 때문이다.

상위문에 대격형으로 표현된 것들을 내포문의 주어와 전혀 무관한 것으로 취급하여 이들 문장이 아직 주어올리기가 적용되지 않은 상태이고 대격형은 대화의 상대를 지칭하는 것으로 쓰였다고 주장할 수도 있다. 다시 말하면 이때의 대격어미 'be'를 한국어의 '에게, 한테' 등에 대응하는 것으로 볼 수 있다. 그러나 다음 예문에서처럼 만주어에서는

182

한국어의 '에게, 한테' 등에 대응하는 것으로 'de'와 'i baru'가 쓰이고
있기 때문에 이러한 주장은 설득력이 없다.

(38) 가. si men king uthai <u>lai an i baru</u> "si hūntahan be
　　　　 西 門 慶 즉시 來 安 에게 너 잔 을
　　　　 sindafi wang ging be gana." sefi,
　　　　 놓고 王 經 을 데려오너라. 하고서,
　　　　 (金甁67:43b)

　　 나. ajige <u>haha juse-i baru</u> "suwe kumuni ahūra be
　　　　 작은 소년들 에게 너희 樂 器 를
　　　　 gaju. emu lo yang hūwa liyang yuwan yuwei
　　　　 가져와라. 한 洛 湯 花 梁 園 月
　　　　 sere ucun uculefi minde donjibu." sehe.(金甁65:36a)
　　　　 하는 노래 불러서 나에게 들려주라 했다.

　　 다. i <u>mini baru</u> "muse boode jabdurakū, inenggi halafi
　　　　 그 나 에게 우리 房에 여가 없어서 날 바꾸어서
　　　　 ice ninggun de ging hūlambi." se manggi(金甁68:5a)
　　　　 初 엿새 에 經 읽는다. 한 후

(39) 가. bi <u>inde</u> "terei baru henduheo? akūn?" seme fonjire de
　　　　 나 그에게 그 에게 말했냐? 안했냐? 하고 물을 때
　　　　 (金甁67:46a)

　　 나. ini taigiyan dahūn dahūn i <u>minde</u> "yaya baita de
　　　　 그의 大監 반복해서 나에게 모든 일 에
　　　　 terebe tuwašata. tacihiya." seme baiha bihe.
　　　　 그를 돌보라. 가르쳐라. 하고 요청했었다.
　　　　 (金甁72:10b)

　　 다. amba eniye <u>el ye de</u> "baniha. saha." seme ala
　　　　 大 娘 二 爺 에게 감사하다. 알았다. 하고 아뢰라.
　　　　 (金甁 72:43 a)

(40) amba hehe nakcu ilan sefu-i baru sunjaci eniye be
      大   姙子   三   敎師 에게   五   娘   을
   "cun mei be dorakū tacibufi šen el jiyei be
    春   梅   를   잘못   가르쳐서 申   二   姐   를
   derakūlame   tooha"   seme   henduhe.(金甁75:35b)
   모욕하고   꾸짖었다   하고   말했다.

만주어에서는 발화의 상대를 표현하는 데 있어서 한국어의 '에게, 한테' 등에 대응하는 것으로 'i baru'와 'de'가 쓰인다. 'i baru'는 속격어미 'i'와 후치사 'baru'의 결합형으로서 예문 (38가, 39나)에서는 'lai an(來安), haha juse(소년들)'이 속격어미 'i'를 통하여 'baru'와 결합하고 있으며 (38다)에서는 1인칭 속격형 'mini'가 'baru'와 결합하여 발화의 상대를 표현하고 있다. 그리고 (39가)에서는 3인칭 여격형 'inde'가, (39나)에서는 1인칭 여격형 'minde'가, 그리고 (39다)에서는 'el ye'가 여격어미 'de'와 결합하여 쓰이고 있다.

한편 'i baru'나 'de'와 함께 대격어미 'be'도 발화의 상대자, 즉 청자를 나타내는 데 쓰인다고 할 수 있을지 모른다. 그러나 예문 (40)에서 'i baru'와 'be'가 함께 쓰며 'i baru'는 청자를 나타내고 'be'는 상위문 서술어의 목적으로 기능을 수행하고 있다는 것은 대격어미 'be'가 청자를 표현하는 데 쓰이는 것이 아님을 입증하는 것이 된다.

이상의 사실로 미루어 볼 때 만주어 인용화내포문에서는 기저구조에서부터 주격형과 대격형이 공존하고 있다는 것을 알 수 있다. 그리고 이들이 주격형과 대격형으로 달리 표현되는 것은 동일명사구가 삭제되는 과정에서 구분된다고 할 수 있다. 이처럼 인용화내포문의 주어가 대격어미에 의해 표현되는 특성과 관련하여 이들이 어떠한 환경에서 대격형으로 표현되느냐 하는 문제도 논의의 대상이 되고 있다.

(41) 가. 나는 김장군이 애국자라고 믿었었다.

　　 나. 나는 김장군을 애국자라고 믿었었다.

(42) 가. 그는 저 선반에 있는 자기가 고려자기라고 말했다.

　　 나. 그는 저 선반에 있는 자기를 고려자기라고 말했다.

(43) 가. 우리는 모두 그 사람이 성실하다고 생각했다.

　　 나. 우리는 모두 그 사람을 성실하다고 생각했다.

(44) 가. 그는 철수가 영호보다 우수하다고 보고했다.

　　 나. 그는 철수를 영호보다 우수하다고 보고했다.

(45) 가. 영호는 철수가 죽었다고 생각했다.

　　 나. 영호는 철수를 죽었다고 생각했다.

(46) 가. 그는 내가 늙었다고 생각했다.

　　 나. 그는 나를 늙었다고 생각했다.

　남기심(1973)에서는 주어 상승이 허용되는 조건은 내포문 서술어가 외적인 지속 상태이어야 할 것을 필요로 한다고 하면서 이러한 조건을 충족시키는 것으로 예문 (41, 42)처럼 내포문 서술어가 명사거나 예문 (43, 44)처럼 느낌 형용사를 제외한 형용사거나 (45, 46)처럼 '죽었다, 늙었다, 못났다' 등과 같이 상태를 기술한다는 점에서 형용사적이라 할 수 있는 동사들만이 주어올리기의 적용을 받을 수 있다고 하였다.

　만주어 인용화내포문에서는 주어올리기라는 통사적 절차를 인정하지 않고 기저구조에서부터 대격형이 존재하는 것으로 보기 때문에 대격형으로 실현되는 조건이 규명되어야 한다. 그런데 만주어에서는 한국어와 달리 대격형이 내포문 서술어의 종류에 관계없이 다양하게 나타나고 있다.

(47) 가. si　men　king　be　"ilhai　yafan　i　bithei　boode　bi"
　　　西　門　慶　을　花　園　의　書　房에　있다

sembi.(金甁34:25 a)

한다.

나. mimbe "wesihun fusihūn be sarkū <u>jaka</u>" seme tooha.
　　나를　　貴　　賤　　을 모르는 녀석　하고 꾸짖었다.
　　(金甁 18:19 b)

다. looye be "ere be jetere de <u>amuran</u>" seme cohome
　　老爺 을　이 를 먹음 에　좋다　　하고　특히
　　hiyooŝulame　benjihe.(金甁67:11b)
　　효도하여　　보냈다.

(48) 가. damu mimbe "ere emu cuse be ging bithe hūlara
　　　다만　나를　이　한　비단 을　經　書　읽는
　　　basa obume <u>buhe</u>" seme ala.(金甁62:20a)
　　　댓가 삼아 주었다　하고 아뢰라.

　　나. mimbe "niyalma de gucu arame <u>tehebi</u>" seme hendu.
　　　나를　사람 에게 친구 삼아 앉아있다 하고 말해라.
　　　(金甁 67:14a)

　　다. eiigen be "ini gisun be <u>gaimbi</u>" seme gūnin be
　　　主人 을 그의 말 을 취했다　하고 생각 을
　　　bahafi.(金甁18:21b)
　　　하고서.

만주어에서도 한국어에서 인용화내포문의 주어가 대격어미에 의해
표현되는 조건으로 제시된 서술어에서는 예외 없이 내포문의 주어가
대격어미와 결합하여 나타난다. 예문 (47가)에서는 'bi(있다)'가, (47
나)에서는 명사 'jaka(녀석)'이, 그리고 (47다)에서는 'sain(좋다)'이라
는 형용사가 내포문의 서술어로 쓰이고 있다. 그리고 이들 내포문의 주
어는 모두 대격어미 'be'에 의해 표현되어 한국어와 일치한다. 그런데
예문 (48)의 내포문 서술어 'bu-(주다), te-(앉다), gai-(갖다)' 등

은 한국어에서라면 주어가 대격형으로 표현될 수 없는 서술어지만 만
주어에서는 모두 대격형으로 표현되어 있다. 따라서 한국어에서 제시
된 조건은 만주어의 경우 전혀 인정할 수 없는 조건이라 할 수 있다.

 그러면 만주어에서는 어떠한 환경 아래에서 내포문주어의 대격형이
나타나는가 하는 문제가 제기될 수 있다. 이와 관련하여 본고에서는
구체적인 설명을 제시할 수 없다. 그러나 내포문의 주어가 주어올리기
라는 통사적 절차에 의해 상위문의 목적어로 인상되는 것이 아니라
기저구조에서부터 이러한 대격형이 존재하고 있으며 또한 한국어와
비교할 때 만주어에서는 내포문 서술어의 종류에 관계없이 인용화내
포문에서는 광범위하게 표현되고 있다는 사실로부터 미루어 볼 때 대
격형으로 표현되는 조건은 내포문 서술어와는 관계가 없다.

 지금까지의 논의를 통하여 인용화내포문의 주어가 주격어미에 의해
표현되는 경우와 대격어미에 의해 표현되는 경우가 있음을 확인했다.
그리고 대격형은 기저구조에서부터 존재하는 것으로서 내포문의 주어
가 삭제된 결과 주어의 기능을 수행하게 되었다는 것을 규명하였다.
이처럼 기저구조를 설정하는 것은 관형화내포문과 명사화내포문의 주
어가 속격형으로 표현되는 경우에 있어서의 기저구조 설정 문제와 동
일한 원칙에 의거한 것이다.[101] 한편 이상과 같은 인용화내포문 주어
와 관련된 특성은 한국어와 만주어의 공통된 특성의 하나이다.

4) 인용화내포문 종결어미

 한국어 인용화내포문의 피인용문에 쓰이던 종결어미 가운데 일부는

---

101) 관형화내포문 주어의 속격형에 대해서는 § 3.2를 참조하고 명사화내포문
  주어의 속격형에 대해서는 § 4.3 참조.

상위문서술어 '하-'와 밀접한 관계를 유지하며 사용된 결과 기존의 의미나 기능을 잃고 관용구로 쓰이거나 연결어미로 기능을 하고 있는 형태들이 있다.

의도형어미 '-고자'와 의구형어미 '-ㄹ까'가 바로 대표적인 형태들로서 이들 형태의 의미와 통사적 특성을 살펴보고 동일한 특성을 지니고 있는 만주어 '-ki', '-rahū'와 비교하여 이들이 기원적으로 인용화내포문의 종결어미임을 밝히고자 한다. 그리고 이들 구조가 간접인용문과 직접인용문으로서는 어떠한 대응관계에 있었는지를 밝히고자 한다.

현대한국어의 인용화내포문에서 간접인용문과 직접인용문 사이의 가장 두드러진 차이점의 하나는 종결어미의 표현 양상에서 나타난다. 본 장에서는 한국어와 만주어 인용화내포문의 종결어미가 지니는 특성을 규명해 보고자 한다.

(49) 가. 철수는 어머님께 "학교에 다녀 <u>오겠습니다</u>"라고 말했다.
　　　나. 철수는 어머님께 학교에 다녀 <u>오겠다</u>고 말했다.
(50) 가. 나는 그에게 "가장 큰 어려움이 <u>무엇입니까</u>"라고 물었다.
　　　나. 나는 그에게 가장 큰 어려움이 <u>무엇이냐</u>고 물었다.
(51) 가. 그가 나에게 "함께 문제를 해결해 <u>봅시다</u>"라고 하였다.
　　　나. 그가 나에게 함께 문제를 해결해 <u>보자</u>고 하였다.
(52) 가. 선생님께서 나에게 "문제를 풀어 <u>보세요</u>"라고 명령했다.
　　　나. 선생님께서 나에게 문제를 풀어 <u>보라</u>고 명령했다.

위 예문 (49~52)에서 (가)는 직접인용을, (나)는 간접인용을 나타낸다. 그런데 이들은 모두 직접인용에서 종결어미가 나타내는 다양한 성격의 존대의 등분이 간접인용에서는 중화되어 일정한 형태의 대표적 종결어미로 대치되어 있다. (49)에서는 서술형 종결어미 '-ㅂ니다'가

'-다'로, (50)에서는 의문형 종결어미 '-ㅂ니까'가 '-냐'로, (51)에서
는 청유형 종결어미 '-ㅂ시다'가 '-자'로, 그리고 (52)에서는 명령형
종결어미 '-세요'가 '-라'로 대치되어 있다. 이처럼 한국어의 간접인
용문에서는 직접인용문의 종결어미가 일정한 하나의 종결어미로 중화
하여 표현되는 특징이 있다.

직접인용문의 종결어미가 간접인용문에서 중화되는 양상을 열거하
면 다음과 같다.[102]

○ 서술형일 때: [-ㅂ니다, -(ㄴ)다, -오, -구나, -지]→[-다/라]
○ 의문형일 때: [-ㅂ니까, -느냐, -아(요), -나요]→[-냐]
○ 명령형일 때: [-(으)라, -ㅂ시다, -자, -세, -지]→[-자]
○ 청유형일 때: [-자, -십시오, -아라, -게, -구려]→[-라]

한국어의 직접인용문에서는 다양한 형태로 표현되는 종결어미가 간
접인용문에서는 위에 열거한 4가지 형태로만 표현된다. 그리고 이러한
사실을 근거로 한국어의 종결형은 4가지 유형으로 한정된다는 주장도
제기되고 있다.[103]

그런데 만주어의 경우에는 이러한 중화현상이 없다. 만주어의 종결
어미를 열거하면 다음과 같다.

○ 서술형: -ha(완료형) '-*은'
　　　　 : -mbi, -ra(미완료형), '-*을'

---

102) 직접인용문 종결어미가 간접인용문에서 중화되는 양상에 대한 자세한 논
　　 의는 이상복(1983) 참조.
103) 직접인용과 간접인용의 상호관계에 대해서는 이홍배(1971), 장석진(1973),
　　 남기심(1973), 고영근(1976) 참조.

○ 의문형: −o '−냐'
　　　　: −rahū(의구형) '−ㄹ라'
○ 명령형: ø '−라'
　　　　: −cina(청원형) '−려므나'
　　　　: −rao(존칭형) '−시오'
○ 의도형: −ki(1, 2인칭) '−자'
　　　　: −kini(2, 3인칭) '−게 하자'

　만주어의 종결어미는 한국어와 달리 존대의 등급에 따른 다양한 양상을 보여주지 못하고 위의 예처럼 단일한 형태로 쓰이고 있다. 따라서 만주어에서는 한국어와 같은 직접인용문과 간접인용문 사이의 중화현상을 기대할 수 없다.

(1) 의도형어미

　한국어에는 '하−'와 결합하여 관용구화한 특수한 형태의 어미들이 있다. 특히 의도형 어미로 설명되고 있는 '−고자'는 오래전부터 형태, 통사적 특성과 의미 특성에 대하여 논란이 되어 왔다. 그러면 '−고자'가 사용되는 예문을 통하여 어떠한 특성을 지니고 있는지 확인해 보기로 한다.

　(53) 가. 나는 오늘 중으로 그 일을 끝내고자 한다.
　　　　나. 어머니는 언제나 고향으로 돌아 가고자 한다.
　　　　다. 나는 진실을 규명하는 것을 목표로 삼고자 한다.

　위 예문에 나타나는 '−고자'의 의미에 대하여 최현배(1980:321)에서는 뜻함꼴(의도형) 접속법어미로서 어떠한 움직임을 하려 하는 뜻을

나타내는 이름이라고 정의하였다. 그리고 허웅(1975:595)에서는 '희망'
의 의미를 나타내는 것으로, 이숭녕(1981:262)에서는 의욕법어미로, 권
재일(1985:49)에서는 목적 관계의 종속접속문 어미로 보고 있다. 이상
의 논의들을 요약하면 '-고자'가 표현하는 의미는 주어의 '의도, 목적'
등을 나타내며 통사적으로는 연결어미로 기능한다고 할 수 있다.

  기원적으로 '-고자'가 어떻게 형태소 분석이 되는지에 대해서도 논
란이 되고 있다. 최현배(1980:321)에서는 '-고자'에 대해 "어원적으로
보면 '고자, 고저'는 어찌꼴 '-고'와 '잡아'의 약(略)인 '자'나 '접어'의
약인 '저', '지어'의 약인 '저'가 더하여서 된 것이다"라고 설명하고 있
다. 그리고 서태룡(1982)은 '-고자'가 중세한국어의 '-고져'로부터 변
한 것이므로 '-고져'는 내포의 통사 기능을 하는 부동사 '-고'와, 의
도·목적형의미를 갖는 보조동사 '지', 그리고 완료의 의미를 갖는 부동
사어미 '-아'로 형태소 분석이 가능하다고 주장하였다.

  그러나 이러한 논의는 다음과 같은 예문에 대한 설명에 있어서 문
제가 된다.[104]

(54) 가. 두문동(杜門洞)으로 <u>가자면</u> 이리로 갑니까?
     나. 죽자 하니 청춘이요, 살자하니 고생이라.
     다. 열둘로 <u>보자</u> 하니, 소리가 하나이요, 하나로 <u>듣자</u> 하니, 경개 아
        니 영 둘인가?

이상의 예문에 나타난 것처럼 '-고자'에서 '-고-'가 생략된 채 '-자'
가 단독으로 쓰여 동일한 의미 기능을 수행하고 있다. 이러한 사실은
'-고자'가 '-고-'와 '-자'로 분석이 가능하다는 것을 의미하며 또한
'-고-'가 없는 상태에서도 '-자'에 의해 동일한 의미를 표현할 수

───────────────

104) 예문은 최현배(1980:322) 참조.

있다는 것은 '-고-'가 없어도 무관한 형태소임을 의미한다. 그런데 만약 이때의 '-고-'를 앞에서 주장한 것처럼 연결어미로서 기능을 수행한다고 하면 생략의 가능성은 기대할 수 없다. 왜냐하면 한국어에서 연결어미 '-고-'가 생략된 상태로 보조동사와 결합하는 경우란 없기 때문이다. 따라서 '-고자'가 '-고-'와 '-자'로 분석이 가능하다면 '-고'에 대한 설명은 연결어미가 아닌 다른 의미 특성을 갖는 형태소로 설명되어야 할 것이다. 또한 '고자'가 중세한국어 '고져'로부터 변화한 것이기 때문에 보조동사 '지-'와 연결어미 '-어'로 형태소 분석이 가능하다고 하는 주장도 다음과 같이 동일한 형태로 표현되는 중세한국어 청유형어미의 존재 때문에 문제가 된다.[105]

(55) 가. 이 劫 일후므란 賢劫이라 ᄒᆞ져.(月1:40)

　　　나. 은(銀) 가져오라 보져.(初朴上:54)

　　　다. ᄒᆞᆫ 녀긔 다숫식 분(分) ᄒᆞ여서 쓰져.(初朴上:3)

위 예문에서처럼 중세한국어 청유형어미는 '-져'의 형태로 표현된다. 따라서 '고져'의 '-져'를 '지+어'로 분석한다면 청유형어미 '져'도 '-지+어'로 분석되어야 한다. 물론 이들 사이에는 형태상의 유사성 이외에는 의미상으로 직접적인 관계가 없는 듯이 보이기 때문에 이들을 형태상의 동일성만을 갖는 전혀 별개의 형태소라고 할 수 있다. 그러나 논의가 진행됨으로써 밝혀지겠지만 본고에서는 '-고자'를 '-고-'와 '-자'로 분석하여 '-고-'는 중세한국어에 나타나는 의욕법어미로 처리하고, '-자'는 청유형어미로 보기 때문에 이들 사이의 형태적 일치는 중요한 의미를 갖는다.

---

105) 예문은 이숭녕(1981:262) 참조.

그러면 '-고자'가 '-고-'와 '-자'로 분석될 때 '-고-'가 화자의 '의도를 나타내는 의욕법의 선어말어미라는 것을 중세한국어에서 사용된 예문들을 통하여 확인해 보기로 한다.

(56) 가. 즉재 利예 **나곤** ᄒᆞᄆᆞᆯ며 다ᄉᆞᆺ 功이 ᄀᆞᄌᆞ며 ᄯᅩ 正憶念이ᅘᅪ녀. (法7:176)

　　 나. 世尊하 摩耶夫人이 엇던 業을 **지으시곤대** 畜生中에 나시니잇고, (釋11:40)

　　 다. 生生애 내 願을 일티 아니케 **ᄒᆞ고라**.(月1:13 'ᄒᆞ고라＝해다오')

　　 라. 부톄 ᄲᅡ혀시과뎌 願ᄒᆞᄂᆞ니,(楞2:22)

　　 마. 엇던 行願을 **지으시관ᄃᆡ** 이 相ᄋᆞᆯ 得ᄒᆞ시니잇고(月11:18)

　　 바. 一切衆生이 다 **버서나과ᄃᆡ여** 願ᄒᆞ노이다.(釋11:3)

(57) 가. ᄒᆞ다가 有情이 주으려 밥 **얻고져** ᄒᆞ야.(月8:25)

　　 나. 病혼 사ᄅᆞ미 病을 **여희오져** ᄒᆞ거든.(釋九9:32)

예문 (56)에 쓰인 어미 '-곤, -곤대, -고라, -과뎌, -관ᄃᆡ, -과ᄃᆡ여'에서 공통적으로 추출되는 '-고'와, 예문 (57)의 '-고져'와 '-오져'의 '-고/오-'를 이숭녕(1981:316∼318)에서는 의도법어미 '-오/우-'와 동계의 것으로 보고 있으며 강조, 욕망, 의욕, 표시, 명령, 의혹…… 등 다각적인 화자의 의도를 표시하는 의욕법어미로서 어간과의 연결에는 예외가 많아 15세기에 이미 혼란된 상태에 있었다고 하였다. 따라서 중세한국어에서는 의욕법어미 '-고/오-'가 불완전한 상태에서나마 쓰이다가 현대한국어에 와서는 그 의미를 상실한 채 전혀 쓰이지 않게 되고 다만 '-자'와 결합한 '-고자'의 형태에서만 그 흔적을 남기고 있다고 할 수 있다.

'-고자'를 '-고-'와 '-자'로 분석하여 '-고-'를 중세한국어의 의욕법어미로 볼 때 남는 문제는 '-자'의 성격이 무엇인가 하는 점이다.

본고에서는 이때의 '-자'를 청유형어미 '-자'와 동일한 것으로 본다. 그런데 이러한 주장이 갖는 가장 큰 문제점은 '-고자'가 나타내는 '의도'의 의미와 '-자'가 나타내는 '청유'의 의미 사이의 관계 설정이 쉽지 않다는 문제점이 있지만 이들 사이에 의미상의 연관성이 전혀 없는 것은 아니다.

다음 예문을 통하여 한국어 청유형어미 '-자'의 의미를 검토해 보기로 한다.

(58) 가. 우리 빨리 일을 끝내자.
　　　 나. 철수야 나와 같이 가자.
　　　 다. 산에서 쓰레기를 버리지 말자.
　　　 라. 한 사람도 빠짐없이 선거에 참여하자.

위 예문에서 '-자'는 화자가 상대방에게 같이 행동하기를 권유하는데 쓰이고 있다. 예문 (58가, 나)는 화자가 제한된 대상에게 제안을 하고 있으며 (58다, 라)에서는 화자가 다수의 사람들에게 공개적으로 같이 행동할 것을 권유하고 있다. 그런데 이러한 제안의 의미로 쓰이지 않은 특수한 용례도 있다.[106]

(59) 가. 네가 한 행동에 대하여 너의 변명을 들어보자.
　　　 나. 같이 앉으면 불편하겠지만 나도 좀 끼어 앉자.
　　　 다. 이번 시험에서는 어떠한 일이 있어도 합격하자.
　　　 라. 내일은 무슨 일이 있더라도 고향을 향해 출발하자.

예문 (59가, 나)는 화자가 상대방의 의사를 문제 삼지 않고 자신의

---

106) 공동법에 대해서는 최현배(1971:278~279), 고영근(1976:37-40) 참조.

의지에 따른 행동을 상대방에게 제안하고 있다. 따라서 여기에는 화자 자신의 의도가 포함되어 있다. 그리고 예문 (59다, 라)는 대화의 상대방이 전제되지 않은 상태에서 화자가 자신에게 자신의 의지에 따른 행동을 수행할 것을 맹세하고 있는 독백이다. 따라서 이들 문장도 역시 화자의 의지와 의도가 포함되어 있다. 이처럼 '-자'는 청유형어미로서 화자가 상대방에게 같이 행동하기를 권유하는 의미만 있는 것이 아니라 화자 자신의 의도를 표현하는 의미도 있다. 그리고 이러한 특성은 '-고자'가 표현하는 '의도'의 의미와 일치한다.

연결어미 '-고자'와 의도의 의미를 갖는 '-자'의 관계를 보다 구체적으로 밝히기 위해서 다음 예문을 검토해 보기로 한다.

(60) 가. 나는 모든 사실을 밝히고자 한다.
　　나. 모든 사실을 밝히자.
(61) 가. 철수는 어려운 문제를 해결하고자 한다.
　　나. 어려운 문제를 해결하자.

이상의 예문은 '-고자'와 결합한 문장이 상위문서술어 '하-'에 내포된 것으로 보고 이들 내포된 문장의 기저구조를 설정해 본 것이다. 그 결과 이들 기저형은 모두 '-자'에 의해 화자의 의지와 의도라는 의미 특성을 표현하는 것임을 알 수 있다. (60나, 61나)는 주어인 화자가 상대방의 존재에 관계없이 스스로 독백하며 다짐하는 의미를 표현하고 있다. 따라서 예문 (60가, 61가)에서는 '-자'에 의한 화자 자신의 의지를 객관화하여 상대방에게 표현하기 위하여 '하-'에 의한 인용문의 형식을 취한 것이라고 할 수 있다. 이처럼 '-자'와 '-고자' 사이에는 자신의 의도를 독백한 표현이냐 아니면 객관화하여 표현한 것이냐 하는 차이가 있을 뿐이며 기본적으로 동일한 의미 특성을 갖던 형태소임이 분명하다.

이상의 사실로부터 '-고자'의 '-자'와 청유형어미 '-자'가 화자 자신의 의지, 의도라는 공통된 의미 특성을 표현하는 동일 기원의 형태소임을 확인했다. 다만 '-고자'는 '하-'에 내포되는 절차에 의해 기능을 수행한다는 점에서 '-자'와 구분된다. 그리고 이때의 '하-'는 인용화내포문의 상위문서술어라고 할 수 있다. 그러나 이들 어미 뒤에 인용화어미 '-고'와 '-라고'가 결합하지 못하기 때문에 이들이 현대한 국어에서는 인용화내포문이라고 할 수 없지만 기원적으로는 인용화내포문의 형식을 갖던 것이 관용구화한 결과라고 할 수 있다. 따라서 '-고자'는 연결어미가 아닌 내포문의 종결어미라고 해야 할 것이다.

이러한 '-고자'와 '-자'의 대응관계와 '-고자'와 '하-'의 통합관계는 동일한 구성을 보여주는 만주어 '-ki'와 'se-'의 관계를 통해서도 확인할 수 있다.

만주어에서 한국어 청유형어미 '-자'에 대응되는 것은 '-ki'라 할 수 있다. 그러나 이들 사이에는 다소간의 의미차가 있나. 그러면 나음 예문에서 '-ki'의 의미를 살펴보기로 한다.

(62) 가. si   sini   jui   be   gana,   doose   etuku   etubufi   be
　　　　너   네   아이   를   데려와라   道   衣   입혀서   우리
　　　　majige   tuwaki.(金甁39:19b)
　　　　잠시   보자.

　　나. etuku   gaju.   bi   jui   de   etubuki.(金甁37:6a)
　　　　옷   가져와라.   나   아이   에게   입혀보자.

(63) 가. bi   da   niyang   de   alafi   uthai   ere   meggun   be
　　　　나   大   娘   에게   아뢰서   즉시   이   銀   을
　　　　afabume   buki.(金甁37:22a)
　　　　전하여   주마.

나. mimi boode geli emu konggoro morin bi, ahūn de
   내   집에   또   한   黃   馬   있다. 兄 에게
   beneki.(金甁38:15a)
   보내마.

(64) 가. muse šun−ceng hoton duka alan diyan i
   우리   順   城   門   官   店 으로
   baru   tatame   geneki.(淸老1:14)
   向ᄒᆞ여 부리오라 가쟈.

나. bi cendeme muke tatara be taciki.(淸老3:25)
   내 試驗ᄒᆞ여 물   깃기 를 비호쟈.

(65) 가. jai uheri acabume bodofi buki.(淸老2:9)
   다시 대되   모도와   혜여 주마.

나. ilan inenggi dolo baharakū oci coohai fafun be aliki.
   사흘   안흐로 엇지 못ᄒᆞ면 군   령 을 밧으마.
   (譯總4:8)

만주어 어말어미 '−ki'는 예문 (62, 63)처럼 한국어 어말어미 '−쟈' 또는 '−마'로 번역이 가능하다. 그리고 이러한 사실은 예문 (64, 65)의 조선시대 역학서를 통해서도 확인할 수 있다. 따라서 만주어 '−ki'는 한국어 '−쟈'와 '−마'에 대응되는 것을 알 수 있다. 그런데 일반적으로 '−쟈'는 화자가 청자에게 자신의 제안에 따라 같이 행동할 것을 권유하는 청유형어미로 설명되며, '−마'는 화자가 상대방에게 자기의 의사를 베풀어 그 실현을 약속하는 것으로서 약속형어미로 설명되고 있다. '−ki'가 나타내는 이러한 의미 특성은 淸朝의 문법서에서도 확인할 수 있다.[107]

---

107) 고영근(1976:41)은 '−마'는 약속법으로서 "화자가 상대방에게 자기의 의사를 베풀어 그 실현을 약속하는 것이다."라고 하였다.

ki 欲字 要字意 又讓人請字意 在字尾聯用 亦可直殺住 語甚虛活 若此字
之下有se字 乃實在 欲字 要字也(啓蒙3:12)

ki 者 凡意欲如此而未行 則必用ki字 如欲去geniki……如上 係整語 則以 o
字承接 如欲做官 hafan oki 如上非整語 卽以ki字連寫下以se字接之可也 如
欲念書則曰 bithe hūlaki sembi 又作請字解 如云 請坐 teki(指南3:7)

ki 請命之詞 單用則用 oki

ki sembi 欲也 乃期於如是之詞也 單用則用 oki sembi(指要:22)

ki 字本作罷請講 bai 與 dere也托得 欲要將是 ki sembi(虛指下:4)

ki 字解爲請欲罷 聯於字尾最謙和

ki se 自己欲如此(字法:27)

이상 淸朝의 문법서에서는 '-ki'의 의미를 '請, 要, 罷, 欲' 등으로
풀이하고 있다. 그리고 이러한 풀이는 '-ki'가 한국어의 '-자'와 '-마'
의 의미로 대역된 것과 일치한다. 즉 청유형의 '-자'는 '請'으로 약속
형의 '-마'는 '要'로 대응이 된다. 그런데 이러한 의미 이외에 '欲'으로
풀이된 '-ki'가 있는데 이것은 주로 'se-'와 함께 기능을 수행한다.

만주어 청유형어미 '-ki'가 'se-' 동사와 함께 쓰인 예문들을 통해
그 의미 특성을 검토해 보기로 한다.

(66) 가. "koimali fusi si utala jaka be benjifi wede
교활한 악당 너 이많은 물건 을 보내서 누구에게
ulebuki sembi?" seme fonjici,(金甁34:20a)
먹이고자 하느냐? 하고 물으니,

나. bi omirakū. si omiki seci dalbade gamafi omi.
나 마시지않겠다. 너 마시고자 하면 옆에 가져가서 마셔라.
(金甁38:4a)

(67) 가. taise abkai fejergi be gaiki seci ainu ere ajige
太師 텬 하 를 가지고져 ᄒ면 엇지 이 적은

weilei turgunde wakalambi?(譯總1:11)

일에 타스로 그릇너기ᄂᆞ니?

나. si ai jergi buda be <u>jeki sembi.</u>(請老2:3)

네 므슴 등 밥 을 먹고져 ᄒᆞᄂᆞᆫ다.

만주어 '-ki'와 'se-'는 예문 (66)에서처럼 한국어의 '-고자'와 '하-'에 대응이 되고 있다. 그리고 이러한 대응은 예문 (67)의 조선시대 만주어 역학서를 통해서도 확인할 수 있다. 한편 이미 앞에서 언급한 바와 같이 淸朝의 문법서에서는 '-ki'가 'se-'와 함께 쓰일 때의 의미를 '欲'으로 풀이하고 있는데 이것은 한국어의 '-고자'를 의도형어미라고 하는 것과 동일한 의미 범주에 포함되는 것이다. 그리고 만주어 'se-'와 한국어 '하-'가 통사, 의미상으로 유사한 특성을 갖고 있다는 것도 이미 확인된 바 있는데[108] 이들이 각각 '-ki', '-고자'와 결합하여 동일한 의미 기능을 수행한다는 점에서도 일치한다. 다만 차이점이라면 만주어에서는 '-ki'가 상위문의 종결어미로 사용될 때와 동일한 형태인 반면, 한국어의 경우에는 '-고자'와 '-자'로서 형태적으로 차이가 난다는 점이다.

여기에서 다시 한 번 만주어 '-ki'에 대응되는 한국어의 형태들을 정리하면 다음과 같다.

'-ki': '-자'(청유형)

'-마'(약속형)

'-고자'(의도형)

이상과 같은 한국어와 만주어의 대응관계는 한국어 의도형어미 '-고

---

108) 만주어 'se-'와 한국어 '하-'의 관계에 대해서는 § 5.2 참조.

자'의 '-자'를 청유형어미 '-자'로 보고 있는 우리의 주장이 정당성을 인정받는 하나의 근거가 된다. 그런데 한국어 '-고자'는 '하-'와의 통합관계에 의해서만 표현된다는 제약이 있지만 만주어 '-ki'는 이러한 제약이 없다. 따라서 '-ki'에 의해 유도된 문장은 내포문이 되고 'se-'는 상위문서술어가 된다고 하여도 한국어 '-고자'와는 달리 설명에 문제가 없으며 아울러 이러한 대응관계는 한국어의 '-고자'도 기원적으로 인용화내포문의 종결어미였음이 확실해진다.

지금까지 만주어 '-ki'와 한국어 '-자'의 대응관계를 통하여 한국어 의도형어미 '-고자'의 '-자'가 기원적으로는 청유형어미 '-자'와 동일한 형태임을 확인하였다. 그리고 '-고자'가 '하-'에 내포되는 구성형식이 인용화내포문의 구성형식과 일치한다는 것도 확인하였다.

(2) 의구형어미

만주어의 ' ki'와 한국어의 ' 자'에서 확인할 수 있던 상관관계를 만주어 의문형어미 '-rahū'와 한국어 '-ㄹ까'에서도 확인할 수 있다. 그러면 먼저 한국어 '-ㄹ까'의 통사·의미 특성부터 확인해 보기로 한다.

일반적으로 의문형어미로 쓰이는 '-ㄹ까'가 다음 예문에서는 화자의 의구심을 표현하는 데 쓰이고 있다.

(68) 가. 나는 그녀의 마음이 <u>변할까</u> 두렵다.
　　　나. 나는 그녀의 마음이 <u>변할까</u> 하여 두렵다.
(69) 가. 철수는 하늘이 <u>무너질까</u> 걱정하였다.
　　　나. 철수는 하늘이 <u>무너질까</u> 하여 걱정했다.

위 예문 (68가)와 (69가)의 '-ㄹ까'는 화자의 의구심을 표현하고 있다. 그리고 이들의 통사적 기능은 하위문과 상위문을 연결하는 연결어미로 쓰이고 있다. 그러나 (68나), (69나)처럼 내포문과 상위문 서술어 '두렵다'와 '걱정하다'의 사이에 '하-'가 존재하는 것으로 보면 '-ㄹ까'는 연결어미가 아니라 인용화내포문의 어말어미라고 할 수 있다. 실제 '하-'와 함께 쓰인 문장 구성이 현대한국어에서는 잘 나타나지 않지만 중세한국어에서는 보편적인 문장 구성이었음을 알 수 있다.

(70) 가. 비들 만히 니르면 몬 <u>삾가</u> ᄒ야 닐오디(삾가=살까,買 釋6:24)
    나. 須達이 願을 몬 일울<u>까</u> ᄒ야 흔 사ᄅ미 ᄃ외야 ᄂ려와(釋6:25)
(71) 셟고 에받븐 ᄯ디어 누를 <u>가줄벓가</u>(千江曲上:1143)

예문 (70)은 '-ㄹ까'가 '하-' 동사에 내포되어 있음을 알 수 있다. 그리고 이러한 현상은 중세한국어에서 보편적이었던 것으로 이숭녕(1981:328)에서도 이 '-ㄹ까'란 의문법은 반드시 '몬……ㄹ까 ᄒ야'로 나타난다고 하였다. 그리고 중세한국어를 대상으로 하여 허웅(1982:99)에서는 위 예문 (71)의 '-ㄹ까'에 대하여 "이 말에는 뒤에 다시 다른 풀이말이 접속되는 일이 있는데, 이 경우에는 넓은 의미의 인용을 표시한다."라고 하여 이들을 인용화내포문으로 보고 있다. 따라서 우리는 앞에서 설명한 '-고자 하-'의 구성에서 '-고자'에 이끌리는 문장을 인용화내포문으로 보고 '하-'를 상위문서술어로 처리하였던 것과 마찬가지로 여기에서도 이들을 인용화내포문 구성으로 보고 '하-'를 상위문서술어로 보고자 한다.

그런데 이들을 인용화내포문 구성이라고 하게 되면 인용화어미 '-고, -라고'와 함께 쓰이지 못한다는 문제점이 나타난다. 그리고 내포문의 기저구조를 설정하는 데 있어서도 문제가 된다. 만약 내포문의 기저구조를 다음 예문에서처럼 설정하게 되면 의미상으로도 일치하지 않는다.

 (72) 가. 나는 그녀의 마음이 변할까 두렵다.
    나. 그녀의 마음이 변할까?
 (73) 가. 철수는 언제나 하늘이 무너질까 걱정하고 있다.
    나. 하늘이 무너질까?

 (72가)와 (73가)에서 쓰인 '－ㄹ까'는 내포문에서 표현된 행위가 발생하면 어떻게 할까 하는 의구심을 나타내고 있다. 즉 행위가 발생하지 않았으면 하는 심적 상태를 표현하고 있다. 이에 반해 (72나)와 (73나)는 '－ㄹ까'가 문장의 끝에 쓰여 의문문을 형성하면서 화자나 청자에게 행위가 이루어지겠는지 여부를 묻고 있다.

 이처럼 형태적으로 동일하기 때문에 의미도 같은 것으로 보기 쉬운 '－ㄹ까'의 의미가 사용되는 환경에 따라 차이가 난다. 그리고 이러한 차이점은 의문문의 어말어미로 쓰인 '－ㄹ까'를 간접화하는 과정에서도 확인할 수 있다.

 앞에서 언급한 바와 같이 일반적으로 의문문이 간접화할 때에는 내포문의 종결어미가 '－냐'로 통합되는 특성을 갖고 있다.[109) 따라서 '－ㄹ까'에 의한 의문문을 간접화하게 되면 다음과 같은 양상을 보여준다.

 (74) 어머님께서 나에게 "내일 비가 올까?"라고 물으셨다.
    가. 어머님께서 나에게 내일 비가 오겠느냐고 물으셨다.
    나. *어머님께서 나에게 내일 비가 올까고 물으셨다.

---

109) 내포문 종결어미의 중화현상에 대해서는 § 5.4.1 참조.

(75) 철수가 나에게 "내일은 여행이나 갈까?"라고 하였다.

　　가. 철수가 나에게 "내일은 여행이나 가겠느냐고 하였다.

　　나. [*]철수가 나에게 내일은 여행이나 갈까고 하였다.

위 예문에 나타난 바와 같이 예문 (74, 75)에서 '-ㄹ까'로 끝나는 직접인용문이 간접화할 때는 예문 (74가, 75가)처럼 '겠느냐'라고 하는 형태로 나타난다. 이것은 일반적으로 모든 의문이 간접화하는 과정에서 '-냐'로 중화되는 현상과 일치한다. 다만 '-ㄹ까'가 내포하고 있는 '추측'이라는 의미가 간접화 과정에서는 '-겠-'이라는 형태소를 통하여 표현된다는 점만 다르다. 그러나 예문 (75나, 76나)처럼 '-ㄹ까'의 형태를 유지한 채 간접화하는 형태는 비문법적이다.

그러면 종결어미로 쓰일 때의 '-ㄹ까'와 내포문에서의 '-ㄹ까'는 어떠한 관계에 있는 것인가? 그런데 내포문에서 '-ㄹ까'에 의해 표현되는 의미가 의구형의 범주에 든다고 할 때 의미상으로 대응이 되는 것으로 경계형어미 '-ㄹ라'가 있다.

(76) 그녀의 마음이 <u>변할라</u>.

(77) 상대편이 <u>의심할라</u>.

(78) 지붕을 고치다가 지붕에서 물이 <u>샐라</u>.

'-ㄹ라'가 나타내는 의미는 상대방이 잘못될까 염려하면서 미리 경계하는 것으로서 청자에게 실수하지 않도록 주의를 환기시키는 것이다. 그러면 이러한 경계형이 간접인용에서는 어떠한 양상으로 표현되는지 확인해 보기로 한다.

(79) 떨어질라……떨어지지 않을까 걱정하다(의문법), 떨어지지 않도록
　　 (말도록)하라고 경계하다(간접명령)

이상의 예문은 고영근(1976:46)에서 경계형의 간접인용과 직접인용
사이의 관계로 제시한 것이다. 그러나 이들 사이의 관계는 직접적인
변형관계라 할 수 없고 다만 의미상의 관계만을 표현했다고 볼 수 있
다. 그런데 경계형 '-ㄹ라'의 간접인용으로 추측의문형의 '-ㄹ까'를
대응시킨 것은 이들 어미가 의미상으로 일치하고 있음을 나타낸 것이
다. 이러한 대응관계를 다음 예문에서 확인해 보기로 한다.

(80) 철수가 그녀의 마음이 변할까(하여) 걱정했다.
(81) 나는 상대방이 의심할까(하여) 조심하였다.
(82) 철수는 지붕을 고치다가 지붕에서 물이 샐까(하여) 고치지 못했다.

이상은 예문 (76~78)에서 '-ㄹ라' 종결어미의 예로서 제시한 것들
을 간접인용화한 문장들로서 대응되는 문장들이 의미상으로 밀접한
관계에 있음을 보여준다. (80~82)에서 '-ㄹ라'에 의해 표현된 의미는
화자가 청자에게 주의를 환기시키는 의미와 함께 화자 자신의 의구심
을 표현하고 있다. 이것은 (80~82)의 문장에서 '-ㄹ까'가 상위문에
내포되어 나타내고 있는 의미와 완전히 일치한다. 즉 '-ㄹ까'가 '하-'
에 내포된 경우의 기저구조는 경계형어미 '-ㄹ라'에 대응된다. 따라서
'-ㄹ까'와 '-ㄹ라'가 '하-'에 내포되었을 때의 관계는 다음과 같이
설정된다.

　-ㄹ까→-겠느냐 / ＿하-
　-ㄹ라→-ㄹ까 / ＿하-

지금까지의 논의에서 한국어의 '-ㄹ까' 의문형 어미는 문장의 종결
어미로서 쓰일 때는 '추측'의 의미를 갖지만 상위문에 내포되었을 때
는 '의구형'의 의미를 갖게 됨을 확인할 수 있었다. 그러면 이러한 대
응관계를 만주어에서 확인해 보기로 한다.

한국어 의문형어미 '-ㄹ까'가 상위문서술어 '하-'에 내포되어 의구
형어미로 쓰이는 것과 대비될 수 있는 것으로 만주어 '-rahū'를 들
수 있다.

그러면 다음 예문을 통하여 '-rahū'의 의미를 규명해 보기로 한다.

(83) 가. si mimbe ainu tatašambi? jafu de yaha <u>tuheburahū</u>.
　　　　너　나를　　왜　　끄느냐?　　담요　에　숯　떨어질라.
　　　　(金甁34:5b)

　　　나. omiha sehede dere uthai fularambi, aikabade ejen
　　　　마셨다　함에　얼굴　바로　붉어진다.　　혹시　主人
　　　　<u>saburahū</u>.(金甁34:22a)
　　　　볼라.

　　　다. siyun‑ioi hendume cenghiyang ume gisurere. aikabade
　　　　苟　攸　니로되　　승샹은　　니르지말라.　　힝혀
　　　　<u>firgemburahū</u>.(譯總8:12)
　　　　누셜홀셰라.

　　　라. ere huju hūwa umesi onco aldangga hūwaita. futa
　　　　이　구유　터히　又장　너르니　멀속이　　미라.　노히
　　　　<u>holboburahū</u>.(淸老3:3)
　　　　얼킬셰라.

만주어 어말어미 '-rahū'는 예문 (83가, 83나)에서처럼 한국어의 경
계형어미 '-ㄹ라'로 번역이 되고 있다. 이러한 대응관계는 근대한국어

의 특성을 반영하는 사역원의 번역서에서도 확인되는데 예문 (83다,
83라)를 보면 '-rahū'가 '-ㄹ셰라'로 대역되어 있다. 이러한 대응관계
를 통해 '-rahū'가 만주어 의구형어미임을 알 수 있으며 청조의 문법
서에서도 '-rahū'의 이러한 의미 특성을 확인할 수 있다.

> rahū, ayoo 此二字俱是, <u>恐其字 恐怕字</u>, ayoo. 在句尾 單用, 上必用
> ra, re, ro 等字, rahū在字尾聯用(啓蒙3:40)
> raho, ayoo 貲恐字意也(指南3:10)
> rahū <u>恐字意乃慮其或然之詞也</u>(指要:24)
> rahū, ayoo 是恐字 連用 rahū 單ayoo 文氣繼住托 sembi 串文句下用
> <u>seme</u>(虛指上:11)
> rahū 也 <u>是恐怕字</u> 隨上 聯寫去 mbi(接字:27)
> 一般恐字 兩般說 聯用 rahū 單(字法:34)

이상은 '-rahū'에 대해 청조의 문법서에서도 '恐, 怕, 慮'의 의미로
설명하고 있음을 알 수 있다. 따라서 ' rahū'를 의구형이미라고 할 수
있다. 그런데 '-rahū'가 사용되는 양상을 보면 淸文虛字指南에서도 지
적된 것처럼 'se-'와 결합하여 사용되는 경우가 많다. 물론 이때에도
다음 예문에서처럼 표현하는 의미는 '恐, 怕'라고 할 수 있다.

> (84) 가. ere   jergi   urse   geli <u>tantarahū seme</u> geleme emdubei
>   이   等   사람들   또   때릴까 하여   두려워   계속
>   hengkišembi(金甁35:2a)
>   절한다.
>   나. tere   duin   niyalmai amata   ahūta   geli isebume
>   그   네   사람의   父들   兄들   또   벌하여
>   <u>tantarahū sembi.</u>(金甁35:2b)
>   때릴까   한다.

(85) 가. simbe aikabade burakū <u>ojorahū seme</u> cohome jombume
　　　 너를　 힝혀　 주지　 아닐까　 ᄒ여　 부러　 권ᄒ라

jihe.(譯總1:3)

오라.

　 나. tsoo-tsoo amargi cooha be <u>amcarahū seme</u> olhome
　　　 曹　操　 뒷　 군ᄉ　 룰　 ᄯ롤까　 ᄒ여　 저허

(譯總9:4)

'-rahū'가 화자의 의구심을 나타낸다는 점에서는 문장의 종결어미
로 쓰일 때와 내포문의 어말어미로 쓰일 때 사이에 차이가 없다. 그러
나 문장의 종결어미로 쓰일 때는 '-ㄹ라'로 번역이 되던 것이 상위문
에 내포될 때는 '-ㄹ까'로 번역이 되고 있다. (85)의 예문과 (86)의
예문은 이러한 사실을 보여준다. 특히 (86)은 조선시대의 역학서에서
도 '-ㄹ까'로 번역이 되었음을 보여준다. 이처럼 '-rahū'가 'se-'와
함께 쓰여 '恐, 怕'의 의미를 나타내는 것은 한국어의 '-ㄹ까'가 '하-'
와 함께 쓰여 나타내는 의미와 동일하다고 할 수 있다. 그런데 앞에서
한국어의 '하-'가 상위문서술어로서 인용화내포문을 형성하고 있으며
'-ㄹ까'는 내포문의 어말어미라고 설명한 바 있지만 한국어에서는 인
용화어미와의 통합상의 제약과 대응되는 직접인용문을 설정하는 데
어려움이 있었다. 다만 의미상으로 '-ㄹ까'가 '-ㄹ라'에 대응된다는
것을 확인할 수 있었다.

　그런데 만주어의 경우 이들을 인용화내포문 구성으로 볼 수 있는
통사적 특성이 있다. 앞에서 설명한 바와 같이 만주어의 인용화내포문
의 주어는 주격어미에 의해 표현되는 경우와 대격어미에 의해 표현되
는 경우가 있다.110) 위의 예문 (84, 85)에서는 내포문의 주어가 'ø' 형

---

110) 인용화내포문 주어의 대격형에 대해서는 § 5.3 참조.

태소의 주격어미에 의해 표현되고 있음을 보여준다. 그러나 다음의 예
문들은 이와 다른 양상을 보여준다.

(86) 가. <u>si men king</u>   be "wang luel boode generahū" seme
         西 門 慶 을 王 六兒 집에   갈까   하여
         juwe okson be emu okson obume(金甁37:24a)
         두 걸음 을 한 걸음   삼아

   나. wang luel <u>si men king be</u> "jiderahū"   seme   olhoro
       王 六兒 西 門 慶 을 오지 않을까 하여 두려운
       dade(金甁 38:4a)
       터에

(87) 가. yūn-cang <u>tsoo-tsoo be</u>   "aikabade gūwaliyandarahū"
         雲 長이 曹 操 를   힝혀   변홀까
         seme(譯總2:14)
         ᄒ여

   나. tsoo-tsoo <u>amargi cooha be</u> "amcarahū" seme olhome
       曹 操 뒷 군ᄉ 들 ᄯᄃᆞᆯ까 ᄒ여 저허
       (譯總9:4)

예문 (86가)에서는 내포문주어 'si men king'(西門慶)이 대격어미
'be'에 의해 표현되고 있으며 (86나)에서도 내포문주어 'si men king
(西門慶)'이 대격어미 'be'에 의해 표현되고 있다. 예문 (87)의 조선시
대 번역서에서도 이러한 통사적 특성을 보여준다. 그래서 (87가)에서
는 내포문주어 'tsoo-tsoo(曹操)'가 대격어미 'be'에 의해 표현되고 있
으며 (87나)에서는 내포문주어 'amargi cooha(뒷군ᄉ)'가 대격어미
'be'에 의해 표현되고 있다. 이러한 사실은 만주어와 중세한국어의 인
용화내포문의 주어가 대격어미에 의해 표현되고 있는 것과 일치하는

통사적 특성이다. 따라서 '-rahū'와 'se-'의 관계는 내포문의 종결어미와 상위문서술어의 관계로서 이들이 인용화내포문 구성을 이루고 있음을 알 수 있다.

지금까지의 논의를 통하여 만주어의 의구형어미 '-rahū'는 서술문의 종결어미로 쓰일 때는 '-ㄹ라'에 대응되며 'se-'에 내포되었을 때는 '-ㄹ까'에 대응된다는 것을 알았다. 그리고 한국어의 '-ㄹ까'와 '하-', 만주어 '-rahū'와 'se-'가 함께 쓰이는 구성이 인용화내포문 구성으로서 각각 내포문의 종결어미와 상위문의 서술어임을 확인하였다.

6 결 론

본 연구는 한국어와 만주어 내포문에 대한 연구로 관형화내포문, 명사화내포문, 인용화내포문의 통사, 의미 특성을 내포문어미, 내포문주어 그리고 상위문과의 관계 등을 중심으로 고찰한 것이다.

한국어 명사구내포문에 대한 그동안의 연구는 서구의 특정 이론에 맞추어 한국어 문법을 연구한 결과 한국어의 교착어적 특성이 무시되는 경우도 있었으며 고대 자료의 부족에서 기인한 통시적 연구의 부족은 통시적 연구와 공시적 연구 사이의 유기적 관계 설정을 어렵게 하였다. 이러한 문제점을 극복하고 한국어가 지니고 있는 교착어적 언어구조를 중시한다는 입장에서 한국어와 동일계통의 언어로 추정되고 있는 만주어와의 비교 연구를 시도해 보았다.

두 언어의 비교연구를 수행하는 데 있어서 한국어의 경우에는 기존의 연구 업적을 중심으로 한국어 명사구내포문의 특성을 확인하거나 문제점을 도출해 내고 만주어의 경우에는 한국어에서 확인된 사실이나 문제점을 중심으로 만주어 내포문의 통사, 의미 특성을 밝힌 다음 두 언어의 공통점과 차이점을 확인하는 방법으로 비교연구하였다. 그 결과를 요약하면 다음과 같다.

(1) 관형화내포문

（가) 한국어 관형화어미 '-은, -을'의 의미는 동작상의 범주에서 각각 완료상과 미완료상의 의미 특성을 지니고 관형화라는 통사적 기능을 수행하고 있다. 그러나 만주어 관형화어미 '-ha, -ra'는 동작상의 범주에서 완료상과 미완료상의 의미를 표현한다는 점에서는 한국어와 일치하지만 '-ha, -ra'가 관형화라는 통사적 기능을 수행하는 형태는 아니다.

（나) 한국어 관형화내포문에서 내포문의 주어는 주격어미와 속격어미에 의해 표현된다. 따라서 이들 사이의 관계 규명과 관련하여 속격형의 기저구조를 어떻게 설정하느냐 하는 문제가 제기된다. 즉 기저구조에서는 내포문의 주어로서 주격어미에 의해 표현되던 것이 변형에 의해 속격형이 되었다고 보는 관점과 기저구조에서부터 속격형이었다고 보는 관점이 있다.

만주어 관형화내포문에서도 내포문의 주어가 주격어미와 속격어미에 의해 표현된다는 점에서 한국어와 공통된 특성을 보여준다. 그리고 속격형은 기저구조에서는 상위문의 속격형이었으나 내포문의 주어와 동일한 대상을 지시하는 구문에서 내포문의 주어가 삭제된 결과 내포문의 주어로서 기능을 수행하게 된 것이다.

（다) 한국어 관형화어미와 내포문명사 사이에는 상호간의 의미 차에 따라 제약관계가 있다. 이러한 제약관계는 만주어에서도 확인 가능

한 공통된 특성이다. 본고에서는 한국어 의존명사에 상응하는 형태들을 만주어에서 확인한 후 이들과 내포문어미 사이의 제약관계가 동작상의 의미 특성 때문에 기인한다는 것을 확인했다. 만주어에 존재하는 제약관계를 열거하면 다음과 같다.

'-ra'와 통합관계에 있는 것.

anggala: 뿐 아니라	jaka: 적
ebsihe: 끝, 한(限)	onggolo: 전(前)
siden: 사이	

'-ha'와 통합관계에 있는 것.

da: 터	haran: 때문
manggi: 후(後)	

통합관계에 제약이 없는 것.

adali: 처럼	ba: 바
canggi: 뿐, 만	dabala: 따름
gese: 처럼	jalin: 때문
nergin: 순간	songko: 대로
teile: 뿐	turgun: 때문

(2) 명사화내포문

(가) 현대한국어 명사화어미로는 '-음, -기'가 쓰인다. 그러나 중세한국어 이전 단계에서는 관형화어미와 형태적으로 일치하는 '-은, -을'도 명사화어미로 쓰였다. 따라서 '-은, -을'이 기원적으로 지니고 있던 통사, 의미 특성에 대하여 논란이 되고 있다.

만주어 명사화내포문에도 관형화내포문에 쓰인 '-ha, -ra'가 그대로 어미로 쓰인다. 그리고 이들이 동작상의 범주에서 각각 완료상과 미완료상의 의미 특성만을 표현할 뿐이며, 명사화라는 통사적 기능은 수행하지 않는다는 점에서 관형화내포문에 쓰일 때와 일치한다.

(나) 한국어 관형화어미 '-은, -을'이 기원적으로 서술형 어미로도 사용되었다. 따라서 형태상으로는 명사화어미, 관형화어미, 서술형어미가 모두 일치하였다. 만주어에서도 관형화내포문과 명사화내포문에서 두루 사용되는 '-ha, -ra'가 서술문에서도 사용되고 있다. 그리고 이들 어미는 공통적으로 미완료상과 완료상의 의미만을 표현할 뿐이며 문장의 종결이라는 통사적 기능은 수행하지 않는다.

한국어 '-은, -을'과 만주어 '-ha, -ra'가 관형화어미, 명사화어미, 서술형어미 등으로 각각 달리 인식되는 것은 이들이 분포하는 구조상의 차이에서 기인한 통사적 특성을 부가적으로 지니게 된 것에 불과하며 기원적으로는 완료상과 미완료상을 나타내는 동작상의 의미 범주에 속하는 단일 형태소였다.

(나) 한국어 명사화내포문의 주어에는 주격형과 속격형이 있다. 이러한 내포문주어의 특성은 관형화내포문과 일치한다. 따라서 속격형의 기저구조를 어떻게 설정하느냐 하는 문제가 관형화내포문에서와 동일하게 제기된다.

만주어 명사화내포문의 주어도 한국어와 동일하게 주격형과 속격형이 있으며 속격형은 기저에서부터 속격형이었던 것이 동일명사구삭제규칙에 의해 내포문의 주어가 삭제된 결과 주어의 기능을 수행하게 된 것이다. 그리고 만주어 명사화내포문의 이러한 특성은 관형화내포문과도 일치한다.

(라) 전통적으로 의존명사라고 설명되고 있는 '것'이 현대한국어에서는 명사화어미로서의 기능을 수행하고 있다.

한국어의 '것'과 대응이 되는 형태로 만주어 '-ngge'가 있다. '-ngge'는 형태, 의미, 분포상으로 '것'과 거의 일치한다. 한국어 '것'과 만주어 '-ngge'는 기원적으로 의존명사로 쓰이다가 변화의 결과 모두 명사화 어미로 쓰이고 있다는 동일한 변화 유형을 보여준다.

(3) 인용화내포문

(가) 한국어 인용화내포문의 통사적 자격이 동사구냐 명사구냐 하는 문제가 제기되고 있다. 그런데 한국어와 동일한 구성을 갖는 만주어의 경우에 인용화내포문이 대격어미 'be'나 여격어미 'de'와 함께 상위문에 내포되어 명사구내포문으로 쓰이는 것이 확인된다.

(나) 한국어 인용화내포문에 쓰이는 '하고'는 '하-(명사화 접미사)'와 '-고(연결어미)'로 분석하는 경우도 있지만 '-고, -라고'와 함께 인용화어미로 쓰이고 있다.

'하고'에 대응되는 만주어 'seme'도 기원적으로는 'se-(하-)'와 '-me(연결어미)'로 분석이 되지만 인용화내포문에서는 단일형태소가 되어 인용화어미로서의 기능을 수행한다. 따라서 한국어 '하고'와 만주어 'seme'는 동일한 특성을 지닌 인용화어미라고 할 수 있다.

(다) 한국어 인용화내포문의 주어에는 주격형과 대격형이 있다. 이들 사이의 관계 규명을 위해 대격형의 기저구조를 어떻게 설정하느냐 하는 문제가 제기되고 있다. 즉 기저구조에서는 주격형이었는데 변형에 의해 대격형이 되었다고 보는 입장과 대격형이 기저구조에서부터 존재하였다고 보는 입장이 있다.

만주어 인용화내포문의 주어도 주격형과 대격형으로 쓰여 한국어와 일치한다. 그런데 만주어 인용화내포문의 대격형은 한 문장에 대격형과 주격형이 함께 쓰이는 구문으로부터 주격형이 생략된 결과임을 확인할 수 있다.

(라) 한국어에서 '-고자'와 '-ㄹ까'는 '하-'와 함께 관용구화하여 사용되는 형태들이다. 특히 '-고자'는 연결어미로도 쓰이고 있는데 그 기원형에 대해서 논란이 되고 있다. 만주어에서도 청유형어미 '-ki'와 의구형어미 '-rahū'가 'se-'와 함께 관용구화하여 사용되고 있다. 그리고 이들이 의도형이나 의구형의 의미 특성을 표현한다는 점에서도 '-고자, -ㄹ까'와 일치한다. 그런데 만주어 '-ki'와 '-rahū'는 기원적으로 인용화내포문 종결어미에서 형성된 것으로 서술형 종결어미로도 사용된다. 이상과 같은 한국어와 만주어의 대응관계를 통하여 한국어의 '-고자'는 '-고'와 '-자'로 분석되며 '-자'는 청유형의 '-자'와 일치하고, '-ㄹ까'는 의문형어미 '-ㄹ까'와 일치하며 직접인용문으로 대응시킬 때는 '-ㄹ라'에 대응된다는 것을 확인했다.

최근의 한국어 명사구내포문 연구는 서구의 특정 이론에 집착하여 서구어를 기초로 이룩된 언어의 보편성에 대한 추구에는 관심을 보였지만 교착어의 언어구조에 대한 이해를 높이는 데는 주의를 기울이지 않았다. 그리고 한국어의 통시적 연구에 대한 노력이 공시적 연구와 비교할 때 상대적으로 미흡한 상태에 있었다. 이러한 한국어 명사구내포문 연구가 지니고 있는 문제점과 한계를 극복하기 위해 한국어와 같은 교착어이며 친족관계에 있다고 보는 만주어와의 비교 연구를 함으로써 한국어 명사구내포문 연구에서 제기된 문제점을 해결하는 데 기여하고자 하였다.

그러나 한국어와 만주어 두 언어만을 대상으로 비교 연구를 시행하여 결론에 이르렀다는 문제점이 있다. 따라서 동일 계통의 언어에 함께 포함시켜 연구되고 있는 몽골어, 돌궐어 등과의 비교 연구를 통하여 본 연구에서 얻어진 결론을 재검증하는 것이 남은 과제라 하겠다.

214

만주어 인용 자료 목록

약 호

〈金瓶〉, 滿文本 金瓶梅(1708)：Chinese Materials Center Inc. (San Francisco) 영인본(1975).

〈啓蒙〉, 淸文啓蒙(1730), 京都文盛堂藏板.

〈同文〉, 同文類解(1748), 연세대 동방학연구소 영인본(1956).

〈滿遼〉, 滿文大遼國史(1646), 최학근 역본(1971).

〈滿原〉, 淸太祖朝滿文原當(高宗乾隆帝), 廣祿·李學智譯註本(1970).

〈備考〉, 淸文備考(1722).

〈西廂〉, 西廂記(1710), 京都文盛堂本.

〈歲兒〉, 八歲兒(1777), 연세대 동방학연구소 영인본(1956).

〈小兒〉, 小兒論(1777), 연세대 동방학연구소 영인본(1956).

〈譯總〉, 三譯總解(1774), 연세대 동방학연구소 영인본(1956).

〈字法〉, 滿漢合璧字法擧一歌(1885), 京都 隆福寺 鏡古堂本.

〈接字〉, 淸文接字(1864), 京都隆福祉路南 聚珍堂書坊梓行.

〈指南〉, 淸書指南(1682), 大淸全書 附錄.

〈指要〉, 淸文指要(1780), 三合便覽 附錄.

〈總彙〉, 淸文總彙(1897), 台灣影印本(1970).

〈淸老〉, 淸語老乞大(1765), 연세대 인문과학연구소, 인문과학 11, 12 집의 영인본.

〈漢淸〉, 漢淸文鑑(重刊), 연세대 동방학연구소 영인본(1956).

〈虛指〉, 淸文虛字指南編(1885), 京都隆福祉 鏡古堂書坊梓行.

참고문헌

강범모(1983), "한국어 보문명사 구문의 의미 특성", 「어학연구」 19-1.

고영근(1970), "현대국어의 준자립형식에 대한 연구-형식명사를 중심으로", 「어학연구」 6-1.

_____(1976), "현대국어의 문체법에 대한 연구", 「어학연구」 12-1.

_____(1980), "중세어의 어미활용에 나타나는 '거 / 어'의 交替에 對하여", 「국어학」 9.

_____(1981), 「중세국어의 시상과 서법」, 탑출판사.

_____(1982a), "중세어의 형식명사에 대하여", 「어학연구」 18-1.

_____(1982b), "관형사형어미와 서술성어미의 상관관계에 대한 연구", 「관악어문연구」 7 (而凡崔鶴根教授華甲記念論叢)

국웅도(Eung-do Cook)(1968), Embedding Transformations in Korean Syntax (Ph. D. Dissertation, The University of Alberta).

권재일(1980), "현대국어의 관형화내포문 연구", 「한글」 167.

_____(1981), "현대국어의 '기' 명사화내포문 연구", 「한글」 171.

_____(1985), 「국어의 복합문 구성 연구」, 집문당.

김남길(Nam-kil Kim)(1980), "Indirect Speech and its Predicates in Korean", 「Korean Linguistcs」 2.

_____(1981), "Constraints on Transformation in Korean Quatative Complements", 「언어」 6-1.

_____(1982), "Subject Raising and Verb Phrase Constituency in Korean", 「말」 7.

김방한(1977), "한국어 어두 h-의 기원 및 어두자음군어와 방점", 「언어학」 제2호.

216

_____(1983), 「한국어의 계통」, 민음사.

김상대(1981), "중세어 공동격 구성의 연구", 「국어학」 10.

김영희(1980), "평가구문의 통사론적 연구", 「한국학논집」 7, 계명대 한국학연구소.

_____(1981), "간접명사 보문법과 '하'의 의미기능", 「한글」 173·174 (어우름).

_____(1985), "주어 올리기" 「국어학」 14.

김완진(1957), "-n, -l 동명사의 통사론적 기능과 발달에 대하여", 「국어연구」 2.

남기심(1973), 「국어완형보문법연구」, 계명대출판부.

_____(1976), "관계관형절의 상과 법", 「한국어문론집: 又村姜馥樹博士 回甲紀念論文集」, 형설출판사.

남기심·고영근(1985), 「표준 국어문법론」, 탑출판사.

박양규(1975), "소유와 소재", 「국어학」 3.

박은용(1969), 「만주어문어연구」 (제 I 집), 형설출판사.

_____(1973), 「만주어문어연구」 (제 II 집), 형설출판사.

_____(1974), "한국어와 만주어와의 비교연구-특히 접미사와 대명사, 수사를 중심으로-, 영남대학교 대학원 박사학위논문.

서정목(1978), "체언의 통사 특징과 15세기 국어의 '-ㅅ, -이/의", 「국어학」 7.

_____(1982), "15세기 국어 동명사 내포문의 주어의 격에 대하여", 「진단학보」 53·54(합병호).

서정수(1975), 「동사 '하'의 문법」, 형성출판사.

서태룡(1979), "내포와 접속", 「국어학」 8.

_____(1982), "국어의 의도·목적형에 대하여", 「而凡崔鶴根教授 華甲紀念論叢」

성백인(1958), "만주어 동사활용어미 -ci, -cibe, -me에 대하여", 「문리대학보」 제2집, 서울대문리과대학.

_____(1969), "만주어 의문법에 대하여" 「명지대 논문집」 제3집.

송진오(Zino Song)(1981), "The Abstract Nominalizers in Korean and Japanese", 「언어」 6-2.

심재기(1980), "명사화의 의미기능", 「언어」 5-1.

_____(1981), 「국어어휘론」, 집문당.

안동환(An Dong-hwan)(1980), Semantics of Korean Tense Markers, (ph. D. Dissertation, Georgetown University).

안병희(1968), "중세국어의 속격어미 'ㅅ'에 대하여", 「李崇寧博士 頌壽紀念論叢」.

양동휘(1976), "on Complementizers in Korean", 「언어」 1-2.

_____(1978), "국어 관형절의 시제", 「한글」 162.

양인석(1971), Korean Syntax: Case Markers, Delimiters, Complementation and Relativization(ph. D. Dissertation, Univ. of Hawaii).

이강로(1968), "현대국어의 화법에 대한 연구", 「인천 교육대학교 논문집」, 제3집.

이광호(1972), "중세국어의 대격연구-대격 주제화의 시론으로-", 「국어연구」 29.

_____(1976), "중세국어 속격어미의 일고찰 -주어석, 목석어석 속격을 중심으로-", 「국어국문학」 70.

이기문(1978), 「국어사개설」 (개정판) 탑출판사.

이등룡(1984), "알타이 제어(돌궐, 몽고, 만주, 퉁구스 및 한국어)의 서술동사 비교연구", 「대동문화연구」 제18집, 성균관대학교 대동문화연구원.

이맹성(1968), "Nominailizatians in Korean", 「어학연구」 4-1(별권).

이상복(1983), "한국어의 인용문 연구", 「국어의 통사·의미론」 (고영근·남기심 공편), 탑출판사.

이숭녕(1975), "중세국어의 '것'의 연구" 「진단학보」 39.

_____(1981), 「중세국어문법」 (개정초판), 을유문화사.

이익섭·임홍빈(1983), 「국어문법론」, 학연사.

이익환(1980), "Syntax and Semantics of Korean Sentential Complements

218

of Nouns" 「어학연구」 16-1.

이정민(1975), "국어의 보문화에 대하여", 「어학연구」, 11-2.

이필영(1981), "국어의 관계관형절에 대한 연구", 「국어연구」 48.

이홍배(1970), "A study of Korean Syntax" Brown대학교박사학위논문.

_____(1971), The Category of Mood in Korean Transformational Grammar", 「어학연구」 7-1.

_____(1975), "국어의 관계절화에 대하여" 「어학연구」 11-2.

임홍빈(1974), "명사화의 의미특성에 대하여", 「국어학」 2.

_____(1981), "존재전제와 속격표식 {의}", 「언어와 언어학」 7.

_____(1982), "선어말 '-더-'와 단절의 양상" 「관악어문연구」 7.

장석진(1966), "Some Remarks on Korean Nominalization", 「어학연구」 2-1.

_____(1973), "A Generative Study of Discourse in Korean: On Connective Sentences", 「어학연구」 9-2.

채 완(1979), "명사화소 '기'에 대하여", 「국어학」 8.

최동권(1983), "현대국어 동작상에 관한 연구-보조동사를 중심으로-", 「성균국어학」 제1집, 성균관대학교 국어국문학과.

_____(1986), "진행상 표현의 보조동사", 「국어학신연구」 (若泉金敏洙敎授華甲紀念), 탑출판사.

_____(1987), "청어노걸대연구", 「수선논집」 제11집, 성균관대학교 대학원.

최재희(1985), "국어 명사구 접속의 연구", 「한글」 제188호.

최학근(1975), "만주어에 있어서의 미완결 과거어미 -fi(-mpi, -pi)에 대하여" 「어학연구」 11-2.

_____(1976), "만주어의 격, 성, 수에 대해서", 「어학연구」 12-1.

_____(1977), "만주어 동사 활용어미 -mbi, -me, -hu에 대해서", 金聖培華甲記念論集.

최현배(1971), 「우리말본」 (네번째고침), 정음사.

허 웅(1975), 「우리옛말본」, 샘문화사.

_____(1982), 「옛말본」 (3차 증보수정판), 과학사.

愛新覺羅·烏拉熙春(1982), 「滿語語法」.

羽田 亨 編(1937), 「滿和辭典」.

池上二良(1971), "ツングース語の變遷", 服部四郎編 「言語の系統と歷史」 (김동소, 김영일 공역) 형설출판사.

河野六郎(1944), "滿洲國黑河地方に於ける滿洲語の一特色－朝鮮語及び滿 洲語の比較研究の一報告－", 「學叢」3.

_____(1971), "朝鮮語の系統と歷史", 服部四郎 編 「言語の系統と歷史」 (河 野六郎著作集1에 수록).

山本謙吾(1955), "滿洲語文語形態論", 市河三喜, 服部四郎 編, 「世界言語 槪說」 下卷 (東京: 硏究社).

Anderson, L. (1982), "The 'perfect' as a Universal and as a Language Particular Category," Tense－Aspect: Between Semantics & Pragmatics edited by Paul J. Hopper, John Benjamins Publishing Company, Amsterdam Philadelphia.

Anttila, R. (1972), Introduction to Historical and Comparative Linguistics New York.

Bennett, M. (1981), "Of Tense and Aspect: One Analysis", Syntax and Sematics 14 Tense and Aspect edited by Philip Tedeschi & Annie Zaenen Academic Press, Inc., London.

Bloomfield, L. (1933), Language Holt, Rinehart and Winston, New York.

Chomsky, N. (1965), Aspects of the Theory of Syntax The M. I. T. Press Cambridge, Massachusetts.

Comrie, B. (1976), Aspect. Cambridge Univ. Press.

_____ (1981). Language Universal and Linguistic Typology Oxford: Basil Blackwell.

Freed, A. F. (1979), The Semantics of English Aspectual Complementation D. Reidel Publishing Company, Dordrecht, Holland.

Gleason, H. A. (1969), An Introduction to Descriptive Linguistics 2nd revised edition, New York.

Haenish, E. (1961), Manschu－Grammatik, Leipzig.

Hauer, E. (1952−55), *Handwörterbuch der Mandschu Sprache*, wiesbaden.

Hopper, P. J. (1982), "Aspect between Discourse and Grammar", *Tense −Aspect: Between Semantics & Pragmatics* edited by Paul J. Hopper, John Benjamins Publishing Company, Amsterdam Phila-delphia.

Jesperson, O. (1922), *Language It's Structure, Development and origin*. London: George Allen and Unwinn.

_____ (1929), *The Philosophy of Grammer*, eorage Allen and Unwin LTD., London.

Johnson, R. M. (1981), "A Unified Temporal Theory of Tense and Aspect," *syntax and Semantics 14 Tense and Aspect* edited by Philip Tedeschi & Annie zaenn, Academic Press, Inc., London.

Lyons, J. (1968), *Introduction to theoretical Linguistics* Cambridge University Press.

_____ (1977), *Semantics 2*, Cambridge Univ. Press.

Martin, S. (1966), "Lexical Evidence Relating Korean to Japanese" *Language* 42−2.

Möllendorff, P. G. von. (1892), *A Manchu Grammarm*, Shanghai.

Norman, J. (1967), *A Manchu−English Dictionary* Taipei.

Poppe, N. (1965), *Introduction to Altaic Linguistics* Wiesbaden.

Radoslav Katicic (1970), *A contribution to the General Theory of Comparative Linguistics* Mouton The HAGUE. PARIS.

Ramstedt, G. J. (1939), *A Korean Grammer* (=MSFOu 82).

_____ (1949), "Studies in Korean Etymology", MSFOu XCV, Helsinki.

Spair, E. (1921), *Language*, New York: Harcovrt, Brace & World.

몽골어 속격형 내포문주어 연구

1 서 론

    몽골어 단문의 주어는 한국어와 달리 주격표지가 없이 체언이 홀로 주어의 기능을 수행하지만 내포문의 주어는 속격어미나 대격어미와 결합하여 주어를 나타내는 경우가 있다. 따라서 내포문에서 속격어미와 함께 주어를 표현하는 속격형주어의 특성을 파악하기 위해서는 체언이 홀로 주어로 쓰이는 단독형주어와 대격어미와 함께 쓰이는 대격형주어와의 관계가 규명되어야 한다.

    본고에서는 몽골어 내포문주어의 표현양상을 확인하기 위한 작업의 일환으로 속격형주어에 한정하여 속격형주어의 통사적 특성을 내포문과 상위문명사와의 관계, 내포문이 상위문에서 수행하는 통사적 기능에 따라 파악해 보고자 한다. 이러한 작업은 궁극적으로 단독형 주어, 속격형주어 그리고 대격형주어와의 관계를 밝힘으로써 몽골어 내포문주어의 표현양상을 밝히기 위한 작업의 일환이 될 것이다.

    속격형주어의 통사적 특성을 파악하기 위해서 몽골어에서 주어가 표현되는 양상을 우선 단문을 중심으로 살펴보고 단문에서는 단독형과 함께 존대의 대상이나 단체를 나타내는 경우 탈격어미가 주어로 쓰이고 있음을 밝히고자 한다. 그리고 속격형주어의 특성은 명사화내포문과 관형화내포문으로 구분하여 관형화내포문은 내포문어미와의 관계, 그리고 내포문이 상위문에서 수행하는 통사적 특성을 중심으로 살펴보고 명사화내포문의 경우에는 내포문어미와의 관계와 함께 상위문명사와의 관계, 그리고 내포문이 상위문에서 수행하는 통사적 특성에 따라 속격형어미가 사용되는 실태를 파악해 보고자 한다.

내포문주어로 속격형이 쓰이게 된 것에 대해 우선적으로 상정해 볼 수 있는 것은 속격어미가 주격어미로서의 기능을 대행하고 있다고 할 수 있을 것이다. 기원적으로 주어를 나타내는 표지가 없던 몽골어에서 속격어미를 차용하여 주어를 나타내게 되었다는 설명이다. 그러나 이러한 설명은 주격어미와 속격어미의 관계를 설정하기 어렵게 하는 문제점이 있다. 나아가 이러한 속격어미의 기능이 명사구내포문에만 존재하는 이유를 설명하는데도 어려움이 따른다. 따라서 이러한 속격형이 명사구내포문에만 나타난다는 사실을 근거로 이들의 기저구조를 설정하고 속격어미와 상위문명사 또는 내포문의 명사적 특성과 관련해 파악해 볼 수 있을 것이다.

내포문의 속격형주어는 한국어, 만주어, 몽골어에서 모두 확인되는 통사적 특성이다.[1] 사용 분포 면에서는 다소 차이가 있어서 한국어에서는 속격형이 매우 세한된 엉역에서만 쓰이지만 만주어나 몽골어에서는 상대적으로 매우 널리 쓰이고 있다. 이러한 차이에도 불구하고 속격형은 한국어, 만주어와 몽골어가 공유하는 통사적 특성이다. 따라서 몽골어 내포문주어에서 쓰이는 속격형 주어에 대한 연구는 몽골어 내포문주어 연구뿐만 아니라 한국어, 만주어, 돌궐어 등 알타이제어에서 나타나는 속격형 내포문주어에 대한 연구에 도움이 될 것이다.[2]

---

1) 만주어 내포문주어의 속격형어미에 대해서는 최동권(2002a) 참조.
2) 내포문의 주어가 속격형이나 대격형으로 쓰이는 것은 한국어, 몽골어, 몽골어, 돌궐어 등 알타이 제어의 공통 특성의 하나다. 이에 대한 자세한 논의는 2002년 8월 정신문화연구원에서 열린 제1회 세계한국학대회에서 '한국어, 몽골어 내포문주어의 표현 양상'이라는 주제로 발표한 바 있다.

2 몽골어 주어의 표현 양상

몽골어 단문에서 주어는 한국어와 달리 주격표지가 없이 체언이 홀로 주어의 기능을 수행하는 것이 일반적이다. 다만 존대의 대상이 주어로 쓰이거나 단체명사가 주어로 쓰일 때는 탈격어미가 함께 쓰이는 경우가 있다.[3]

> (1) 가. Ою утнууд-∅   дуу   дуулж   байна.
>   학생들 -이 노래   부르고   있다.
>   나. Нутгийн   найз -∅   ирсэн.
>   고향의   친구 -가   찾아왔다.
> (2) 가. Багш -аас   үг   хэлнэ.
>   선생님-께서 말   하신다.
>   나. Энэ   номыг   өвөө   -гөөс   надад   өвлүүлсэн.
>   이   책을   할아버지 -께서   나에게   주셨다
> (3) 가. Улс -аас   том   шагналаар   шагнасан.
>   나라-에서 큰   상을   내렸다.
>   나. Сургууль-иас   надад   шинэ   компь тер   өгсөн.
>   학교   -에서 나에게   새   컴퓨터   주었다.

예문 (1)처럼 몽골어 주어는 주격어미가 없이 체언이 홀로 주어를 표현한다. 따라서 ∅ 형태의 주격어미를 설정하기도 한다. 그러나 언제나 체언이 홀로 주어를 표현하는 것만은 아니다. 부분적이기는 하지만 주어가 존칭의 대상이 되거나 단체명사가 쓰일 때는 탈격어미

---

3) 이에 대한 자세한 논의는 Лувсанвандан Ш.(1968:91) 참조.

-aac가 주격어미의 기능을 수행하는 경우가 있다.4) 예문 (2)처럼
багш(선생님)' θвθθ(할아버지)와 같이 존경의 대상이 되는 사람이 주
어로 쓰인 경우에는 탈격어미 -aac가 주어와 함께 쓰이고 예문 (3)처
럼 단체를 나타내는 улс(나라), сургууль(학교)와 같은 명사가 주어로
쓰인 경우에도 탈격어미 -aac가 주어를 나타내고 있다. 이러한 특수한
경우를 제외하면 몽골어 단문에서는 주격어미는 Ø 형태가 쓰인다.5)
그리고 이러한 현상은 한국어와 만주어가 공유하는 격어미의 표현양
상으로 존경의 대상이나 단체명사가 주어로 쓰이는 경우에는 한국어,
몽골어, 만주어가 모두 탈격어미와 함께 주어를 표현하고 있다.6)

  단문의 주어와 달리 내포문의 주어는 보다 다양한 모습으로 나타나
고 있다. 우선 단문과 마찬가지로 Ø 형태의 주격어미가 쓰이지만 내
포문의 주어가 속격어미나 대격어미와 함께 쓰이는 경우도 있다. 이러
한 특성은 관형화내포문과 명사화내포문의 구분이 없이 두루 나타나
고 있다.

  (4) 가. Намайг хоол ид-сэн гуанзыг чи мэдэх үү?
       나를   밥 먹-은 식당을 너 아느냐?
    나. Бат -ыг төр -сөн эмнэлгийг та мэднэ.
       바트 -를 태어나 -ㄴ 병원을 너 안다.

---

4) Poppe(1965)에서는 몽골어의 주어가 the subject is a human being, or a
  group, organization of human beings를 나타낼 경우 탈격어미가 쓰인다고
  하였다.
5) Мижиддорж, Го(1976:61)에서는 중세몽골어에서는 구격어미 -bar / -ber,
  -iyar / -iyer가 주격어로 쓰여 주어를 나타내는 경우가 있다고 하였다.
6) 최동권(2002b)에서는 만주어 탈격어미가 존칭의 대상이나 단체명사의 다
  음에서 주격어미의 기능을 하고 있음을 보여주고 있다.

다. Дорж -ийг ява - х -ыг би мэдээгүй.
　　도르지-를　　가 - ㅁ -을　나　몰랐다.

라. Чамайг ир -сн -ийг би сая мэдлээ.
　　너를　　오 - ㅁ -을　나　방금　알았다.

마. Аав намайг ˈмонгол руу явах ууˈ гэлээ.
　　아버지　나를　　몽골　로　가느냐　했다.

바. Багш түүнийг ˈөглөө 9 цагт ирээрэйˈ гэсэн.
　　선생님　그를　　아침　9 시에　오라　했다.

(5) 가. Дорж -ийн энэ номыг ав -сн -ыг би сая мэдлээ
　　　 도르지-의　이　책을　사 - ㅁ -을　나　방금　알았다.

나. Чиний ир -сн -ийг би сая мэдлээ.
　　너의　오 - ㅁ -을　나　방금　알았다.

다. Ах -ын унш -сан ном энэ байна.
　　형 -의　읽 -은　책　이것이다.

라. Миний сонс -сон хөгжим энэ шүү дээ.
　　내　들 -은　음악　이것이다.

　몽골어 내포문주어가 대격형으로 표현되는 양상은 매우 다양하다.
예문 (4, 5)에서는 내포문의 주어가 대격형으로 쓰이고 있다. (4가, 나)
는 관형화내포문으로서 내포문주어가 모두 대격형으로 쓰이고 있다.
(4가)에서는 1인칭대명사 대격형 намайг(나를)이 내포문서술어 ид-
(먹-)의 주어로 쓰이고 있으며, (4나)에서는 бат(바트)가 대격어미
-ыг와 함께 내포문서술어 төр-(태어나-)의 주어로 쓰이고 있다. 예
문 (4다, 라)는 명사화내포문의 내포문주어가 대격형으로 쓰이고 있는
예문들이다. (4다)에서는 дорж(도르지)가 대격어미 -ыг와 함께 내포
문서술어 ява-(가-)의 주어로 쓰이고 있으며 (4라)에서는 2인칭대명
사 대격형 чамайг(너를)이 내포문서술어 ир-(오-)의 주어로 쓰이고

있다. 이처럼 몽골어 내포문에서는 관형화내포문과 명사화내포문의 구분이 없이 두루 대격형이 주어로 쓰이고 있다.[7]

특히 예문 (4마, 바)에서는 인용화내포문의 경우에도 대격형이 쓰이고 있음을 보여준다. (4마)에서는 1인칭대명사 대격형 намайг가 (4바)에서는 3인칭대명사 대격형인 түүнийг가 각각 내포문의 주어로 쓰이고 있다. 이것은 속격형주어에서는 나타나지 않는 현상으로 대격형주어와 속격형주어의 차이점을 보여준다.

몽골어 내포문주어가 대격형으로 표현되는 것만은 아니다. 예문 (4)에서는 내포문의 주어가 속격형으로 쓰이고 있음을 보여준다. 예문 (5가)에서는 дорж(도르지)가 속격어미 -ийн과 함께 내포문서술어 ав-(사-)의 주어로 쓰이고 있으며, (5나)에서는 2인칭대명사 속격형 чиний(너의)가 내포문서술어 ир-(오-)의 주어로 쓰이고 있다. 예문 (5다, 라)는 명사화내포문의 내포문주어가 속격형으로 쓰이고 있는 예문들이다. (5다)에서는 ах(형)이 속격어미 -ын와 함께 내포문서술어 унш-(읽-)의 주어로 쓰이고 있으며 (5라)에서는 1인칭대명사 속격형 миний(나의)가 내포문서술어 сонс-(듣-)의 주어로 쓰이고 있다. 이처럼 몽골어 관형화내포문과 명사화내포문은 내포문주어로 속격어미를 쓰고 있다.

몽골어 내포문은 자신의 고유한 어미 형태를 지니고 있지 않기 때문에 형태만을 가지고 구분할 수는 없다. 한국어에서는 관형화내포문에서는 '-은/-을'이, 명사화내포문에서는 '-음/-기'가 내포문어미로 쓰이기 때문에 형태상으로 식별이 가능하다. 그러나 몽골어에서는 평서문에서 종결어미로 쓰이는 어미 -х, -сан, -даг, -аа[8])가 그대로

---

7) 내포문주어가 대격형으로 쓰이는 구문의 특성과 대격형주어의 특성에 대해서는 다음 기회에 다루고자 한다.

관형화내포문과 명사화내포문의 어말어미로도 쓰이기 때문에 어미의
형태만을 가지고 관형화내포문과 명사화내포문을 구분하기가 어렵고
상위문에서 수행하는 기능에 따른 구분만이 가능하다. 내포문이 상위
문에서 체언의 기능을 수행하면 명사화내포문이 되고, 체언을 수식하
는 관형어의 기능을 수행하면 관형화내포문이 되는 것이다.9)

(6) 가. Чиний унши –х номыг би авсан.
　　 네　　 읽 – 는　 책을　 나　 샀다.

　　나. Би ном унши –х　 дуртай.
　　 나　 책　 읽 – 기 좋아한다.

　　다. Чи маргааш номын санд очи–х уу?
　　 너　 내일　　 도서관에　　 가느냐?

(7) 가. Бидэнтэй хамт ном унш–сан　　 хүн.
　　 우리와　 함께　 책　 읽 – 은　 사람이다.

　　나. Чиний ир– сн–ийг би сая мэдлээ.
　　 너의　 오 – ㅁ – 을　 나　 방금　 알았다.

　　다. Бид өчигдөр олон сайхан зураг үз–сэн.
　　 우리　 어제　　 많은　 좋은　 그림　 보았다.

(8) 가. Тэр бол минйи яв –даг сургууль мөн.
　　 그것 은　 내　 다니 – 는　　 학교다.

---

8) 몽골어 어말어미 –х, –сан, –даг, –аа 등은 –х를 제외하고 –сан / –сэн /
　 –сон / –сөн, –даг / –дэг / –дог / –дөг, –аа / –ээ / –оо / –өө 등의 형태
　 가 음운론적 조건에 따라 쓰이고 있다.

9) 만주어 어말어미도 형태상의 특성으로는 구분이 되지 않는다. 최동권(1987)
　 에서 이미 지적한 바와 같이 만주어는 완료상의 –ha와 미완료상의 –ra
　 두 개의 어미가 종결어미, 내포문의 어말어미 등에 두루 쓰이기 때문에 형
　 태적 특성만을 가지고 이들을 구분할 수 없다.

나. Миний зураг сонирх–дог–ийг чи мэдээгүй юм уу?

　　나의　그림　좋아하 – ㅁ – 을　너　　　모르냐?

다. Та өдөр бүр хэдэн цагт бос–дог вэ?

　　너　날　마다　몇　시에　일어나느냐?

(9) 가. Тэнд суу–гаа хүн миний дүү.

　　저기　있 – 는 사람　내　동생이다.

나. Миний номын санд яв –аа –г найз харсан байна.

　　나의　　도서관에　가 – ㅁ – 을 친구　　보았다.

다. Манай найз сургуульд бай–гаа юм.

　　우리의　친구　학교에　　　있다.

　몽골어 종결어미로 쓰이는 –х, –сан, –даг, –аа 등이 내포문어미로 함께 쓰이기 때문에 이들의 차이점을 내포문의 특성에서 찾을 수는 없다.[10] 예문 (6)에서 미완료상의 어말어미 –х는 내포문과 상위문에서 두루 어말어미로 쓰이고 있다. (6가)에서는 관형화내포문, (6나)에서는 명사화내포문 그리고 (6다)에서는 상위문의 어말어미로 쓰이고 있다. 예문 (7)에서 완료상의 어말어미 –сан은 내포문과 상위문에서 두루 어말어미로 쓰이고 있다. (7가)에서는 관형화내포문, (7나)에서는 명사화내포문 그리고 (7다)에서는 상위문의 어말어미로 쓰이고 있다. 예문 (8)에서도 반복상을 나타내는 –даг이 내포문과 상위문에서 두루 쓰이고 있다. (8가)에서는 관형화내포문, (8나)에서는 명사화내포문, (8다)에서는 상위문의 어말어미로 쓰이고 있다. 예문 (9)에서도 지속상을 나타내는 –аа가 내포문과 상위문에서 두루 쓰이고 있다. (9

---

10) 몽골어 어말어미 –х, –сан, –даг, –аа는 각각 미완료상, 완료상, 반복상, 지속상을 나타낸다. 이에 대한 자세한 논의는 Лувсанвандан Ш.(1961) 참조.

가)에서는 관형화내포문, (9나)에서는 명사화내포문, (9다)에서는 상
위문의 어말어미로 쓰이고 있다.

동일한 어미가 종결어미와 내포문어미로 쓰이고 내포문의 경우에도
관형화내포문과 명사화내포문의 구분 없이 쓰이기 때문에 이들 어미
가 선행하는 구문이 내포문임을 나타내는 표지로서의 기능을 한다든
지, 문장이 종결되었음을 의미하는 어미로서의 기능을 한다든지 하는
문법적 의미를 부여하는 것은 적절하지 않다. 이들 어미가 내포문어미
로서의 기능과 종결어미로서의 기능을 갖는 것은 이들 어미가 가지고
있는 특성이 아니라 이들 어미가 결합한 구문의 통사적 특성에 따라
정의될 뿐이다. 따라서 어미의 형태적 특성을 가지고 내포문을 식별할
수는 없다.

내포문어미와 종결어미의 구분이 없는 것처럼 관형화내포문과 명사
화내포문을 구분할 수도 없다. -х, -сан, -даг, -аа 등이 관형화내포문
과 명사화내포문에서도 함께 쓰이기 때문이다. 따라서 어미 형태를 가
지고 관형화내포문과 명사화내포문을 구분할 수는 없다. 다만 이들 내
포문이 상위문에서 수행하는 기능에 따라 구분이 될 뿐이다. 내포문이
상위문명사를 수식하는 역할을 수행하면 관형화내포문이 되고 상위문
에 내포되어 주어, 목적어, 부사어 등의 문법적 기능을 수행하면 명사
화내포문이 된다. 이들 어미에 대해서는 다만 -сан은 완료상을, -х는
미완료상을, -даг은 반복상을 그리고 -аа는 지속상을 나타내는 어미로
서의 기능을 하고 있다고 하는 것이 정당한 설명이 된다. 따라서 형태
적 차이가 아니라 통사적 차이에 따라 명사화내포문과 관형화내포문
을 구분하여 관형화내포문과 명사화내포문의 주어가 쓰이는 양상을
살펴보기로 한다.

③ 관형화내포문의 주어

  관형화란 한 문장이 관형화내포문어미에 의하여 뒤에 오는 명사나 명사구를 수식하게 되는 통사적 절차를 말한다. 관형화는 두 종류로 나뉘는데 그 하나는 관계화(relativization)이며 다른 하나는 보문화(complementation)이다. 몽골어에서 관형화내포문과 명사화내포문뿐만 아니라 관계문과 보문의 어미 형태도 일정하여 내포문어미 -х, -сан, -даг, -аа가 두루 쓰이기 때문에 형태상으로 관계문과 보문은 구분할 수가 없다. 따라서 내포문과 상위문명사와의 관계에 따라 내포문이 상위문명사를 스스로 내포하고 있느냐, 내포하고 있지 않느냐 하는 통사적 절차에 따라 관계문과 보문을 구분할 수밖에 없다.[11]

  몽골어 관형화내포문을 이상과 같은 기준에 따라 관계문과 보문으로 구분할 경우에 내포문의 속격형주어가 나타나는 양상에 있어서 관계문과 보문 사이에 차이가 없다. 이상과 같은 관형화내포문의 특성은 대부분 한국어와 일치한다.[12] 다음 예문은 관계문 주어의 속격형을 보여준다.

  (10) 가. Бидний мордо -х үе -д долоон цаг болж байсан.
        우리의   출발하 -ㄴ 때 에   7   시 되고 있었다.
     나. Чиний төр -сөн тэр цаг сайхан байжээ.
        네   태어나 -ㄴ 그   때   좋았다.

---

11) 한국어와 만주어도 몽골어와 마찬가지로 관계문과 보문의 구분이 형태적으로 불가능하다. 이에 대한 자세한 논의는 최동권(1987) 참조.
12) 한국어 관형화내포문 주어의 속격형에 대한 논의는 이기문(1978:176) 참조.

(11) 가. Ах чиний унш–даг сонинг авчирсанв

형　네　읽 – 는　신문을　가져왔다.

나. Би чиний идэ –х мах –ыг худалдаж авсан.

나　너의　먹 – 는 고기 –를　사　왔다.

관형화내포문을 관계문과 보문으로 구분하여도 내포문의 주어로 속격형이 쓰이는 현상은 동일하다. 예문 (10가, 나)는 관계문에서 내포문의 주어가 속격형으로 쓰이고 있음을 보여준다. 예문 (10가)에서는 보문으로서 일인칭대명사 속격형 бидний가 서술어 мордо-(출발하-) 의 주어로 쓰이고 있으며 (10나)에서는 이인칭대명사 속격형 чиний가 서술어 төр-(태어나-)의 주어로 쓰이고 있다. 보문에서도 내포문의 주어로 속격형이 쓰이고 있다.13) (11가)에서는 이인칭대명사 속격형 чиний가 내포문 서술어 унш-(읽-)의 주어로 쓰이고 있으며 (11나) 에서는 이인칭대명사 속격형 чиний가 내포문 서술어 идэ-(먹-)의 주어로 쓰이고 있다.

속격형주어가 쓰이는 현상은 내포문어미의 종류와도 전혀 관계가 없다.

(12) 가. Бидний мордо –х үе –д долоон цаг болж байсан.

우리의　출발하 –ㄴ 때 에　7　시　되고　있었다.

나. Чиний төр –сөн тэр цаг сайхан байжээ.

네　태어나 –ㄴ 그 때　좋았다.

다. Ах чиний унш–даг сонинг авчирсан.

형　네　읽 – 는　신문을　가져왔다.

---

13) 박은용(1973)에 따르면 만주어의 속격어미는 i / ni의 두 종류가 있고 이들은 음운론적 조건에 따라 구분되어 쓰인다.

라. Ирж яв-аа хавар цагийг их хүлээсэн.

   오고 있-는 봄   시간을 매우 기다렸다.

예문 (12)에서는 -x, -сан, -даг, -аа가 각각 내포문어미로 쓰이고 있다. 그리고 내포문의 주어는 모두 속격형을 취하고 있다. (12가)에서는 미완료상의 -x, (12나)에서는 완료상의 -сан, (12다)에서는 반복상의 -даг, (12라)에서는 지속상의 -аа가 쓰이고 있다. 따라서 내포문어미가 나타내는 미완료상, 완료상, 반복상, 지속상 등의 의미 특성과 내포문주어의 속격화현상과는 관계가 없음이 분명하다. 내포문주어로 속격형이 쓰이게 된 현상을 상위문의 문법적 특성과의 관계에서 파악해 볼 수도 있다.

(13) 가. Миний ир-сэн машин-ыг та үзсэн үү?

       나의 오-ㄴ 차 -를 너 보았냐?

    나. Би чиний идэ-x мах -ыг худалдаж авсан.

       나 너의 먹-는 고기 -를   사   왔다.

    다. Миний ир-сэн машин- ы жолооч тэр байна.

       나의 오-ㄴ 차 -의 운전수 그 이다.

(14) 가. Би чиний идэ-x махан- д   дургүй.

       나 너의 먹-는 고기 -에 좋아하지 않는다.

    나. Миний ир-сэн машин-д суугаарай.

       나의 오-ㄴ 차 -에 타시오.

    다. Миний ир-сэн машин- аас хурдан ю м.

       나의 오-ㄴ 차 -에서   빠르다.

    라. Би чиний идэ-x махн- аас амсая.

       나 너의 먹-는 고기 -에서 맛보자.

    마. Би чиний идэ-x мах -аар хоол хийе.

       나 너의 먹-는 고기 -로   밥 하마.

바. Миний ир–сэн машин–аар яваарай.
　　나의　　오-ㄴ　　차 -로　　가시오.

사. Миний ир–сэн машин–тай тааралдсан уу?
　　나의　　오-ㄴ　　차 -와　　만났냐?

아. Би чиний идэ–х мах - тай дэлгүүр мэдэхгүй.
　　나　너의　먹-는　고기-와　(고기 있는)가게　모른다.

예문 (13, 14)처럼 상위문 명사의 문법적 성격과도 관계가 없다. 상
위문명사가 예문 (13가, 나)에서는 대격어미 –ыг와 함께 상위문의 목
적어로 쓰이고, (13다)에서는 속격어미 –ы와 함께 관형어로 쓰이고,
(14가, 나)에서는 여격어미 –д, (14다, 라)에서는 탈격어미 –aac, (14
마, 바)에서는 구격어미 –aap, (14사, 아)에서는 공동격어미 –тай와
함께 부사어로서 기능을 수행하고 있다. 이러한 상위문명사와의 통합
관계에서 볼 때 내포문과 상위문명사의 문법적 성격과는 아무런 관련
이 없다.

이상의 논의는 몽골어 내포문의 주어가 속격형으로 쓰이는 환경을
내포문어미나 상위문명사의 통사적 특성과는 관계가 없다는 것을 보
여준다. 그런데 속격어미의 특성이 선행하는 체언이 후행하는 체언을
수식하는 것이라고 할 때 속격형의 기저구조를 설정함으로써 속격형
의 특성을 파악해 볼 수 있다.

(15) 가. Ax чиний унш–даг сонин–г авчирсан
　　　나. Ax чиний [чи унш]–даг сонин–г авчирсан
　　　다. Ax [чи унш]–даг сонин–г авчирсан

예문 (15)와 같은 속격형주어와 관련하여 기저에서부터 존재하던

속격형이 (15나)처럼 동일명사구삭제규칙에 의해 생략되었다고 보거나, (15다)처럼 기저구조에서는 내포문의 주어로 쓰이던 것이 상위문으로 인상된 결과라고 볼 수 있다. 기저구조를 어떻게 설정하든 내포문주어가 상위문명사와 수식의 관계를 갖게 되면서 속격어미를 선택하게 되었음은 분명해 보인다.

몽골어 관형화내포문에서 내포문주어가 속격형으로 쓰이는 현상은 한국어나 만주어와 일치한 문법현상이다. 다만 몽골어와 만주어는 매우 활발하게 쓰이고 있는 데 반하여 한국어의 경우에는 매우 제한된 환경에서만 쓰이고 있다는 점에서 차이가 난다. 이와 관련하여 몽골어와 만주어에는 주격어미의 형태가 존재하지 않지만 한국어에는 주격어미가 존재한다는 사실과 밀접한 관계가 있을 수 있다. 그리고 한국어의 경우에 현대한국어보다 중세한국어에서 속격형이 훨씬 생산적으로 쓰였다는 사실도 한국어와 몽골어의 역사적 관련성을 높여주고 있다.[14]

4 명사화내포문의 주어

몽골어 명사화내포문도 관형화내포문과 마찬가지로 내포문의 주어로 Ø 형태의 주격어미가 쓰이는 단독형과 속격어미와 함께 쓰이는 속격형을 모두 확인할 수 있다. 몽골어 관형화내포문에서 속격형주어가 쓰이는 분포상의 특성을 살펴보기 위하여 내포문어미와의 관계, 그

---

14) 중세한국어 명사화내포문의 속격형주어에 대한 자세한 논의는 이기문(1978: 176), 안병희(1968) 참조.

리고 내포문이 상위문에서 수행하는 문법적 기능과의 관계 등을 살펴
보고자 한다.

몽골어 명사화내포문에서 속격형주어가 표현되는 양상을 내포문어미
의 종류에 따라 살펴보면 다음과 같다.

(16) 가. Дорж -ийн энэ номыг ав-сн -ыг би сая мэдлээ.
　　　도르지-의　 이　 책을　사-ㅁ-을　나　방금　알았다.

　　나. Чиний ир-сн-ийг би сая мэдлээ.
　　　너의　 오-ㅁ-을　 나　방금　알았다.

　　다. Дорж -ийн ява-х-ыг би мэдээгүй.
　　　도르지-의　 가-ㅁ-을　 나　몰랐다.

　　라. Бат-ын үзвэр үзэ -х -ийг би сая дууллаа.
　　　바트-의 구경거리 보-ㅁ-을 나 방금 알았다.

　　마. Миний зураг сонирх-дг-ийг чи мэдээгүй юм уу?
　　　나의　 그림 관심있-ㅁ-을 너　모르냐?

　　바. Болд-ын хичээлд яв-дг-ийг эмээ мартсан.
　　　볼트 -의　수업에 가-ㅁ-을　할머니 잊었다.

　　사. Дарг-ын хуралд сууг -аа-г чи хэлээрэй!
　　　회장-의　회의에 참석하-ㅁ-을 너 말해라.

　　아. Солонг-ын хотод яв-аа -г ах харсан байна.
　　　솔롱고-의　시에　가-ㅁ-을 형　보았다.

위 예문은 명사화 내포문의 어미의 종류에 관계없이 속격형이 두루
쓰이고 있음을 알 수 있다. 예문 (16)에서는 -х, -сан, -даг, -аа가 각
각 내포문어미로 쓰이고 있다. (16가, 나)에서는 미완료상의 -х, (16
다, 라)에서는 완료상의 -сан, (16마, 바)에서는 반복상의 -даг, (16사,
아)에서는 지속상의 -аа가 쓰이고 있다. 따라서 내포문어미가 나타내

는 미완료상, 완료상, 반복상, 지속상 등의 의미 특성과 내포문주어의 속격화현상과는 관계가 없음이 분명하다.

　내포문 주어의 속격형은 내포문이 상위문에서 수행하는 문법적 기능과도 아무런 관계가 없다. 속격형은 내포문이 주어로 기능하느냐, 목적어로 기능하느냐, 관형어로 기능하느냐, 아니면 부사어로 기능하느냐에 관계없이 널리 쓰이고 있다.[15] 다음 예문은 내포문이 상위문에서 수행하는 기능에 따라 예문을 제시한 것으로서 속격형의 형태가 두루 쓰이고 있음을 알 수 있다.

(17) 가. Дорж -ийн энэ номыг ав -сн -ыг би сая мэдлээ
　　　더르지 -의 　이　 책을　사-ㅁ-을 　나　 방금　 알았다.

　　나. Чиний ир-сн-ийг би сая сонслоо.
　　　너의　　오-ㅁ-을　나　 방금　 들었다.

(18) 가. Чиний ир-сн-ий дараа багш ирсэн.
　　　너의　　오-ㅁ-의　다음　 선생님　왔다.

　　나. Болд-ын яв-сн-ы өмнөхөн би ирсэн.
　　　볼트-의　가-ㅁ-의　　전　　　나　왔다.

(19) 가. Дорж-ийн яв-сан-д би дургүй байгаа.
　　　도르지-의　가-ㅁ-에　나　좋아하지　않는다.

　　나. Бидний ир-сэн-д тэд баярласан.
　　　우리의　오-ㅁ-에　그들　감사했다.

(20) 가. Чиний ир-сн-ээс хойш хоёр цаг өнгөрлөө.
　　　너의　　오-ㅁ-에서　뒤　　두　 시간　지났다.

　　나. Сүрэнг-ийн инээ-сн -ээс болж Сэлэнгэ загнуулав.
　　　수렝 -의　 웃 -ㅁ-에서　되서　세렝게　소리쳤다.

---

15) 중세한국어에서도 명사구내포문이 주어로 쓰이느냐 목적어로 쓰이느냐에 관계없이 두로 쓰이고 있다. 이에 대한 자세한 논의는 이광호(1988) 참조.

(21) 가. Болд   ир -сн -ээр   анги   хөл хөгжөөнтэй болов.
　　　　볼트　　오 - ㅁ - 으로　　학급　　소란스러워졌다.

　　나. Багш   яв -сн -аар   сурагчид   тарав.
　　　　선생님　가 - ㅁ - 으로　　학생들　　흩어졌다.

(22) 가. Миний   оч-сон-той   чи   яг   таарсан.
　　　　나의　　가-ㅁ-과　　너　바로　만났다.

　　나. Цэцэг-ийн   дуу   дуул -сан -тай   зэрэгцэн   Бат   дуулав.
　　　　체첸 - 의　노래　노래하 - ㅁ - 과　　동시에　　바트　노래했다.

예문 (17가, 나)는 내포문이 대격어미 -ыг와 함께 상위문의 목적어로 쓰인 구문으로서 (17가)에서는 Дорж(도르지)가 내포문서술어 ав-(사-)의 주어로 쓰이고 있으며 (17나)에서는 2인칭대명사 속격형 чиний가 내포문서술어 ир-(오-)의 주어로 쓰이고 있다. 예문 (18가, 나)는 속격어미 -ы와 함께 내포문이 상위문의 관형어로 쓰인 구문으로서 (18가)에서는 2인칭대명사 속격형 чиний가 내포문서술어 ир-(오-)의 주어로 쓰이고 (18나)에서는 Болд(볼트)의 속격형이 내포문서술어 яв-(가-)의 주어로 쓰이고 있다.

예문 (19, 20, 21, 22)에서는 내포문이 상위문의 부사어로 쓰인 구문으로서 (19)에서는 여격어미 -д, (20)에서는 탈격어미 -aac, (21)에서는 구격어미 -aap, (22)에서는 공동격어미 -тай와 함께 부사어로서 기능을 수행하고 있다. 이처럼 명사화내포문에서 내포문이 어떠한 성분으로 상위문에 내포되느냐에 관계없이 내포문의 주어로 속격형이 쓰이고 있다.

이상의 논의를 통하여 몽골어 내포문주어의 속격형이 내포문어미나 내포문명사의 문법적 특성과는 무관하다는 것을 알 수 있었다. 이러한 특성은 관형화내포문에서도 이미 확인하였던 특성으로 몽골어 내포문주어의 속격형이 쓰이는 환경은 관형화내포문이나 명사화내포문의 구분 없이 동일한 기재에 의해 정의되어야 함을 의미한다. 관형화내포문을 논의하는 과정에서 이미 지적된 바와 같이 명사화내포문에서도 속격어미의 본질을 선행하는 체언이 후행하는 체언을 수식하는 것이라고 할 때 다음과 같은 기저구조를 설정해 볼 수 있다.

   (23) 가. Чиний ир-сн-ийг би сая мэдлээ.
      나. Чиний (Чи ир-сн)-ийг би сая мэдлээ.
      다. (Чи ир-сн)-ийг би сая мэдлээ.

  예문 (23가)와 같은 속격형주어의 기저구조를 (23나)처럼 기저에 존재하던 속격형이 동일명사구삭제규칙에 의해 생략되었다고 보거나 (23다)처럼 기저구조에서는 내포문의 주어로 쓰이던 것이 상위문으로 인상된 결과라고 볼 수 있다.[16] 명사화내포문에서 속격형주어의 기저구조를 어떻게 설정하느냐 하는 문제는 보다 많은 논의 과정을 거쳐야겠지만 분명한 것은 내포문의 주어가 상위문명사와 수식의 관계를 갖게 되면서 속격어미를 선택하게 되었다는 사실이다.

  몽골어에서 관형화내포문과 명사화내포문을 불문하고 속격어미가 내포문의 주어로 널리 쓰이고 있다는 것은 몽골어에 주격어미를 나타내는 표지가 존재하지 않는다는 사실과 밀접한 관계가 있다. 주어를 나타내는 표지가 없다는 것은 상위문명사와 내포문주어의 거리가 멀어져 내포문주어와 상위문의 관계를 확실히 나타내거나 내포문주어와

---

16) 한국어 관형화내포문 주어가 속격어미와 함께 쓰이는 속격형의 기저구조와 관련하여 내포문의 주어가 상위문의 속격형으로 변형되었다는 주장과 내포문의 주어가 동일명사구삭제 규칙에 의해 삭제된 결과라는 주장이 있다. 이에 대한 자세한 논의는 임홍빈(1981) 참조.

내포문의 관계를 보다 분명하게 규정해야 할 필요가 요구되는 환경에
서는 어려움이 따를 수가 있다. 물론 속격어미의 본질인 선행 체언과
후행 체언 사이의 관계 규정이 요구되는 상황에서 속격어미가 쓰였음
이 분명하지만 이처럼 주어의 속성을 보다 분명히 나타낼 필요가 있
는 상황에서 주어표지가 없는 데서 발생하는 어려움을 극복하기 위한
대체 수단으로 속격어미가 주어를 나타내는 기능을 수행하게 되었을
것이며 이것이 몽골어가 한국어보다 속격형주어가 자주 쓰이게 된 이
유가 될 것이다.

⑤ 결 론

몽골어 단문에서 주어는 한국어와 달리 주격표지가 없이 체언이 홀
로 주어의 기능을 수행하는 것이 일반적이다. 다만 존대의 대상이 주
어로 쓰이거나 단체명사가 주어로 쓰일 때는 탈격어미가 함께 쓰이는
경우가 있다. 단문의 주어와 달리 내포문의 주어는 보다 다양한 모습
으로 나타나고 있다. ∅ 형태의 주격어미가 쓰이는 단독형과 함께 내
포문의 주어가 속격어미와 함께 쓰이는 속격형, 대격어미와 함께 쓰이
는 대격형 등이 함께 쓰이고 있다.

관형화내포문에서 속격형주어가 쓰이는 분포상의 특성은 관형화내
포문이 관계문이냐 보문이냐에 관계없이 두루 쓰이고 있다. 내포문어
미의 종류와도 관계가 없어서 미완료상의 -x, 완료상의 -сан, 반복상
의 -даг, 지속상의 -aa 등 어떠한 어미와도 잘 어울리며 상위문명사가
문장 내에서 수행하는 문법적 기능과도 전혀 관계가 없다. 이러한 특

성은 명사화내포문에서도 일치하다. 속격형주어가 쓰이는 환경은 내포
문어미의 종류와도 관계가 없으며 내포문이 상위문에서 주어, 목적어,
부사어 등 어떠한 문법적 기능을 수행하느냐에 관계없이 생산적으로
쓰이고 있다.

   속격형이 쓰이는 환경에 대해서 현재로서는 통사론적 환경에 지배
를 받지 않고 두루 쓰이고 있다는 잠정적인 결론에 도달할 수 있었다.
그러나 동일한 구문에서 내포문주어로 체언이 홀로 주어의 기능을 수
행하는 단독형, 대격어미와 함께 쓰이는 대격형, 그리고 속격어미와
함께 쓰이는 속격형과의 관계를 규명하고 이들의 사용을 구분하는 기
재가 무엇인가를 파악하는 문제는 아직 해결되지 않은 상태로 남아
있다. 몽골어에서 속격어미가 내포문의 주어로 널리 쓰이고 있다는 것
은 몽골어에 주격어미를 나타내는 표지가 존재하지 않는다는 사실과
밀접한 관계가 있다. 주어를 나타내는 표지가 없다는 것은 상위문명사
와 내포문주어의 거리가 멀어져 내포문주어와 상위문의 관계를 확실
히 나타내거나 내포문주어와 내포문의 관계를 보다 분명하게 규성해
야 할 필요가 요구되는 환경에서는 어려움이 따를 수가 있다. 따라서
선행체언과 후행체언 사이의 관계를 밝히는 수단으로 쓰이는 속격어
미가 내포문주어와 상위문 사이에서 주어표지로서 기능을 하게 되는
것이다.

참고문헌

박은용(1973) 「만주어문어연구」제2집. 형설출판사.

안병희(1968) "중세국어의 속격어미 'ㅅ'에 대하여", 「이숭녕 박사 송수기념 논총」.

이광호(1988) "국어 격조사 '을 / 를'의 연구" 탑출판사.

이기문(1978) "국어사개설(개정판)". 탑출판사.

임홍빈(1981) "존재 전제와 속격표식(의)," 「언어와 언어학」 7.

최동권(1987) '국어와 만주어 명사구내포문 비교연구', 성균관대학교 대학원 박사학위논문.

_____(2002a) '만주어 내포문주어의 표현 양상', "동양학 32", 동양학연구소, 단국대학교 동양학연구소.

_____(2002b) '만주어 격어미 연구, 인문학연구 제2집. 상지대 인문학연구소.

Бямбасан П.(1975) Орчин монгол хэлний үгийн бүтэц, нэр үгсийн аймаг, Уб.

Лувсанвандан Ш.(1961) Орчин цагийн монгол хэл зүй, Бээжин хот.

_____(1968) Монгол хэлний үгсийг аймаглах тухай асуудалд, хэлзохиол судлал, боть Y Уб, х. 15-50

Мижигдорж го.(1976) Монгол АНЖ бичгийн хэлний харьцаа Уб.

Өнөрбаян Ц.(1998) Орчин цагийн монгол хэлний үг зүй, Уб.

Чой Донгүэн(1996) Монгол хэлний дагавар үг-ийн тухай асуудалд (Солонгос, Манж хэлний хэрэглэгдэхүүнтэй харьцуулах нь), Монгол хэл шинжлэл, боть XX1Y, Уб. х.76-88

Poppe, N.(1965) Intorduction to Altaic Linguistics. Wiesbaden: Otto Harrassowitz.

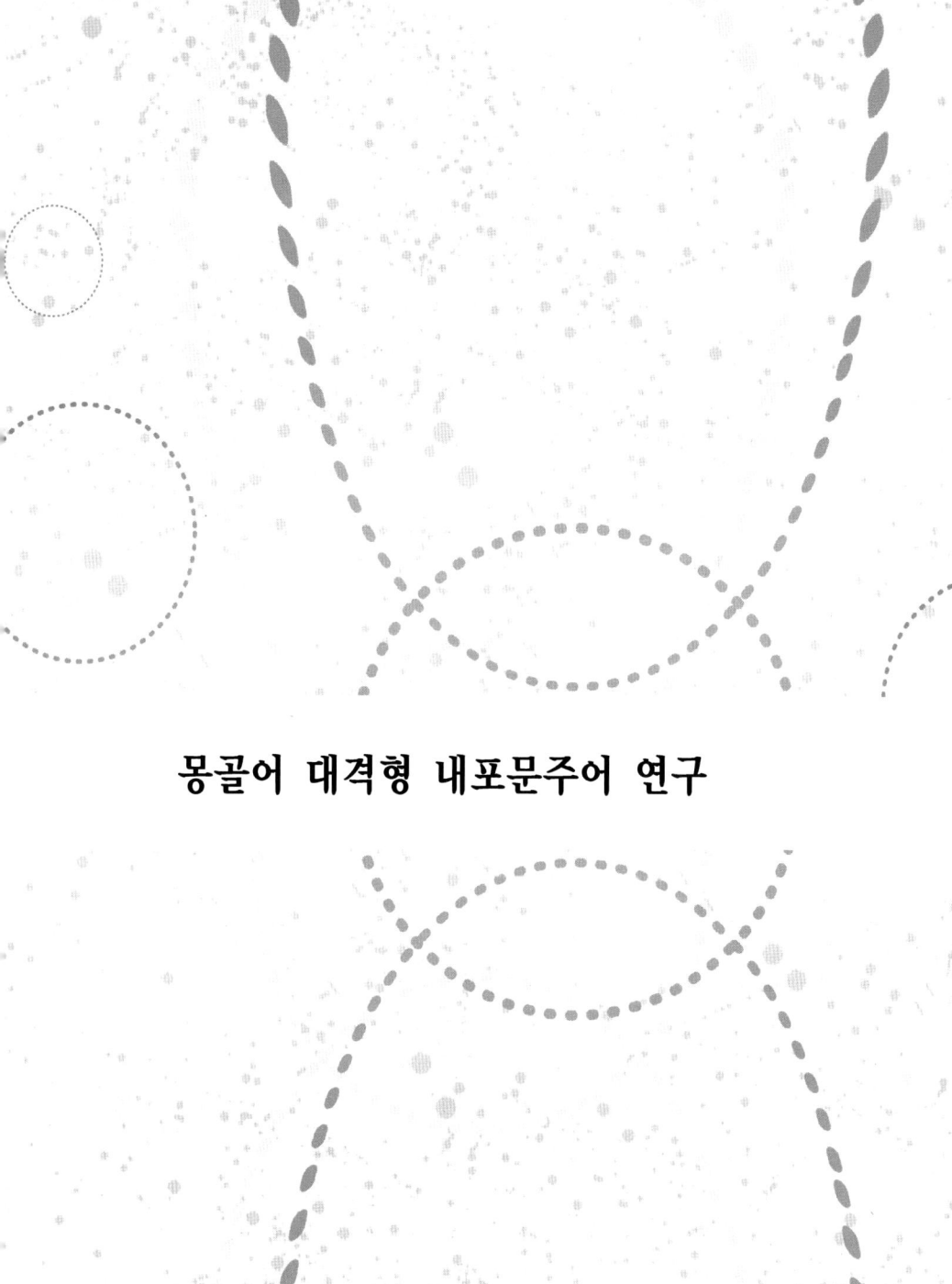

몽골어 대격형 내포문주어 연구

1 서 론

몽골어 단문의 주어는 한국어와 달리 주격표지가 없이 체언이 홀로 주어의 기능을 수행한다. 그러나 내포문에서는 속격어미나 대격어미가 주어를 나타내는 경우가 있다.[1] 내포문의 주어가 속격형으로 쓰이는 구문은 관형화내포문과 명사화내포문에 한정되어 있는 반면에 내포문 주어가 대격형으로 쓰이는 대격형주어는 인용화내포문, 관형화내포문, 명사화내포문 그리고 접속문 등에서 두루 쓰인다.[2] 속격형주어는 관형화내포문, 명사화내포문에만 쓰이기 때문에 소유와 대상이라는 통사론적 기재로 설명할 수 있다. 그러나 대격형주어는 관형화내포문, 명사화내포문, 인용화내포문 그리고 접속문에서까지 사용분포가 다양하기 때문에 하나의 통사론적 기재로만 설명하기 어렵다.

내포문의 주어가 대격형으로 쓰이는 구문의 특성은 내포문과 상위문 사이의 관계에서 파악할 수 있다. 관형화내포문의 경우는 내포문과 상위문명사와의 관계에서, 명사화내포문은 내포문이 상위문에서 수행하는 통사적 기능에 따라서, 그리고 인용화내포문과 접속문은 상위문동사와의 관계에서 그 특성을 분석해 볼 수 있다.[3] 그러나 어느 일정한 통

---

1) 내포문 주어의 속격형에 관해서는 최동권(2003)에서 분포상의 특성을 논한 바 있다.
2) Ш. Лувсанвандан(1968:93-94)에서는 대격어미가 결합하는 경우와 결합하지 않는 경우를 구분하여 제시하고 있다.

사론적 과정을 거쳐 이들 모든 구문의 주어가 대격형을 선택하게 되었다고 설명할 수 없다. 그보다는 대격어미의 특성과 밀접한 관계에 있다.

　대격어미는 선행하는 명사가 목적어임을 나타내는 지표로 보는 관점이 있다. 그러나 자동사와 타동사의 일반 개념과 관계없이 대격어미의 존재 유무만을 가지고 자동사와 타동사를 구분하는 것은 문제가 있다. 동일한 동사가 분포상으로나 의미상의 차이가 없는데도 대격어미의 유무만을 가지고 자동사와 타동사를 구분하는 것은 자동사와 타동사의 개념 차이, 그리고 목적어와 수식어의 차이를 어렵게 한다. 대격어미는 다른 격어미 형태로 대치되어 쓰이는 특성이 있고 대격이 부사어의 기능을 하는 일도 많으므로 선행어가 반드시 목적어로 쓰이는 것은 아니다. 명사구가 동사에 한정 작용을 하는 것이라면 이미 목적어의 한계를 벗어나서 수식어 곧 부사어의 구실을 하게 되는 것이다. 이러한 대격어미의 특성이 주어와 함께 쓰여 서술어의 '주제'나 '초점'을 나타내게 되는 역할을 수행할 수 있게 하는 것이다.

　대격어미가 주어와 함께 쓰이는 몽골어 구문을 인용화내포문, 관형화내포문, 명사화내포문, 접속문으로 구분하여 분포상의 특성, 상위문과의 관계 등을 중심으로 살펴보고 대격어미가 하위문과 상위문 사이의 통사론적 관계가 아니라 상위문 서술어의 '주제'나 '초점'의 기능을 공통적으로 수행하고 있음을 밝히고자 한다.

---

3) 내포문주어의 속격형과 대격형의 사용분포는 한국어, 만주어, 몽골어 사이에 분포상으로 다소 차이가 있다. 한국어에서는 매우 제한된 영역에서만 쓰이고 만주어는 그보다 널리 쓰이고 있지만 몽골어는 한국어나 만주어와 비교할 때 훨씬 폭넓게 쓰인다.

② 인용화내포문

   몽골어 인용화내포문은 상위문의 인용동사 гэ-와 함께 상위문에 내포되기 때문에 인용동사의 존재가 인용화내포문을 식별할 수 있는 기준이 된다.[4] 이러한 특성은 중세한국어나 만주어와 일치하는 것으로 중세한국어에서는 인용동사 '하-', 만주어에서는 인용동사 se-가 인용화내포문을 식별할 수 있는 지표 역할을 한다.[5] 그러나 중세한국어, 몽골어, 만주어 인용문은 공통적으로 직접인용문이나 간접인용문을 구분할 수 있는 표지가 없기 때문에 형태상의 특성을 가지고 직접인용문과 간접인용문을 식별하기가 매우 어렵다. 다만 중세한국어, 몽골어, 만주어가 공통적으로 간접인용문에서 내포문주어가 대격어미와 함께 쓰이는 대격형이 있다. 따라서 대격형은 내포된 구문이 간접인용문임을 식별할 수 있는 하나의 기준이 된다.

   몽골어에서 인용문에 쓰이는 대격형주어의 특성을 논하기 위해서는 우선 인용문의 원청자를 표현하는 격 형태에 대한 논의가 필수적이다. 몽골어 인용문에서 원청자를 나타내는 격 어미는 피인용문의 성격과 밀접한 관계가 있다. 일반적으로는 평서문, 의문문, 명령문, 청유문 등 문장의 종류에 관계없이 여격어미 -д가 쓰이고 의문문이나 청유문의 경우 탈격 -aac가 쓰이기도 한다.[6]

---

4) 최동권(1999) 참조.

5) 현대한국어는 중세한국어와 달리 직접인용문에 '-라고', 간접인용문에 '-고'와 같은 지표가 있어서 형태적으로 구분이 된다.

6) 만주어 인용문에서 원청자는 여격어미 'de, i baru'와 함께 쓰인다.

(1) 가. Багш   надад ʿСолонгос руу   явнаʾ гэж ярьсан.
　　　선생님 나에게   한국   으로   간다 하고 말했다.

　나. Аав   надад ʿчи солонгос хэл заавал сурʾ гэж
　　　아버지 나에게   너   한국   말   반드시 배워라 하고

　　　хэлсэн.
　　　말했다.

　다. Багш   надад ʿСолонгос руу явах ууʾ гэж хэлэв.
　　　선생님 나에게   한국   으로 가느냐   하고 말했다.

　라. Цэнгэл Болдод ʿхамт хоол идьеʾ гэж хэлсэн.
　　　쳉겔   볼트에게 함께   밥   먹자 하고 말했다.

(2) 가. Багш   надаас ʿчи хөдөө явах ууʾ гэж асуув.
　　　선생님 나에게서 너   시골   가느냐 하고 물었다.

　나. Багш   түүнээс ʿчи Солонгост амьдардаг ууʾ гэж лавлав.
　　　선생님 그에게서 너 한국에서   사느냐   하고 확인했다.

　다. Жолооч хамт яваа хүмүүсээс ʿөглөө эрт хөдлөөʾ
　　　운전수   함께 가는 사람들에게 아침   일찍 출발하자

　　　гэж хүслээ.
　　　하고 바랐다.

　라. Бат   надаас ʿБи чиний номыг уншъяʾ гэж гуйлаа.
　　　선생님 나에게서 나   네   책을   읽자 하고 부탁했다.

　예문 (1)은 피인용문의 성격과 관계없이 원청자를 나타내는 데 여격어미 -д가 쓰이고 있음을 보여준다. (1가)는 평서문, (1나)는 명령문, (1다)는 의문문, (1라)는 청유문이다. 이것은 몽골어 인용문에서 원청자는 여격어미 -д가 피인용문의 종류와 관계없이 쓰이는 것을 보여준다. 그런데 피인용문이 의문문과 청유문인 경우 원청자는 탈격어미 -aac와 함께 쓰인다. 예문 (2)에서는 탈격어미 -aac가 원청자를 나타내고 있는데 (2가, 나)는 의문문, (2다, 라)는 청유문이 피인용

248

문으로 쓰이고 있다.

이처럼 몽골어 인용문에서 원청자를 나타내는 격 형태는 피인용문의 성격과 밀접한 관계를 갖는다. 일반적으로는 평서문, 의문문, 명령문, 청유문 등 구문의 종류에 관계없이 여격어미 -д가 쓰이며 의문문이나 청유문의 경우 탈격 -aac가 쓰이기도 한다. 이러한 특성은 발화의 상대를 나타내거나 질문의 대상을 나타낸다는 점에서 여격어미나 탈격어미의 일반적인 특성과 일치한다고 할 수 있다. 그러나 이와 달리 인용화내포문에 대격어미 -г가 쓰이는 경우가 있다.

(3) 가. Багш   намайг ˈном сайн уншсан байнаˈ гэсэн.
　　　선생님   나를   책   잘   읽었다   했다.

　　나. Аав   ахыг ˈсургуулиа амжилттай төгссөнˈ гэж бэлэг
　　　아버지 형을   학교   성공적으로   졸업했다 하고 선물
　　　өгсөн.
　　　주었다.

(4) 가. Очир намайг ˈхэзээ явах вэˈ гэсэн.
　　　오치르 나를   언제 가느냐   했다.

　　나. Аав намайг ˈмонгол руу явах ууˈ гэлээ.
　　　아버지 나를   몽골 로 가느냐   했다.

(5) 가. Багш намайг ˈмонгол руу явˈ гэсэн.
　　　선생님 나를   몽골 로 가라   했다.

　　나. Багш түүнийг ˈөглөө 9 цагт ирээрэйˈ гэсэн.
　　　선생님 그를   아침 9 시에 오라   했다.

(6) 가. Найз маань намайг ˈхамт явъяˈ гэж манайд ирсэн.
　　　친구 ←내   나를   함께 가자 하고 나에게 왔다.

　　나. Би чамайг ˈхот руу хамт явъяˈ гэж
　　　나 너를   도시 로 함께 가자   하고

гуйгаагүй шүү дээ.
간청하지 않았다.

대격형이 쓰이는 구문은 내포된 구문의 종류와 관계없이 두루 나타
난다. 예문 (3)은, 평서문, (4)는 의문문, (5)는 명령문, (6)은 청유문
으로서 대격형과 내포된 구문의 성격과는 전혀 관계가 없음을 보여준
다. 그런데 이들 대격형은 원청자를 나타내는 형태로 여격어미 -д를
대신하고 있다고 볼 수 있다. 즉 대격어미가 여격어미의 기능을 대신
하고 있는 것으로 볼 수 있다. 그러나 다음 예문은 대격형이 상위문의
원청자를 나타내는 것이 아니라 내포문의 주어를 나타내고 있음을 보
여준다. 여격형과 대격형이 함께 쓰여 여격형과 탈격형은 원청자를 나
타내고 대격형은 주어를 나타내고 있다.

(7) 가. Ээж   надад   чамайг ‘маргааш   эрт   босно’   гэж   хэлсэн,
　　　어머니 나에게   너를   내일   일찍   일어난다 하고   말했다.
　　나. Багш   надад   чамайг ‘Солонгос   руу   явна’   гэж   хэлэв.
　　　선생님 나에게   너를   한국   으로   간다   하고   말했다.
　　다. Багш   Баатарт   намайг ‘үлгэр   жишээ   оюутан’   гэж   магтсан.
　　　선생님 바타르에게 나를   모범   학생이다   하고   칭찬했다.
(8) Багш   надаас   чамайг ‘маргааш   ирэх   үү’   гэж   асуусан.
　　선생님 나에게서 너를   내일   오느냐   하고   물었다.

원청자를 나타내기 위해서 여격어미 -д가 쓰이는 것이 보편적인
몽골어 인용문의 특성이다. 예문 (7)에서는 원청자를 나타내는 여격어
미 -д와 함께 피인용문의 주어로 2인칭대명사 대격형 чамайг와 1인
칭대명사 대격형 намайг가 함께 쓰이고 있다. 예문 (8)에서는 원청자

를 나타내는 -aac와 함께 2인칭대명사 대격형 чамайг가 함께 쓰고 있다. 이때 피인용문의 주어는 원발화자나 원청자가 아닌 제3자를 나타낸다. 이것은 몽골어 인용문에서 피인용문의 주어가 대격어미와 함께 쓰이는 대격화 현상이 단순히 원청자를 나타내기 위한 수단으로 처격어미나 탈격어미를 대신하고 있는 것이 아니라는 것을 분명히 보여준다.

이상과 같은 대격어미가 주어의 기능을 수행하는 구문에 대해서는 다음과 같은 논의가 가능하다. 하나는 대격형이 내포문주어로 쓰이는 경우 어떠한 과정을 거쳐서 내포문의 주어가 대격형을 취하게 되었는가 하는 문제이며 다른 하나는 이들 대격형이 인용문의 원청자를 나타내는 부사어로 쓰이는 경우와 동일한 기재에서 볼 것인가 아니면 각각 별개의 특성으로 볼 것인가 하는 문제이다.

내포문의 주어가 대격형으로 표현되는 현상을 설명하기 위해서는 대격형의 기저구조를 설정하여 기저에서는 주어이던 것이 주어 올리기라는 변형을 거쳐 상위문의 목적어로 인상되었다고 보거나 아니면 이들이 기저에서부터 상위문에 존재하였고 다만 하위문의 주어가 동일명사구삭제규칙에 의해 삭제되었다고 상정해 볼 수 있다. 그러나 상위문과 하위문에서 동일 대상을 지시하는 형태가 함께 쓰이고 있는 구문은 이러한 해석을 어렵게 한다.

(9) 가. Сүрэн намайг ʼта англиар ярьдаг ууʼ гэсэн.
　　　 수렝　 나를　 너　영어로　 말하느냐　 했다.
　　 나. Найз маань манай эгчийг ʼта юм сайн
　　　 친구 ←나의　나의　언니를　 너　물건　잘
　　　 оёдог ууʼ гэж байсан.
　　　 바느질하느냐　 하고　있었다.

예문 (9가)에서는 намайг와 та, (9나)에서는 манай эгчийг와 та가 동일 대상에 대하여 각각 대격형과 주격형으로 한 구문에서 쓰이고 있다. 따라서 기저의 내포문 주어가 상위문에서 대격형으로 변형되었다고 보기 어렵다. 이를 받아들이면 변형의 결과물이 기저에 존재하는 것으로 설명하거나 원청자를 나타내는 여격형이 대격형으로 쓰이게 된 것을 설명해야 하는 어려움이 있기 때문이다. 다만 기저에 존재하던 하위문의 주어가 생략된 결과 상위문에 대격형이 나타나게 되었다는 해석은 가능하다. 그러나 대격형이 청자를 지칭하며 홀로 쓰일 때는 이러한 해석이 가능하지만 원청자를 나타내는 여격형과 함께 대격형이 하위문의 주어로 쓰이는 구문에서는 이러한 해석에 어려움이 따른다. 내포문의 주어가 생략된 결과 대격형이 내포문의 주어를 나타내게 되었다고 한다면 또 다른 내포문의 주어를 상정하고 이를 다시 생략해야 하는 절차가 필요하기 때문이다. 아울러 동일한 대격형이 쓰이는 구문의 성격에 따라 달리 해석함으로써 문제 해결을 더욱 복잡하게 한다.

내포문의 기저구조를 설정함으로써 대격형주어의 특성을 파악하려는 시도보다는 대격어미가 갖는 속성에서 그 기재를 찾는 것이 적절해 보인다. 대격어미는 선행하는 명사가 목적어임을 나타내는 지표로서 일반적으로는 대격어미와 함께 쓰이는 동사를 타동사로 보고 있다. 그러나 대격어미는 다른 격어미 형태로 대치될 수 있기 때문에 그 선행어를 반드시 목적어라고 해야 할 이유는 없다. 이른바 목적격이 부사어 따위의 기능을 하는 일이 많으므로 명사구가 동사에 한정 작용을 하는 것이라면 이미 목적어의 한계를 벗어나서 수식어 곧 부사어의 구실을 하게 되는 것이다. 이런 점에서 몽골어에서 대격어미가 주어와 함께 쓰이는 현상은 선행어가 주어임을 나타내는 기능을 하는 것이 아니라 서술어의 주제(topic)를 표현하거나 '강조'의 효과를 나타내는 일종의 문체적 변이 역할을 하고 있다고 보는 것이 적절하다. 피인용문의 주어가 간접인용문에서 상위문의 한 성분이 될 때 대화의 주제가 되거나 화제의 초점이 되면 대격형을 선택하게 되는 것이다. 이러한 분석은 원청자를 지칭하는 대격형과 내포문의 주어를 나타내는 대격형을 구분하지 않고 대격형이 문장에서 발화의 주제나 초점이 되면 선택되는 것이기 때문에 설명의 단순성이라는 점에서도 적절하다.

몽골어 인용문의 대격화 현상은 한국어, 만주어가 함께 공유하는 통사적 특성이다. 한국어에서는 대격형이 선택되는 조건으로 상위문서술어의 종류와 관계가 있는 것으로 보기도 하지만 몽골어에서는 대격형이 매우 널리 쓰이고 있기 때문에 서술어의 종류와 관련하여 그 특성을 파악하는 것은 어렵다.[7] 이처럼 분포상으로 볼 때 한국어는 매우 제한된 범위 내에서만 쓰이고 시대적으로도 현대한국어보다는 중세한국어에서 더 널리 쓰이지만 몽골어와 만주어에서는 대격형이 널리 쓰이고 있다는 점에서 차이가 난다. 이러한 분포상의 차이는 몽골어와 만주어에 주격어미 형태가 존재하지 않는 것과 밀접한 관계가 있다. 주어 표지가 없는 몽골이나 만주어에서는 내포된 문장의 주어가 상위문의 일부가 될 때 식별의 어려움이 있기 때문에 다른 방법의 표현 방식을 택하게 되고 그것이 대격화라고 하겠다.[8]

---

7) 우순조(1995)에서는 이들 구문을 단문구조의 평가구문으로서 내포문의 주어로 인식되던 명사구는 평가동사의 목적어이며 서술어로 인식되던 성분은 평가동사의 독자적 보어를 이룬다고 하였다.

8) 몽골어에서 Галтын ирсэн гэж үнэн үү 구문에 대해 내포문주어가 속격형으로 쓰인 인용문이라는 주장이 있다. 그러나 이때의 гэж는 인용동사로 쓰인 것이 아니라 주제화의 지표로 쓰인 것에 불과하다.

③ 관형화내포문

　관형화내포문을 관계화와 보문화로 구분할 때 내포문의 대격형 주어는 관계문과 보문의 구분 없이 두루 쓰이고 있다. 다음 예문은 관계문과 보문의 주어로 대격형이 쓰이는 것을 보여준다.

(10) 가. Тэр хүнийг гар –сан хойно би ирсэн.
　　　　그　사람을　돌아가-ㄴ　뒤　나　왔다.

　　나. Биднийг мордо –x үе –д 7 цаг болж байсан.
　　　　우리를　출발하-ㄴ　때에　7　시　되고　있었다.

(11) 가. Батыг зур –сан зураг сайхан болжээ.
　　　　바트를　그리-ㄴ　그림　잘　됐다.

　　나. Эгчийг бод –дог тэр хүнийг би сайн танихгүй.
　　　　언니를　생각하-ㄴ　그　사람을　나　잘　모른다.

　관형화내포문을 관계문과 보문으로 구분하여도 내포문의 주어로 대격형이 쓰이는 현상은 동일하다. 예문 (10가, 나)는 관계문으로서 내포문의 주어가 대격형으로 쓰이고 있음을 보여준다. 예문 (10가)는 대격형 тэр хүнийг이 내포문 서술어 гар-의 주어로 쓰이고 있으며 (10나)에서는 일인칭대명사 대격형 биднийг가 서술어 мордо-의 주어로 쓰이고 있다. (11가, 나)는 보문으로서 내포문의 주어가 대격형으로 쓰이고 있다. (11가)에서는 대격형 Батыг가 내포문 서술어 зур-의 주어로 쓰이고 있으며 (11나)에서는 대격형 эгчийг가 내포문 서술어 бод-의 주어로 쓰이고 있다.

　관형화내포문에서 대격형 주어가 쓰이는 현상은 내포문어미의 종류

254

와도 전혀 관계가 없다.

(12) 가. Намайг хоол идүүл-сэн гуанзыг чи мэдэх үү?

나를   밥   먹 -은   식당을   너   아느냐?

나. Намайг төрүүл -сөн эмчийг та танина.

나를   태어나 -ㄴ 병원을   너   안다.

(13) 가. Чамайг сургууль ява-х хооронд би дэлгүүр ороод ирлээ.

너를   학교   가-ㄴ 사이에 나 가게   들어 왔다.

나. Намайг ирэ-х үе-д чи ирсэн үү?

나를   오-ㄴ 때-에 너   왔냐?

(14) 가. Ахыг ир-дэг цагт би хоол хийнэ.

형을 오-ㄴ 때에   나 밥   한다.

나. Намайг цэвэрлэ-дэг үе-д Дорж гэртээ харьжээ.

나를   청소하-ㄴ 때-에 도르지 집에   돌아갔다.

예문 (12-14)는 몽골어 관형화내포문으로서 내포문어미의 종류와 관계없이 내포문주어로 대격형이 쓰이고 있음을 보여준다. 예문 (12)에서는 내포문에 완료상의 어말어미 -сэн이 쓰이고 있는 구문인데 내포문의 주어로 일인칭대명사 대격형 намайг가 쓰이고 있다. 예문 (13)에서는 내포문에 미완료상의 어말어미 -x가 쓰이고 있는 구문인데 내포문의 주어로 이인칭대명사의 대격형 чамайг, 일인칭대명사 대격형 намайг가 쓰이고 있다. 예문 (14)에서는 내포문에 반복상의 어말어미 -дэг이 쓰이고 있는 구문인데 내포문의 주어로 ахыг와 일인칭대명사 대격형 намайг가 쓰이고 있다. 따라서 내포문어미가 나타내는 미완료상, 완료상, 반복상 등의 의미 특성과 내포문주어의 대격화 현상과는 관계가 없음이 분명하다.[9]

9) 내포문어미로 쓰이는 완료상의 -сан 미완료상의 -x 반복상의 -дэг의 예

4 명사화내포문

　몽골어 명사화내포문에서도 내포문의 주어가 대격어미와 함께 쓰이는 대격형은 매우 폭넓게 쓰인다. 몽골어 명사화내포문에서 대격형주어가 표현되는 양상을 내포문어미의 종류에 따라 살펴보면 다음과 같다.

(15) 가.　Доржийг　энэ　номыг　ав –сн –ыг　би　сая　мэдлээ.
　　　　도르지를　이　책을　사 – ㅁ – 을　나　방금　알았다.

　　나.　Чамайг　ир–сн–ийг　би　сая　мэдлээ.
　　　　너를　오 – ㅁ – 을　나　방금　알았다.

(16) 가.　Батыг　үзвэр　үзэ–х–ийг　би　сая　дууллаа.
　　　　바트를　구경거리　보 – ㅁ – 을　나　방금　알았다.

　　나.　Доржийг　ява –х –ыг　би　мэдээгүй.
　　　　도르지를　　가 – ㅁ – 을　나　몰랐다.

(17) 가.　Доржийг　яв –дг –ийг　би　мэдээгүй.
　　　　도르지를　가 – ㅁ – 을　나　모른다.

　　나.　Намайг　зураг　сонирх–дг–ийг　чи　мэдээгүй юм уу?
　　　　나를　그림　관심있 – ㅁ – 을　너　　모르냐?

(18) 가.　Солонгыг　хотод　яв–аа–г　ах　харсан байна.
　　　　솔롱고를　　시에　가 – ㅁ – 을　형　　보았다.

　　나.　Даргыг　хуралд　сууг –аа –г　чи　хэлээрэй.
　　　　대장을　　회의에　참석하 – ㅁ – 을　너　말해라.

문은 확인할 수 있지만 지속상 –aa의 예문은 확인하지 못했다. 지속상이라는 의미 특성 때문인지 아니면 단순히 예문을 찾지 못한 것인지를 결정하기 위해서는 더욱 연구가 필요한 부분이다.

위 예문은 명사화내포문의 어미의 종류에 관계없이 내포문의 주어로 대격형이 쓰이고 있음을 보여준다. 예문 (15)에서는 완료상의 -сан, 예문 (16)에서는 미완료상의 -x, 예문 (17)에서는 반복상의 -даг, 예문 (18)에서는 지속상의 -aa가 내포문 서술어의 어말어미로 쓰이고 있다. 따라서 내포문어미가 나타내는 미완료상, 완료상, 반복상, 지속상 등의 의미 특성과 내포문주어의 대격화 현상과는 관계가 없다.

내포문 주어의 대격형은 내포문이 상위문에서 수행하는 문법적 기능과도 아무런 관계가 없다. 대격형은 내포문이 주어로 기능하느냐, 목적어로 기능하느냐, 관형어로 기능하느냐, 아니면 부사어로 기능하느냐에 관계없이 널리 쓰이고 있다. 다음 예문은 내포문이 상위문에서 수행하는 기능에 따라 예문을 제시한 것으로서 대격형의 형태가 두루 쓰이고 있음을 보여준다.

(19) 가. Чамайг   ир-сн-ий   дараа би явъя.
         너를   오-ㅁ-의 다음   나 가마.

     나. Доржийг бодлоо өөрчил-сн-ий дараа л бүгдээрээ энэ
         도르지를 생각   고치 -ㅁ-의 다음   모두   이
         ажлыг эхлэе.
         일을   시작하마.

(20) 가. Чамайг ир-сн-ийг би сая мэдлээ.
         너를   오-ㅁ-을 나 방금 알았다.

     나. Дорж-ийг энэ номыг ав -сн -ыг би сая мэдлээ.
         도르지 를 이   책을   사 -ㅁ-을 나 방금 알았다.

(21) 가. Чамайг ир-сэн-д   би баяртай байна.
         너를   오-ㅁ-에 나   감사한다.

     나. Дүүгээ амжилттай суралц -сан -д би хязгааргүй
         동생을   성공적으로 배우 -ㅁ -에 나   무한히

баяртай байна.

감사한다.

(22) 가. Чамайг   ир-сн -ээс   хойш   Болд   ирсэн.

너를   오-ㅁ-에서   뒤   볼트   왔다.

나. Багшийг   уурлуул-сн -аас   хичээл   хойшлов.

선생님을   화내 -ㅁ-에서   수업   연기했다.

(23) 가. Чамайг   ир-сн -ээр   манай   энд   хөл хөдөлгөөнтэй боллоо.

너를   오-ㅁ-으로 우리   여기   소란스러웠다.

나. Болдыг   ир-сн -ээр   анги   хөл хөгжөөнтэй болов.

볼트를   오-ㅁ-으로   학급   소란스러워졌다.

(24) 가. Чамайг   ир-сэн-тэй   ах   яг   таарлаа шүү.

너를   오-ㅁ-과   형   바로   일치했다.

나. Намайг   говьд   аял -сан -тай   чи   үүнийг   зүйрлэж

나를   고비에 여행하 -ㅁ -과   너   이것을   비교하고

байгаа   юм уу?

있는   것이냐?

예문 (19)는 내포문이 속격어미 -ий와 함께 상위문명사의 관형어로
쓰인 구문이다. (19가)에서는 이인칭대명사 대격형 чамайг가 내포문
서술어 ир-의 주어로 쓰이고 있으며 (19나)에서는 дорж의 대격형이
내포문 서술어 өөрчил-의 주어로 쓰이고 있다. 예문 (20)은 내포문이
대격어미 -ийг와 함께 상위문의 목적어로 쓰인 구문으로서 (20가)에
서는 이인칭대명사 대격형 чамайг가 내포문 서술어 ир-의 주어로 쓰
이고 있으며 (20나)에서는 дорж의 대격형이 내포문 서술어 ав-의 목
적어로 쓰이고 있다.

예문 (21-24)에서는 내포문이 상위문의 부사어로 쓰이고 있다.
(21)에서는 여격어미 -д와 함께 상위문의 부사어로 쓰인 구문으로서

내포문주어로 이인칭대명사 대격형 чамайг와 дүү의 대격형이 쓰이고 있으며, (22)에서는 여격어미 –аас와 함께 상위문의 부사어로 쓰인 구문으로서 내포문주어로 이인칭대명사 대격형 чамайг와 багш의 대격형이 쓰이고 있으며, (23)에서는 여격어미 –аар와 함께 상위문의 부사어로 쓰인 구문으로서 내포문주어로 이인칭대명사 대격형 чамайг와 Болд의 대격형이 쓰이고 있으며, (24)에서는 공동격어미 –тай와 함께 상위문의 부사어로 쓰인 구문으로서 내포문주어로 이인칭대명사 대격형 чамайг와 일인칭대명사 대격형 чамайг가 내포문의 주어로 쓰이고 있다.

이상의 논의를 통하여 몽골어 내포문주어의 대격형이 내포문어미나 내포문의 문법적 특성과는 무관하다는 것을 알 수 있었다. 이러한 특성은 관형화내포문에서도 이미 확인하였던 사실로서 몽골어 내포문주어의 대격형이 쓰이는 환경은 관형화내포문이나 명사화내포문의 구분 없이 동일한 기재에 의해 정의되어야 함을 의미한다.

5 접속문

내포문 주어의 대격형은 인용화내포문과 명사화내포문, 관형화내포문에서 두루 확인된다. 이러한 대격형의 실현조건을 인용화내포문과 명사화내포문, 관형화내포문으로 구분할 필요가 있느냐 하는 문제가 제기된다. 더구나 몽골어 대격형은 접속문에서도 두루 쓰이고 있다. 3 인용화내포문, 명사화내포문, 관형화내포문은 내포문이라는 문법 범주에 포괄할 수 있지만 접속문은 내포문과 구분되는 문법 범주에 속하기 때문에 이들을 하나의 기재로 정의하는 데 어려움이 따를 수 있다. 어떻든 다음 예문은 몽골어 접속문에서 하위문의 주어로 대격형이 쓰이고 있음을 보여준다.10)

(25) 가. Намайг ир -тэл чи хүлээж бай.
　　　　나를　　오-도록 너 기다리고 있다.

　　 나. Би ир -тэл　　чи хүлээж бай.
　　　　나　오-도록　　너 기다리고 있다.

(26) 가. Батыг ир-вэл Дорж　харина.
　　　　바트를 오-면 도르지 돌아간다.

　　 나. Бат ир-вэл Дорж харина.
　　　　바트 오-면 도르지 돌아간다.

(27) 가. Намайг настай бол -тл ах хөдөөд суусан.
　　　　나를　　나이 들 -도록 형 시골에 살았다.

　　 나. Бц настай бол -тлоо хөдөөд суусан.
　　　　나 나이 들 -도록 시골에 살았다.

예문 (25)은 연결어미 -тэл에 의해 연결된 종속접속문으로서 (25가)에서는 намайг(일인칭대명사 대격형), (25나)에서는 би(일인칭대명사 주격형)이 하위문의 주어를 나타내고 있다. 예문 (26)도 연결어미 -вэл에 의해 연결된 종속접속문으로서 (26가)에서는 대격형 Батыг, (26나)에서는 주격형 Бат가 하위문의 주어로 쓰이고 있다. 예문 (27)은 연결어미 -тлоо에 의해 연결된 종속접속문으로서 (27가)에서는 намайг (일인칭대명사 대격형), (27나)에서는 би(일인칭대명사 주격형)이 하위문의 주어를 나타내고 있다.

---

10) 접속문에서 대격형 주어가 쓰이는 구문은 한국어에서도 일부 확인된다.

이들 대격형 구문의 경우 대격형을 하위문이나 상위문 서술어의 목적어로 볼 수도 있다. 그러나 예문 (26, 27)은 상위문의 서술어와 하위문의 서술어가 모두 자동사로 쓰여 대격형이 서술어의 목적어를 지시하는 것으로 볼 수 없다.[11] 접속문에서 쓰이는 대격형에 대해 부분적으로 선행문의 주어로 보거나 상위문의 목적어나 부사어로 볼 수 있을지 모른다. 그러나 대격형이 쓰인 구문 모두를 만족시켜주는 설명으로는 모두 부적절하다. 그보다는 이미 앞에서 설명한 바와 같이 대격형이 발화의 초점이나 주제를 나타낸다고 하는 것이 적절하다. 그리고 그 대상은 상위문의 서술어가 될 것이다.

(28) 가. Намайг ир-тэл чи хүлээж бай.
　　 나. Чи намайг ир-тэл хүлээж бай.
(29) 가. Батыг ир-вэл Дорж харина.
　　 나. Дорж Батыг ир-вэл харина.

내포문과 접속문이라는 다른 범주에 속하는 구문의 대격형 주어가 동일한 기능을 수행할 수 있는가 하는 문제가 제기될 수 있다. 접속문은 기본적으로 독립된 두 문장이 동등한 자격으로 접속하고 있기 때문이다. 그러나 종속접속문에서 선행문이 상위문에 부사절로 내포되는 부사형 내포문이라는 사실을 받아들인다면 문제가 되지 않는다. 예문 (28가, 29가)에서 선행문이 후행문의 서술어 앞으로 이동하여 (28나, 29나)와 같이 쓰일지라도 의미상으로 전혀 차이가 나지 않는다. 그리고 이때 이동한 선행문은 후행문 서술어의 부사어로 쓰이게 되어 선행문이 후행문에 내포되는 구조가 된다. 이것은 종속접속문이 통사론

---

11) 몽골어의 종속절의 대격형에 대해서 Лувсанвандан(1953)과 小澤重南 (1978: 63)에서는 주어의 유정성과 관계가 있다고 하였다.

적으로 부사절의 기능을 하는 내포문에 포함된다는 것을 의미하며 결과적으로 종속접속문이라고 하는 것이 부사화내포문임을 입증하는 좋은 근거가 되기도 한다. 따라서 접속문에서 선행문의 주어가 대격어미와 함께 쓰이는 구문에서 대격형 주어는 관형화내포문이나 명사화내포문 그리고 인용화내포문처럼 상위문에 내포되어 상위문 서술어의 '초점'이나 '주제'를 나타내는 기능을 하는 것이다.

지금까지 논의한 대격형 주어가 쓰이는 다양한 구문을 이해하기 위해서는 각각의 구문에 대한 분석적 해석과 함께 대격형과 속격형, 나아가 주격형이 쓰이는 문법 기재에 대한 관계를 포괄적이며 유기적으로 파악하고 이해할 때 이들의 특성이 명백히 들어날 것이다. 그리고 한국어와 달리 만주어나 몽골어에서 속격형과 대격형이 널리 쓰이는 것은 이들 언어에 주격어미 형태가 존재하지 않는다는 것과도 밀접한 관계가 있다. 상위문에 내포되면 내포문의 주어가 상위문에서 자신의 통사적 기능을 표현할 적절한 수단이 필요하리라는 것은 쉽게 생각해 볼 수 있다.

6 결 론

몽골어 단문의 주어는 한국어와 달리 주격표지가 없이 체언이 홀로 주어의 기능을 수행한다. 그러나 내포문에서는 속격어미나 대격어미가 주어를 나타내는 경우가 있다. 속격어미는 관형화내포문과 명사화내포문에서 내포문주어와 함께 쓰이며, 대격어미는 관형화내포문, 명사화내포문, 인용화내포문과 접속문에서 내포문주어와 함께 주어를 나타낸다.

내포문주어의 대격형의 특성은 내포문과 상위문의 관계에서 파악할 수 있다. 관형화내포문은 상위문명사와의 관계, 명사화내포문은 상위문에서 쓰이는 통사적 기능에 따라 그 성격을 파악해 보고 인용화내포문은 인용동사나 원청자의 성격과의 관계에서 그 특성을 살펴보았다. 그러나 관형화내포문과 명사화내포문에서 쓰이는 대격형은 상위문명사의 종류나 내포문이 상위문에서 쓰이는 통사적 기능과 관계없이 널리 쓰이고 있다. 인용화내포문에서 쓰이는 대격형은 상위문 서술어의 부사어로서 원청자를 나타내는 것으로 볼 수도 있지만 몽골어에서는 대격형과 부사어가 함께 쓰이고 있기 때문에 대격형을 단순히 부사어로 처리할 수는 없다. 그보다는 대격어미가 초점이나 주제(topic)를 나타내는 기능을 한다.

한국어에서는 속격형이 선택되는 조건이 상위문명사의 종류와 관련이 있는 것으로 보고 대격형이 선택되는 조건은 상위문서술어의 종류와 관계가 있는 것으로 보기도 한다. 그런데 한국어의 경우 속격형과 대격형의 사용 분포는 매우 제한적이고 시대적으로도 현대한국어보다는 중세한국어에서 더 널리 쓰인다. 몽골어는 한국어와 달리 속격형과 대격형이 특별한 제약 없이 모두 널리 쓰인다.

몽골어에서 내포문주어를 나타내는 데 속격형과 대격형이 널리 쓰이는 것은 몽골어에 주격어미가 존재하지 않는다는 사실과 밀접한 관계가 있다. 주어를 나타내는 지표가 없는 상태에서는 상위문과 내포문주어의 거리가 멀어지면 주어를 인식하기가 어려워지고 상위문과의 관계가 모호해질 수 있다. 이러한 문제점을 극복하기 위해서 대격어미가 내포문의 주어와 함께 주제를 나타내는 기능을 수행하게 되었을 가능성도 있다.

어떻든 분포상의 차이에도 불구하고 내포문의 주어가 대격어미와 함께 쓰이는 현상은 한국어와 몽골어의 공통된 통사적 특성이다. 따라서 몽골어 내포문주어에 대한 연구와 함께 한국어, 몽골어, 돌궐어 등 알타이제어의 내포문주어의 특성을 연구하면 알타이제어의 비교연구와 개별 언어의 연구에 크게 기여할 것이다.

참고문헌

안병희(1968) '중세국어 속격어미 'ㅅ'에 대하여', "이숭녕 박사 송수기념 논총".

우순조(1995) '내포문과 평가구문', 국어학 제 26 집, 국어학회.

최동권(1987) '국어와 만주어 명사구내포문 비교연구', 성균관대학교 대학원 박사학위논문.

_____(1999) '한국어·만주어·몽골어의 의도구문 비교연구', "알타이학보 9", 한국알타이학회.

_____(2003) '몽골어 속격형 내포문주어 연구', 몽골학 제15호, 한국몽골학회.

N. Poppe(1965) *Intorduction to Altaic Linguistics*, Wiesbaden: Otto Harrassowitz.

Ш. Лувсанвандан(1953) Монгол хэлэн дэх ялгах ба үл ялгахын ёс, "ШУ", сэтгүүл,дугаар 3, Уб.

_____(1968) "Орчин цагийн монгол хэлний бүтэц", (үг, нөхцөл хоёр нь), Уб.,

山越康裕(2001) 'モンゴル語の直接目的語の格選擇にみられる名詞句階層', 알타이학보 제11호, 한국알타이학회

小澤重南(1978) 'モンゴル語と日本語,

한국어 · 몽골어 · 만주어 인용문 비교연구

1 서 론

한국어, 만주어, 몽골어 인용문에 대한 비교연구는 상위문동사 'ᄒᆞ-'의 기원형과 관련하여 만주어 se-, 몽골어 ge-~gi-, 돌궐어 -te 등과 비교를 시도한 적은 있었지만 인용문의 통사, 의미 특성 일반에 대한 비교연구는 지금까지 이루진 바가 없다.[1] 본고에서는 한국어, 몽골어, 만주어 인용문의 통사, 의미 특성을 살펴보고 특히 피인용문의 주어가 대격 어미로 표현되는 대격화 현상을 중심으로 인용문의 구조적 특성을 비교 연구하고자 한다.

인용문에 대한 전통적 개념으로는 인용의 대상이 타인의 언어 표현에만 한정되었지만 한국어, 몽골어, 만주어는 타인의 언어 표현뿐만 아니라 자신의 말이나 생각을 전달하기 위한 수단으로도 인용문의 형식을 이용하고 있다는 공통점을 가지고 있다.[2] 본고에서는 타인의 언어 표현과 함께 자신의 말이나 생각을 다른 사람에게 전달하는 형태를 모두 인용문의 범주에 포함하여 한국어, 만주어, 몽골어 인용문의 구조적 특성을 비교하고자 한다.

중세한국어, 몽골어, 만주어 인용문은 직접인용문과 간접인용문을 식별할 수 있는 지표가 되는 형태가 없다. 현대한국어에서 직접인용문

---

1) Ramstedt(1949)에서는 'ᄒᆞ-'의 기원형에 대해 만주어, 몽골어, 돌궐어와 음운론적 비교를 하고 있다. 참조.
2) 한국어 인용문의 정의에 대해서는 서정수(1996: 1332-1335) 참조.

은 '라고', 간접인용문은 '고'라고 하는 표지가 있어서 인용문을 식별할
수 있고 직접인용문과 간접인용문도 구분할 수 있지만 중세한국어에
는 이러한 표지가 없다. 몽골어와 만주어 인용문도 중세한국어처럼 직
접인용문과 간접인용문을 나타내는 표지가 없기 때문에 중세한국어나
만주어처럼 문헌자료를 이용해야만 하는 경우에는 직접인용문과 간접
인용문을 구분하기가 매우 어렵다.

　몽골어와 만주어 인용문에는 인용문표지가 없지만 인용문을 식별하
는 것은 어렵지 않다. 몽골어에서는 ge-동사가, 그리고 만주어에서는
se-동사가 인용문에 쓰이기 때문에 이들 동사의 존재 여부를 통하여
인용문을 구분할 수 있다. 이들 동사는 중세한국어의 'ᄒᆞ-' 동사에 대
응이 되는 형태로 한국어의 'ᄒᆞ-'가 인용문 이외에도 접미사나 본동
사로 두루 쓰이는 것과는 달리 인용문에서만 제한적으로 쓰이기 때문
에 인용문을 나타내는 인용동사가 되는 것이다. 인용문의 상위문서술
어로 인용동사가 쓰이지 않고 화법동사가 쓰일 경우에는 피인용문 뒤
에 몽골어에서는 ge-j, 만주어에서는 se-me가 쓰어서 인용표지의 역
할을 수행한다. 이들은 중세한국어 인용문에 쓰이는 'ᄒᆞ-야'와 대응이
되는 형태로서 상위문서술어로서 기능을 하는 것이 아니라 피인용문
을 상위문에 내포시키는 기능을 하는 것이다.

　한국어, 몽골어, 만주어 인용문은 피인용문 주어가 대격 어미와 함
께 쓰이는 대격화 현상이라는 특성을 공유하고 있다. 한국어에서는 대
격어미 -을, 몽골어에서는 -g, 만주어에서는 be가 피인용문의 주어
와 함께 쓰이고 있다. 피인용문의 주어가[9] 대격화하는 환경은 각 언어
마다 차이가 있지만 한국어, 몽골어, 만주어 인용문의 공통된 통사적
특성임은 분명하다. 본고에서는 인용동사, 인용표지, 피인용문의 주어
등을 중심으로 한국어, 몽골어, 만주어 인용문을 비교 연구하여 한국

어, 만주어, 몽골어 인용문이 동일한 통사, 의미 특성을 공유하고 있음
을 밝히고자 한다.

2 인용문의 구조

인용문을 구성하는 기본요소로는 원발화자 NPI, 원청자 NP2, 피인
용문 S, 인용표지 COMP, 상위문 동사 V 등을 설정할 수 있다. 인용
문의 성격은 이러한 구성요소들 각각의 특성과 통합절차에 따라 규정된
다. 중세한국어 인용문의 전형적인 문형은 'NPI NP2 [S] (ᄒ야) V'의
구조를 보여준다.

(1) 가. 제 닐오ᄃᆡ 'ᄒ마 ᄀ롬업슨 解脫을 得호라' ᄒ리니 (능엄 9:75)
　　나. '一切 ᄒ논 일 잇논 法이 便安티 몯혼 주를 如來 뵈시노라' ᄒ시
　　　　며 (석상 23:18)
　　다. 제 일오ᄃᆡ '臣은 이 酒中엣 仙人이로라' ᄒ니라. (두초 15:41)
(2) 가. 如來 샹녜 우리를 '아ᄃ리라' 니르시니이다. (월석 13:32)
　　나. 이 ᄢᅵ 아들ᄃ리 '아비 죽다' 듣고 (월석 17:21)
　　다. 艱難혼 사ᄅᆞ미 간대로 '帝王이로라' 일홈ᄒ다가 (능엄 6:112)
(3) 가. 구틔여 '머리 셴 사ᄅᆞ미라' ᄒ야 혜아리디 마롤디니라. (두초 18:7)
　　나. '내 發心혼 사ᄅᆞ미로라' ᄒ야 니르린댄 (금삼 4:3)
　　다. 釋迦牟尼佛이 十方ᄋᆞ로셔 오신 分身佛ᄃ를 '各各 本土애 도라가
　　　　쇼셔' ᄒ야 니르샤ᄃᆡ (월석 18:19)

예문 (1-3)은 중세한국어 인용문의 전형적 형태라 할 수 있는 문

장들로서 세 종류의 기본 문형으로 나타난다. 예문 (1)은 피인용문의 끝에 인용동사 'ᄒ다'가 쓰이고 있고 (2)는 피인용문의 끝에 인용동사 'ᄒ다'가 쓰이지 않은 상태에서 직접 상위문동사 '니르다, 듣다, 일홈ᄒ 다'가 쓰이고 있으며 (3)에서는 인용동사 'ᄒ야'와 함께 상위문 동사 '혜아리다. 니르다'가 쓰이고 있다. 이러한 중세한국어 인용문의 구조는 'NP1 NP2 [S] ha-, NP1 NP2 [S] V, NP1 NP2 [S] ha-ya V'와 같은 구조로 분석이 된다.

몽골어나 만주어 인용문도 중세한국어와 동일한 구조적 특성을 보여준다.

(4) 가. Aab　　Boldod　tsetsgee　usal　<u>gej　helsen</u>.
　　　　아버지　볼트에게　꽃에　　물주라　하고　말했다.

　나. Bagsh　ni　Noming　toondoo　hamgiin　sain　<u>gej　magtdag</u>.
　　　선생님　은　노민을　　수학　　가장　잘한다　하고　칭찬한다.

　다. Zahiral,　bagsh nariig　hurdan　tsugluul　<u>gej　zarlasan</u>.
　　　총장　　선생님들을　빨리　모이라　하고　명령했다.

(5) 가. Akh　övöög　zaluudaa　daind　oroltsson　<u>gesen</u>.
　　　형　할아버지　젊은 시절　전쟁에　참가했다　했다.

　나. Gadaadiinhan　Mongol　hün　morind　sain　<u>gedeg</u>.
　　　외국인들은　　몽골　사람　말타기　잘한다　한다.

　다. Televiziin　medeegeer　margaash　tsastai　<u>gelee</u>.
　　　텔레비전의　뉴스로　　내일　눈 온다　했다.

예문 (4-5)는 몽골어 인용문이다. 몽골어는 중세한국어 인용문과 유사한 통사 구조를 보여준다. 예문 (4)에서 상위문 동사 hel-sen, magt-dag, zarla-san 등은 피인용문과 ge-j를 통하여 결합하고 있다. 예문 (5)의 ge-sen, ge-deg, ge-lee는 '말하다'의 의미를 나타내는 상위문 동사로서 피인용문을 이끌고 있다. 이처럼 몽골어 인용문의 구조는 NPI NP2 [S] ge-j V 또는 NPI NP2 [S] ge-의 구조로서 어떠한 경우에도 ge-j나 ge-동사 가운데 하나를 선택해야 한다는 제약이 있다. 만약 예문 (4)에서 gej를 생략하게 되면 비문법적인 문장이 된다. 따라서 몽골어에서 ge-는 인용문의 필수적 요소로서 인용문을 식별할 수 있는 지표적 기능을 하고 있다.

한국어의 경우에는 'ᄒᆞ-'형태가 인용동사, 대동사, 접미사 등으로 두루 쓰이기 때문에 'ᄒᆞ-'의 성격을 규정하는 데 어려움이 따르고 또한 'ᄒᆞ-'동사의 존재 유무만을 가지로 인용문을 식별할 수도 없다. 그러나 몽골어에서는 ge-동사가 인용문에서만 쓰이기 때문에 인용문을 식별할 수 있는 지표 역할을 하게 된다. 이러한 몽골어 ge-동사의 특성은 만주어 se-동사의 특성과 완벽하게 일치하다.

(6) 가. gemu 'si men amba guwan in tacihangge uttu
　　　모두　西　門　大　官　人　공부한것　이리
　　　fulu biheni' seme gisurembi.(금병 56:16b)
　　　우수하냐　　하고　말한다.

　　 나. muse guculeme yabure de, si ehe bi sain seme
　　　우리　벗ᄒᆞ여　ᄃᆞ닐　제 네 사오납고 내 착ᄒᆞ롸 ᄒᆞ여
　　　ume bardanggilara,
　　　쟈랑말고,(청노 7:16b)

　　 다. han gūnifi 'baibi niyalma waka' seme hendume
　　　황제 싱각ᄒᆞ되 샹히　사ᄅᆞ미　아니라　ᄒᆞ여 니ᄅᆞ샤ᄃᆡ
　　　(팔세아 4)

(7) 가. abkai fejergi niyalma gemu mimbe 'akdun akū' sembi.
　　　텬　하　사ᄅᆞ미　다　나ᄅᆞᆯ　신　없다 ᄒᆞ리니.
　　　(삼역총해 2:5)

나. si uthai turulefi 'gūwa gemu sarkū damu bi sambi' <u>sehe</u>.
   너 즉시 나서서 다른이 모두 모른다 다만 나 안다 했다.
   (금병 75:36b)

다. jodon hūda duleke aniya i hūda emu adali <u>sere</u>.
   뵈 갑슨 前 年 갑과 흔가지라 ᄒ더라.
   (청노 1:12a)

예문 (6, 7)은 만주어 인용문이다. 만주어는 몽골어 인용문과 동일한 통사 구조를 보여준다. 예문 (6)에서 상위문 동사 gisure-(말하다), bardanggila-(자랑하다), hendu-(니르다) 등은 피인용문과 se-me를 매개로 하여 결합하고 있다. 예문 (7)의 sembi, sehe는 '말하다'의 의미를 나타내는 상위문 동사로서 피인용문을 이끌고 있다. 이처럼 만주어 인용문의 구조는 NPI NP2 [S] seme V 또는 NPI NP2 [S] se-의 구조로서 어떠한 경우에도 se-me나 se-동사 가운데 하나를 선택해야 한다는 제약이 있다. seme나 se-동사가 쓰이지 않는 인용문은 존재하지 않는다. 이것은 만주어에서 se-가 인용문의 필수적 요소로서 만주어에서는 se-가 인용문임을 나타내는 지표적 기능을 수행하고 있음을 의미한다. 몽골어에서 ge-가 인용문의 지표적 기능을 수행하는 것과 완벽하게 일치하다. 이상에서 논의한 한국어, 몽골어, 만주어 인용문의 구조적 특성을 비교하면 다음과 같다.

   한국어: NP1 NP2 [S] ha-ya V
      NP1 NP2 [S] ha-
      NP1 NP2 [S] V
   몽골어: NP1 NP2 [S] ge-j V
      NP1 NP2 [S] ge-
   만주어: NP1 NP2 [S] se-me V

NP1 NP2 [S] se-

이상은 한국어, 몽골어, 만주어 인용문의 통사 구조가 거의 일치하고 있음을 보여준다. 몽골어에서는 ge-, 만주어에서는 se-가 피인용문을 내포하고 있다. 다만 한국어의 경우에 'ᄒᆞ-'가 피인용문을 내포하고 있는 구문과 함께 피인용문이 'ᄒᆞ-'와 관계없이 직접 상위문에 내포되는 구문이 있다는 점에서 차이가 난다. 그러나 NP1 NP2 [S] V의 구문을 NP1 NP2 [S] ha-ya V 구문에서 ha-ya가 생략된 구문이라고 한다면 한국어의 피인용문도 기본적으로는 모두 'ᄒᆞ-'를 통해 상위문에 내포되고 있다.3) 따라서 중세한국어, 몽골어, 만주어 인용문은 피인용문을 이끄는 동사의 형태에서만 차이가 있을 뿐이고 구조적으로는 일치하고 있다.

중세한국어 인용문과 현대한국어 인용문 사이의 차이점 가운데 하나는 직접인용문과 간접인용문을 식별할 수 있는 표지가 없다는 것이다. 현대한국어라면 직접인용문의 '라고'나 간접인용문의 '고'가 쓰여야 할 곳에 중세한국어에서는 어떤 표지도 쓰이지 않는다. 이러한 지표가 없다는 것은 인용문을 식별할 수 있는 지표도 없다는 것을 의미한다. 그런데 몽골어와 만주어 인용문은 인용문에만 쓰이는 인용 동사가 있기 때문에 이들 동사의 존재 여부를 가지고 인용문을 식별할 수 있다. 중세한국어 인용문에서 쓰이는 'ᄒᆞ-'는 파생접사와 본동사로 쓰이는 'ᄒᆞ-'와 형태상으로 일치하기 때문에 'ᄒᆞ-'의 존재 유무를 통해 인용문을 식별하기는 어렵다. 그러나 'ᄒᆞ야-'가 생략된 경우를 제외하면 인용동사 'ᄒᆞ-'가 인용문을 식별할 수 있는 기준이 된다는 점에서 몽골어, 만주어와 일치하다.

---

3) 이현희(1994)에서는 'ᄒᆞ야'가 수의적으로 잘 생략된다고 하였다.

한국어에서는 인용문과 구조적으로 일치한 의성어, 의태어가 내포된 문장을 응당 인용문의 범주에 포함시키지 않고 특이 구문으로 다루기도 한다.

(8) 가. 북소리가 "둥둥둥"하고 울렸다.
　　 나. 총이 "번쩍번쩍"하고 빛난다.

예문 (8)처럼 의성어, 의태어가 쓰인 문장을 서정수(1996: 1339)에서는 인용문으로 처리하지 않고 "이런 경우의 '하고'는 보문자가 아니고 부사성 선행어에 첨가된 형식 용언 '하다'라 할 수 있다"라고 하면서 "의성어, 의태어 따위의 직접 인용에 이어지는 '하고'는 남기심(1973: 40-41)에서 지적한 대로 그 부사어를 동사처럼 쓰이게 하는 형식 동사 '하다'와 관련된 것으로 볼 수 있다."라고 하였다. 그러나 'ㅎ-' 동사가 인용 동사로만 쓰인다면 'ㅎ-'의 존재 여부를 통하여 이들 문장이 인용문의 성격을 가지고 있음을 쉽게 파악할 수 있을 것이다.

한국어 의성어, 의태어 문장과 관련된 논의는 몽골어와 만주어에서는 분명하게 설명된다. 왜냐 하면 몽골어와 만주어의 경우에는 인용문의 상위문 동사가 인용문 이외의 위치에 쓰이는 경우가 없기 때문이다.

(9) 가. ere　majige　　jalin　ge ga seme　angga　tataraci,　gūwa
　　　　이　 젹은거슬　 위ᄒ여　 지져괴여　 입　　히름ᄒ면　 다ᄅᆫ
　　　　niyalma　donjiha de　basumbi kai.
　　　　사ᄅᆷ　　드르면　　우스리라.(청노 4:21)
　　 나. cuwan　tome　minggata　fulmiyen　orho　juwe　dalbade
　　　　빅　　마다　천　　　못식　　새　　두　 ᄀᆡ의
　　　　fik seme　ilibufi
　　　　빅빅　　셰오고(삼역 4:11b)

다. muse emu niyalma juwete kutuleme gamafi <u>teng seme</u>
　　우리　흔　사름이　둘식　잇스러　가져가　든든이
hūwaitaki.
미쟈.(청노 3:3a)

(10) 가. Oyodliin mashin <u>tar tar gej</u> duugarah ni chihend chiirtei.
　　제봉　기계　탈 탈 하고　소리남　은 듣기에　싫다.

나. Öglöö ert heree <u>vaag vaag gej</u> duugarval müü
　　아침　일찍　까마귀　왁　왁　하고 소리내면　나쁜
yor shüü.
징조다.

다. Ter övgön <u>nams nams geed</u> alhsaar irlee.
　　저　할아버지　　천천히　　걸어　왔다.

만주어 se-와 몽골어 ge-는 단지 인용문에만 쓰이기 때문에 이들 형태의 존재 유무를 통해 인용문을 식별한다. 예문 (9)는 만주어 예문으로서 (9가, 나)는 의성어, (9다)는 의태어가 인용동사 se-에 내포된 인용문이고 예문 (10)은 몽골어 예문으로서 (10가, 나)는 의성어가, (10다)는 의태어가 인용동사 ge-에 내포된 인용문이다. 만주어나 몽골어 연구에서 의성어나 의태어가 포함된 이러한 문장을 인용문으로 처리하는 것은 인용동사의 존재 유무를 통하여 쉽게 확인할 수 있기 때문이다.

몽골어의 ge-동사와 만주어의 se-동사가 인용동사로 쓰일 때 피인용문은 이들 동사에 내포된다. 그리고 화법 동사가 상위문에 쓰일 때는 피인용문과 화법 동사 사이에 몽골어의 ge-j와 만주어의 se-me가 쓰인다. 이들은 ge-와 se-라는 형태를 취하기 때문에 인용동사로 생각하기 쉽다. 그러나 이들의 사용 분포와 특성으로 볼 때 인용 동사로서가 아니라 인용조사의 성격을 갖는다.

(11) 가. Emee Bi tsai uumaar baina gesen.
　　　　할머니 나 차 마시고 싶다 했다.

　　나. Süren namaig Ta angliar yaridag uu gesen.
　　　　수렝 나를 너 영어로 말하느냐 했다.

　　다. Ah ni Bi unshval oilgoh baih gesen.
　　　　형 은 나 읽으면 이해한다 했다.

(12) 가. Emee Bi tsai uumaar baina gej helev.
　　　　할머니 나 차 마시고 싶다 하고 말했다.

　　나. Süren nadaas Ta angliar yaridag uu gej asuuv.
　　　　수렝 나에게 너 영어로 말하느냐 하고 물었다.

　　다. Ah ni Bi unshval oilgoh baih gej hellee.
　　　　형 은 나 읽으면 이해한다 하고 말했다.

　　예문 (11)의 gesen은 예문 (12)처럼 각각 gej helev, gej asuuv, gej hellee의 형태로 변형이 가능하다. 이들 예문에서 gesen이 나타내고자 하는 의미는 helev(말했다), asuuv(물었다), hellee(말했다) 등의 의미로 풀이가 된다.[4] 이처럼 ge-동사는 화법 동사들의 의미를 포괄하고 있다. 그런데 예문 (12)에서는 피인용문과 화법 동사 사이에 쓰인 gej를 ge-와 -j로 분석하여 ge-를 동사라고 하기는 어렵다. 만약 ge-를 동사라고 한다면 주어를 설정하기가 어렵고 어떠한 어휘적 의미도 상정하기가 쉽지 않다. ge-의 주어로는 Emee가 될 수 없고 Bi도 될 수 없다. Emee의 서술어는 helev, Bi의 서술어는 uumaar baina이 된다. 그리고 gej를 ge-와 -j로 분석할 수도 없다. gej를 ge-와 -j로 분석의 가능하다면 다른 연결어미들과 결합된 geed, gen 등의 형태가 나타나지 않는 이유를 설명하기 어렵기 때문이다. 몽골어 gej와 동일

---

4) Binnick (1977: 100-103)에서도 몽골어 인용문을 명사구(NP)로 처리하고 있다.

276

한 특성을 보여주는 만주어 seme도 동사 se-와 연결어미 -me의 구
조로 분석할 수 없다.

(13) 가. tere anda honin i hūdai bade genefi uthai jimbi
그 나그늬 羊 져제 가셔 즉시 오마
seme gisurefi genehe.
ᄒ여 니르고 가시니(청노 5:4b)

나. alin i ningguci emu niyalma yūn cang taka ili seme
산 우희셔 흔 사ᄅᆞᆷ이 雲 長은 아직 머믈라 ᄒ여
hūlambi
웨니(삼역 2:15b)

다. dergi abka 'wesihun jilgan' seme urgunjeme donjihabi.
上 天이 귀흔 소릐라 ᄒ여 즐겨 드르시니
(팔세아 8)

라. ere jalan de jiyangjiyūn i teile seme gūniha bihe
이 싱 의는 쟝군 ᄲᅮᆫ이라 ᄒ여 싱각ᄒ고 잇더니
(삼역 1:19a)

예문 (13)에서 인용문과 상위문 서술어 사이에 쓰이고 있는 seme가
문장 내에서 수행하는 기능은 크게 두 가지로 생각해 볼 수 있다. 하
나는 이들을 se-와 -me로 분석하여 se-를 상위문 서술어나 동사화
접미사로 간주하고 -me는 연결어미로 간주하는 것이며 다른 하나는
seme 전체를 인용조사로 파악하는 것이다.[5]

5) seme에 대해 청나라 시대의 문법서에서는 다음 같이 설명하고 있다.
seme 說字, 雖說字, 雖然字, 捴然學在句中單用 (啓蒙 3:12)
seme 雖然 縱 乃駁上文之詞也 以爲等因 乃述上文之詞也 (指要 13)
單用 seme是等因等語 承上啓下爲過脉
上文結句連下用 中間過筆用 seme (虛指上 12)

seme를 se-와 -me로 분석하여 se-를 상위문 서술어로 간주하면 몽골어 gej에서 제기되었던 것과 동일한 문제가 제기된다.

첫째는 이들의 의미 규정이 어렵다는 점이다. 앞에서 se-의 의미를 살펴보는 곳에서 언급한 바와 같이 se-가 표현하는 의미를 '말하다, 생각하다, 쓰다' 등으로 다양하게 풀이할 수 있다. 그러나 이것은 뒤따르는 상위문 서술어의 의미로부터 추정한 것에 불과하며 이상과 같은 별개 의미를 지니고 있다고 해도 동일한 의미를 가진 서술어가 반복적으로 사용되는 이유를 설명할 수 없다.

둘째는 se-를 상위문 서술어라고 했을 때는 se-와 뒤따르는 서술어 사이의 관계를 설정하기가 어렵다. 이들을 모두 상위문 서술어로 처리하게 되면 이들의 주어를 설정하는 데 어려움이 따른다. 즉 하나의 주어에 두 개의 서술어가 존재하게 되는 것이다.

셋째는 se-가 언제나 seme의 형태로서만 쓰인다는 것이다. 즉 연결어미 -fi나 -ci와 결합된 sefi 또는 seci의 형태가 배제되어 있다는 것이 이를 입증한다.

이상과 같이 seme를 se-와 -me로 분석하여 se-에 상위문 서술어의 자격을 부여하는 것이 적절하지 못하다는 것을 확인하였다.

몽골어 인용문의 gej는 만주어의 seme, 한국어의 'ᄒᆞ야'와 동일한 통사, 의미 특성을 지니고 있다. 이들 형태는 기원적으로 동일한 절차를 통하여 형성되었다. 몽골어의 gej는 동사 ge-와 연결어미 -j, 만주어

---

seme 之意是說着 承上接下用處多 (接字 23)

seme 之意講雖然 縱然之字也緖得 (指字 17)

seme 單用神活, 縱然, 就便與雖說

倒裝承上起下字 等因爲此爲說

雖有縱有, 卽便有 udu 下接 bihe seme

雖說, 縱說, 卽便說 udu 下接 sehe seme (字法 36-37)

는 동사 se-와 연결어미 -me, 한국어는 동사 'ᄒ-'와 연결어미 '-야' 로 분석이 된다. 일정한 환경에서 지속적으로 사용된 결과 하나의 형태 소로 변하여 인용문의 표지가 되었다는 점에서 일치한다. 특히 몽골어 와, 만주어에는 이들이 조사화한 형태임을 확인시켜주는 예가 있다.

(14) 가. Egch hödöönöös irsen ni ünen gej üü?
　　　언니 시골에서 옴 이 사실이라 하고 냐?

나. Chi orosoor bichij chadna gej üü?
　너 러시아어로 쓸 수 있다 하고 냐?

다. Egch hödöönöös irsen ni ünen gej helsen üü?
　언니 시골에서 옴 이 사실이라 하고 말하느냐?

라. Chi orosoor bichij chadna gej helev üü?
　너 러시아어로 쓸 수 있다 하고 말하느냐?

(15) 가. mini ere boode hutu bifi ere sabu be gamaha
　　　내 이 房에 귀신 있어서 이 신발 을 가져갔다
seme-o?(금병 28:4b)
하고-냐?

나. lu su hendume ere niyalma holtorakū seme-o?
　魯 肅이 니로되 이 사름이 소기지 아니타 ᄒᄂ냐?
(삼역 4:9a)

다. u be cashūlafi ts'oo de dahaki serengge
　吳 를 두루켜고 曹 의게 항코져 ᄒᄂ 거시
waka seme-o?(삼역 6:22b)
아니가?

몽골어에서 의문조사 uu는 문장의 어느 위치에서나 쓰여 의문을 표 현할 수 있기 때문에 연결어미 -j,-ch,-aad,-n 뒤에서 의문조사가 쓰일 수 있다. 그러나 ge-j와 의문조사 uu가 결합한 형태는 접속문에

서 연결어미 뒤에 의문조사가 쓰이는 것과는 구분된다. 접속문에서 연결어미 뒤에 의문조사가 쓰이는 것은 후행절이 생략되고 선행절 뒤에 의문조사가 쓰인 것으로 의미상 큰 차이가 있다. 예를 들면 예문 (14)에서 gej와 uu 사이에 적절한 상위문 동사를 설정하기 어렵다. 예문 (14다, 라)처럼 gej와 uu 사이에 '말하다, 주장하다' 등의 상위문 동사가 오면 문장의 의미가 달라진다.

　몽골어 의문조사 uu가 연결어미 −j,−ch,−aad,−n 뒤에서는 쓰이는 구문은 연결어미 뒤에 오는 후행문이 생략된 경우에만 한정되어 쓰인다. 따라서 예문 (14)처럼 후행문의 생략이 전혀 예측되지 않는 구문에서 의문조사 uu와 함께 쓰이고 있는 gej를 ge−j로 분석하여 −j를 연결어미라고 하면 의문조사가 연결어미와 함께 쓰이지 못하는 일반 규칙에 어긋난다. 그러나 gej를 인용문의 인용표지라고 보면 의문조사 uu가 실현되는 현상을 설명할 수 있다. 몽골어에서 연결어미가 아닌 종결어미나 내포문어미 그리고 조사 뒤에서는 의문조사가 자연스럽게 결합할 수 있기 때문이다.

　만주어도 의문조사 o와 연결어미 −me가 함께 쓰일 수 없다. 따라서 예문 (15)의 seme를 se−me로 분석하는 것은 적절치 못하다. seme는 어말에서 인용화조사로서의 기능을 수행하며 의문조사 o와 함께 의문문을 형성하고 있다. −me가 연결어미로서의 기능을 하고 있다고 볼 수 없다. 그러나 몽골어와 동일하게 seme를 인용표지로 처리하면 의문조사 o와의 관계 설정이 용이하다. 만주어 의문조사 o가 연결어미 −me와 결합하는 데는 제약이 따르지만 격어미와의 결합은 자유롭다는 사실에 의해서도 입증된다. 즉 만주어에서는 의문조사 o가 격어미와 함께 의문문을 만드는 구조상의 특성이 있기 때문에 seme가 조사로서 의문조사 o와 결합하였다고 하는 것은 만주어의 특성에 어굿나지 않는다.

다음은 격어미와 의문조사 o의 통합관계를 보여준다.

(16) 가. kemuni ing el emgi yabure tere ju ma tse <u>be-o</u>?
　　　 항상　 應 二 함께 다니는　그 祝 麻 子 을-냐?
　　　 (金甁 32:8b)

　　　 나. geren niyalmai dorgi falaci acarangge　<u>we-be-o</u>?
　　　 여러　 사람　 가운데 처벌해야 하는 것 누구-를-냐?
　　　 (啓蒙 3:7)

(17) 가. fudze tere gurun de isinahade urunakū terei dasan be
　　　 夫子 그 나라 에 이르름에 반드시 그 政 을
　　　 donjirengge　baÏredeo　eici 　<u>alara-de-o</u>?(啓蒙 3:5)
　　　 듣는 것　 찾는 것이냐 혹　 알림-에-냐?

　　　 나. terei aisilabukū　oho 　<u>turgun-de-o</u>?(字法 11)
　　　 그의　 宰相 　됐기 때문-에-냐?

예문 (16)에서 대격어미 be, (17)에서는 여격어미 de와 의문조사 o가
결합하여 쓰이고 있다. 그리고 이때 beo와 deo는 단순히 의문의 기능
만을 수행하고 있다.[6) 만주어에서는 격어미와 의문조사 o가 결합하여
쓰이는 구조상의 특성이 있음을 확인했다. 따라서 seme도 내포문어미
로서 의문접미사 o와 결합하였다고 할 수 있다.

몽골어에서는 ge-동사가, 그리고 만주어에서는 se-동사가 인용동
사로 쓰이기 때문에 이들 동사의 존재 여부를 통하여 인용문을 구분
할 수 있다. 중세한국어도 'ᄒᆞ야'가 생략되는 문장을 제외하면 'ᄒᆞ-'

---

6) 청나라 시대의 만주어 문법서에서는 다음과 같이 설명하고 있다.
　 deo 麽字, 乎字, 歟字, 乃 de字作 疑問詞 在字尾聯用 實解 兄弟之弟(啓蒙 3:5)
　 beo 麽字, 乎字, 歟字, 乃 be字作 質問疑詞(啓蒙 3:7)
　 變作 deo, beo 義帶麽(字法 11)

동사의 존재 유무가 인용문을 구분할 수 있는 하나의 기준이 된다. 상위문에 화법동사가 쓰일 경우에는 몽골어에서는 ge-j, 만주어에서는 se-me가 있어서 인용표지의 역할을 하는데 중세한국어 'ᄒᆞ야'와 대응된다. 이들은 인용동사에 연결어미가 결합된 형태로서 분석되지만 상위문 동사로서 쓰이는 것이 아니라 피인용문을 상위문에 내포시키는 지표로서 기능을 수행하고 있다.

3 인용문의 주어 대격화

한국어, 몽골어, 만주어 인용문은 대격어미가 피인용문 주어와 함께 쓰이는 대격화 현상이라는 공통된 특성을 가지고 있다. 한국어에서는 대격어미 '을 / 를', 몽골어에서는 -g, 만주어에서는 -be가 피인용문의 주어와 함께 쓰이고 있다. 피인용문의 주어가 대격어미와 함께 쓰이는 환경은 각 언어마다 차이가 있지만 한국어, 몽골어, 만주어가 인용문과 대격어미에서 공통된 통사적 특성을 갖고 있음은 분명하다.

(18) 가. 경찰은 <u>그 사람-</u>을 범인이라고 생각했다.
    나. 그는 <u>철수-</u>를 천재라고 말했다.
    다. 선생님은 <u>학생들-</u>을 착하다고 말했다.
    라. 그는 <u>영희-</u>를 예쁘다고 했다.

(19) 가. ilan   niyalma   sasari   yabure   de   <u>asihata-∅</u>   urunakū
        세   사룸이   홈의   ᄃᆞ닐   제   졈은이   반두시

jobombi sembi

슈고흔다 ᄒ니(청노 2:24a)

나. i uthai <u>bi - ∅</u> suweni duici nainai kai sehe.

그 즉시 나 너희 넷째 *奶奶* 이다 했다.

(금병 58:16a)

(20) 가. geli ainici <u>mimbe</u> simbe jafafi gajime muterakū seme

또 혹시 나를 너를 잡아서 데려올 수 없다 하고

bodohobio?(금병 58:13a)

생각했냐?

나. cenghiyang <u>ahūn be</u> goro genembi seme cohome fudeme

승상이 형 을 멀리 간다 ᄒ여 부러 전송ᄒ러

jimbi

오니(삼역 2:6b)

다. tere fon i donjihala niyalma <u>ilan se jui be</u> mujakū

그 시졀 의 듯ᄂᆫ 사ᄅᆷ들이 三 歲 兒 를 ᄀ장

sain seme hendumbi.

착다 ᄒ여 니ᄅ고(소아론 13a)

라. sun cuwan sunjaci ging ni dubede <u>liobei be</u> ukaka

孫 權이 오 경 말에 劉備 를 도망ᄒ다

seme donjifi

ᄒ여 듯고(삼역10:21)

(21) 가. Bi sonsvol <u>urdah zam ∅</u> müü gene.

내 들으니 앞 길 이 나쁘다 한다.

나. Eej <u>Bold ∅</u> margaash Hitad ruu yavna gesen.

어머니 볼트 가 내일 중국 으로 간다 했다.

(22) 가. Bagsh ni <u>Boldiig</u> surlaga muutai suragch gesen.

선생님 은 볼트를 공부를 못하는 학생이라 했다.

나. Ochir <u>bagshiig</u> hamgiin erhemd üzdeg gelee.

오치르 선생님을 가장 존경한다 했다.

다. Aav   ni   <u>Oyuniig</u>   hödöö   yavsan   gesen.
  아버지 는   어용을   시골   갔다   했다.

예문 (18)는 한국어의 인용문으로서 피인용문의 주어가 대격어미 '을/를'과 함께 쓰이고 있다. (18가)에서는 '사람', (18나)에서는 '철수', (18다)에서는 '학생들', (18라)에서는 '영희'가 대격어미와 함께 피인용문의 주어로 쓰이고 있다.

예문 (19, 20)은 만주어의 인용문이다. (19)는 피인용문의 주어가 'Ø' 주격어미와 함께 쓰이고 있다. (19가)에서는 asihata(젊은이), (19나)에서는 bi(1인칭 대명사)가 'Ø' 주격어미와 함께 주어로 쓰이고 있다. (20)은 대격어미 be와 함께 쓰이고 있다. (20가)에서는 mimbe(1인칭 대명사 대격형), (20나)에서는 ahūn(형)이, (20다)에서는, ilan se jui(三歲兒)가, (20라)에서는 liobei(劉備)가 대격어미 be와 함께 주어로 쓰이고 있다.

예문 (21, 22)은 몽골어 인용문이다. (21가)에서는 ʒam(길), (21나)에서는 Bold(볼트)가 Ø 주격어미와 함께 쓰이고 있으며 (22가)에서는 Bold, (22나)에서는 bagsh, (22다)에서는 Oyun이 대격어미 −g와 함께 쓰이고 있다.[7] 이처럼 한국어, 만주어, 몽골어에서 공통적으로 나타나는 피인용문 주어가 대격어미와 함께 쓰이는 대격화 현상은 이들 언어의 인용문과 대격어미의 특성을 잘 보여주는 통사적 특성이다.

몽골어의 경우에도 상위문에 쓰이는 대격형과 관련하여 인용화내포문의 원청자를 표현하는 격 형태에 대한 논의를 배제할 수 없다. 몽골어

---

[7] 내포문주어의 속격형과 대격형의 사용분포는 한국어, 만주어, 몽골어 사이에 분포상으로 다소 차이가 있다. 한국어에서는 매우 제한된 영역에서만 쓰이고 만주어는 그보다 널리 쓰이고 있지만 몽골어는 한국어나 만주어와 비교할 때 훨씬 폭넓게 쓰인다.

인용화내포문에서 원청자를 나타내는 격 형태는 피인용문의 성격과 밀접한 관계를 갖는다. 일반적으로는 설명문, 의문문, 명령문에 관계없이 여격어미 -d가 쓰이며 의문문이나 청유문의 경우에는 탈격 -aas가 자주 쓰인다.

(23) 가. Bagsh <u>nadad</u> Bi Solongos ruu yavna gej helev.
　　　선생님 나에게 나 한국 으로 간다 하고 말했다.

　　나. Bagsh <u>tüünd</u> Chi Solongos yav gej hellee.
　　　선생님 그에게 너 한국 가라 하고 말했다.

　　다. Tsengel <u>Boldod</u> hamt hool idye gej helsen.
　　　쳉겔 볼트에게 함께 밥 먹자 하고 말했다.

(24) 가. Eej <u>aavaas</u> ta hödöö yavah uu gej asuuv.
　　　어머니 아버지에게 당신 시골 가느냐 하고 물었다.

　　나. Bagsh <u>tüünees</u> Chi Solongost amidardag uu gej lavlab.
　　　선생님 그에게서 너 한국에 사느냐 하고 확인했다.

　　다. Bagsh <u>nadaas</u> Bi chinii nomiig unshiy gej guilaa.
　　　선생님 나에게서 나 네 책을 읽자 하고 했다.

　　라. Jolooch <u>hümüüsees</u> öglöö ert hödölöy gej hüslee.
　　　운전수 사람들에게서 아침 일찍 출발하자 하고 바랬다.

몽골어 인용문에서 원청자는 여격어미 -d, -t와 함께 쓰인다. 예문 (23가)는 설명문, (23나)는 명령문, (23다)는 청유문을 피인용문으로 하는 인용문으로서 원청자가 모두 여격어미 -d, -t와 통합관계에 있다. 그런데 피인용문이 의문문 또는 청유문인 문장에서는 원청자가 탈격어미 -aas와 함께 쓰인다. 예문 (24가, 나)는 피인용문이 의문문으로서 원청자가 탈격어미 -aas와 함께 쓰이고 있으며 피인용문이 청유문인 (24다, 라)에서도 탈격어미 -aas와 함께 쓰이고 있다. 이렇듯

몽골어 인용문에서는 원청자를 표현하는 데 있어서 피인용문의 성격
에 따라 선택적으로 사용되는데 인용화내포문에서 원청자가 대격어미
−g'와 함께 쓰이는 문장도 있다.

(25) 가. Dasgaljuulagch namaig Chi hamgiin hurdan güideg gesen.
         감독   나를   너   가장   빨리   달린다   했다.

나. Aav   ahiig   Chi   nasand   hürsen   hün   shüü   gesen.
     아버지 형을   너   청년   된   사람이   했다.

다. Ochir   namaig   Chi   zah   ruu   hurdan   yavaad   ir   gesen.
     오치르   나를   너   시장 으로   빨리   가고   오라   했다.

라. Suren   tüüniig   Ta   angliar   yaridag   uu   gesen.
     수렝   그를   너   영어로   말하느냐   했다.

마. Bagsh   suragchidiig   ta nar   aylalaar   yav   gelee.
     선생님   학생들을   너희들   여행   가라   했다.

바. Zahiral   üildveriin dargiig   Chi   öglöö   9   tsagt   ireerei   gev.
     회장님   공장장을   너   아침   9   시에   오너라   했다.

몽골어 인용문에서 원청자가 대격어미 −g와 함께 쓰이는 문장이
있다. 예문 (25가, 나)는 피인용문이 서술문, (25다, 라)는 피인용문이
의문문, (25마, 바)는 피인용문이 명령문인 문장으로서 이들 모두 원
청자가 대격어미 −g와 함께 쓰이고 있다. 특히 이들 문장은 원청자와
피인용문의 주어가 동일인을 지칭하고 있다. (25가, 나)에서 동일한
대상을 지칭하는 형태가 대격형과 주격형으로 함께 쓰이고 있음을 확
인할 수 있다. (25가)에서는 동일 대상을 나타내는데 namaig라고 하
는 상위문의 목적어와 chi라고 하는 피인용문의 주어가 함께 쓰이고
있다. (25나)에서도 동일 대상을 표현하는 데 ahiig와 chi가 쓰이고 있
다. (25다)에서는 namaig와 chi, (25라)에서는 tuuniig와 ta가 동일 대

286

상을 지칭하고 있다. (26마)에서는 suragchdiig와 ta nar가, (26바)에
서는 uildveriin dargiig와 chi가 동일 대상을 나타내고 있다. 이들 예문
에서 대격형은 피인용문의 주어가 아니라 상위문에서 원청자를 나타
내고 있다.

대격형이 원청자를 표현하는 문장과 달리 대격형이 주어로 쓰인 문
장도 있다. 다음 예문에서는 원청자를 표현하기 위해서는 여격어미와
탈격어미가 쓰이고 피인용문의 주어를 표현하기 위해서는 대격형이
함께 쓰이고 있다.

(26) 가. Eej <u>nadad</u> <u>chamaig</u> margaash ert bosno gesen.
       어머니 나에게 너를   내일   일찍 일어난다 했다.

   나. Bagsh <u>nadad</u> <u>chamaig</u> Solongos ruu yavna gev.
       선생님 나에게 너를   한국   으로 간다 했다.

   다. Bagsh <u>Baatart</u> <u>namaig</u> ülger jishee oyutan gesen.
       선생님 바타르에게 나를   모범   학생이다 했다.

   라. Aab <u>Boldod</u> <u>chamaig</u> irüül gesen.
       아버지 볼트에게 너를   오게하라 했다.

   마. Bagsh <u>Boldod</u> <u>tuuniig</u> öglöö 10 tsagt ireerei gesen.
       선생님 볼트에게 그를   아침 10 시에 오라 했다.

   바. Akh <u>Boldod</u> <u>namaig</u> hamt ajillay gesen.
       형   볼트에게 나를   함께 일하자 했다.

   사. Bagsh <u>nadaas</u> <u>chamaig</u> margaash ireh üü gesen.
       선생님 나에게서 너를   내일   오느냐 했다.

   아. Bagsh <u>nadaas</u> <u>Ochiriig</u> margaash ireh üü gesen.
       선생님 나에게서 오치르를   내일   오느냐 했다.

대격형이 원청자를 표현하는 데 쓰인 문장이 있는가 하면 예문 (26)

처럼 원청자는 대격어미와 탈격어미에 의해 표현되고 피인용문의 주어
는 대격형으로 쓰이고 있다. (26가, 나, 다)는 평서문으로서 (26가, 나)
에서는 1인칭 여격형이 원청자를 나타내고 2인칭 대격형은 피인용문의
주어로 쓰이고 있으며 (26다)에서는 Baatar의 여격형이 원청자를 나타
내고 1인칭 대격형이 피인용문의 주어로 쓰이고 있다. (26라, 마)는 명
령문으로서 (26라, 마)에서는 bold의 여격형이 원청자를 나타내고 2인
칭 대격형과 3인칭 대격형이 각각 피인용문의 주어로 쓰이고 있으며,
(26바)와 같은 청유문에서는 bold의 여격형이 원청자를 나타내고 1인
칭 대격형이 피인용문의 주어를 나타내고 있다. 그리고 (26사, 아)와
같은 의문문에서는 원청자를 1인칭 대명사가 탈격어미 -aas와 함께
원청자를 나타내고 2인칭 대격형과 ochir의 대격형이 각각 피인용문의
주어를 나타내고 있다. 이들 문장에서 원청자를 나타내는 여격형을 삭
제하고 대격형인 피인용문의 주어만 쓰이더라도 의미상의 차이가 전혀
없다.

　이처럼 몽골어 인용문에서는 대격형어미가 주어를 나타내고 있다.
그런데 대격형 피인용문의 주어는 원발화자나 원청자가 아닌 제3자를
나타내고 있다. 피인용문의 주어가 화자나 원청자를 지시하는 경우에
는 대격형이 쓰이지 못한다.

　만주어에서도 인용문에서 대격형과 주격형이 동시에 나타나는 문장
이 있다.

(27) 가. enenggi mini sargan <u>mimbe</u> si beye joboho manggi amgafi
　　　　　오늘　내　부인　나를　너　몸　피곤하니　　자고
　　　　ilicina　　　　sehe bihe.(금병 67:4b)
　　　　일어나렴으나　했었다.

　나.　geli li ming be si ebsi jio seme hūlafi,(금병 65:3a)
　　　또　李　銘　을 너 이리 오라 하고 부르고,

　다.　amba hehe nakcu ilan sefu-i baru sunjaci eniye be
　　　大　妗　子　三　敎師 에게　五　娘　을
　ˈcūn mei be dorakū tacibufi šen el jiyei be
　春　梅　를　잘못　가르치고　申　二　姐　를
　derakūlame tooha' seme henduhe.(금병 75:35b)
　모욕하며　꾸짖었다　하고　말했다.

　만주어의 경우 예문 (27가)에서처럼 내포문의 주어를 지칭하는 형
태가 내포문에는 2인칭 대명사 si(너)의 형태로 존재하고 있으며 상위
문에는 1인칭 대명사 목적격형인 mimbe(나를)의 형태로 존재하고 있
다. 또한 (27나)에서도 내포문의 주어를 지칭하는 형태가 내포문에는
2인칭 대명사 si(너)의 형태로 존재하며 상위문에서는 li ming(李銘)
이 대격어미 be와 함께 쓰이고 있다.

　상위문의 대격형을 인용화내포문의 원청자로서 대화의 상대를 지시
하는 데 쓰인다고 할 수도 있다. 그러나 여격어미 de나 i baru가 주어
를 나타내는 be와 함께 쓰이는 예문이 있기 때문에 적절하지 않다.
(27다)에서는 i baru와 be가 함께 쓰이고 있는데 i baru는 ilan sefu
(三敎師)와 함께 원청자를 나타내고 be는 내포문의 주어를 나타내고
있다. 상위문의 주어 amba hehe nakcu(大妗子)가 원청자 ilan sefu
(三敎師)에게 sunjaci eniye(五娘), 즉 반금련이 나쁜 짓을 하고 있다
고 고자질하는 내용을 인용하는 것으로서 sunjaci eniye(五娘)이 대격
어미 be와 함께 서술어 tacibufi(가르치고)와 tooha(꾸짖었다)의 주어
로 쓰이고 있다. 이것은 대격어미 be가 원청자를 나타내는 데 쓰이는
것이 아니라 내포문의 주어를 나타내고 있다는 것은 명백하다.

　　인용화내포문의 주어가 주격형을 선택하는 경우와 대격형을 선택하는 경우가 있는데 이러한 선택이 이루어지는 조건도 아울러 밝혀져야 한다. 한국어의 경우 대격형이 선택되는 조건으로 서술어의 종류와 밀접한 관계가 있는 것으로 보고 있지만 만주어에서는 서술어의 종류에 특별한 제한이 없다.[8]

(28) 가. si men king be ilhai yafan i bithei boode bi sembi.
　　　　 西 門 慶 을 花 園 의 書 房에 있다 한다.
　　　　(금병 34:25a)

　　 나. dara de unuhe jaka be ainci ulin seme gūnifi,
　　　　 허리 예 션 거슬 응당 貨物이라 ᄒᆞ여 싱각ᄒᆞ고
　　　　(청노 2:15)

　　 다. unenggi boode gemu sain oci, suwayan aisin be ai
　　　　 진실로 집이 다 平安ᄒᆞ면 黃 金 을 므슴
　　　　 wesihun sere babi,
　　　　 貴타 홀 것이시리오.(청노 5:8)

(29) 가. damu mimbe ere emu cuse be ging bithe hūlara
　　　　 다만 나를 이 한 비단 을 經 書 읽는
　　　　 basa obume buhe seme ala.(금병 62:20a)
　　　　 대가 삼아 주었다 하고 아뢰라.

　　 나. mimbe niyalma de gucu arame tehebi seme hendu.
　　　　 나를 사람 에게 친구 삼아 앉아 있다 하고 말해라.
　　　　(금병 67:14a)

　　 다. ejigen be ini gisun be gaimbi seme gūnin be bahafi,
　　　　 主人 을 그의 말 을 취했다 하고 생각 을 하고서,
　　　　(금병 18:21b)

───────────

8) 우순조(1995)에서는 이들 구문을 단문구조의 평가구문으로서 내포문의 주어로 인식되던 명사구는 평가동사의 목적어이며 서술어로 인식되던 성분은 평가동사의 독자적 보어를 이룬다고 하였다.

만주어에서도 한국어에서 인용화내포문의 주어가 대격어미에 의해 표현되는 조건으로 제시된 서술어에서는 예외 없이 내포문의 주어가 대격어미와 결합하여 나타난다. 예문 (28)은 한국어에서도 대격형이 쓰이는 서술어들이다. (28가)에서는 bi(있다)가, (28나)에서는 명사 ulin(화물), (28다)에서는 wesihun(貴타)라는 형용사가 내포문의 서술 어로 쓰이고 있다. 그리고 이들 내포문의 주어는 모두 대격어미 be에 의해 표현되어 한국어와 일치하다. 그런데 예문 (29)의 내포문 서술어 buhe(주었다), tehebi(앉아 있다), gaimbi(취했다) 등은 한국어에서라 면 주어가 대격형으로 표현될 수 없는 서술어이지만 만주어에서는 모 두 대격형으로 표현되어 있다.

몽골어 인용문의 대격화 현상은 한국어, 만주어가 함께 공유하는 통 사적 특성이다. 한국어에서는 대격형이 선택되는 조건으로 상위문 서 술어의 종류와 관계가 있는 것으로 보기도 하지만 몽골어에서는 대격 형이 매우 널리 쓰이고 있기 때문에 서술어의 종류와 관련하여 그 특 성을 파악하는 것은 어렵다. 이처럼 분포상으로 볼 때 한국어는 매우 제한된 범위 내에서만 쓰이고 시대적으로도 현대한국어보다는 중세한 국어에서 더 널리 쓰이지만 몽골어와 만주어에서는 대격형이 널리 쓰 이고 있다는 점에서 차이가 난다. 이러한 분포상의 차이는 몽골어와 만주어에 주격어미 형태가 존재하지 않는 것과 밀접한 관계가 있다. 주어 표지가 없는 몽골어나 만주어에서는 내포된 문장의 주어가 상위 문의 일부가 될 때 식별의 어려움이 있기 때문에 다른 방법의 표현 방식을 택하게 되고 그것이 대격화라고 하겠다.[9]

---

9) 몽골어에서 같은 Galtiin irsen gej unen uu?와 구문에 대해 내포문주어가 속격형으로 쓰인 인용문이라는 주장이 있다. 그러나 이때의 gej는 인용동 사로 쓰인 것이 아니라 주제화의 지표로 쓰인 것에 불과하다.

　내포문의 주어가 대격어미와 함께 쓰이는 대격화 현상이 인용화내포문에서만 나타나는 것은 아니다. 관형화내포문과 명사화내포문에서도 내포문의 주어가 대격어미와 함께 쓰이고 이러한 통사적 특성은 한국어, 몽골어에서 공통적으로 확인된다.

(30) 가. 오직 <u>쫑을</u> 돌며 쓰믈 맛본 거시라. (소언 6:16)
　　　나. <u>므를</u> 치위예 길 일후믈 마그라. (두언 23:15)
　　　다. 이는 <u>수를</u> 하 잇는 酒泉郡으로 가디 몬호믈 恨하ᄂ다 하니라.
　　　　　(두언 15:40a-b)

(31) 가. <u>Dorjiig</u>　ene　nomiig　avsan-iig　bi　say　medlee.
　　　　　도르지를　이　책을　　삼　을　나　방금　알았다.
　　　나. <u>Chamaig</u>　ir-sen-iig　bi　say　medlee.
　　　　　너를　오-ㅁ-을　나　방금　알았다.

(32) 가. <u>Namaig</u>　hool　id-sen　guanziig　chi　medeh　üü?
　　　　　나를　밥　먹-은　식당을　너　아느냐?
　　　나. <u>Namaig</u>　tör　-sön　emnelgiig　ter　medne.
　　　　　나를　태어나-ㄴ　병원을　그　안다.

　예문 (30)은 한국어 명사화내포문으로서 '쫑, 믈, 술'이 대격어미와 함께 내포문 주어로 쓰이고 있다. 예문 (31)은 몽골어 명사화내포문으로서 (31가)에서는 Dorjiig(Dorj의 대격형)이 내포문 서술어 av-(사다)의 주어로, (31나)에서는 chamaig(2인칭대명사 대격형)이 내포문 서술어 ir-(오다)의 주어로 쓰이고 있다. 예문 (32)는 몽골어 관형화내포문으로서 Namaig(1인칭대명사 대격형)가 내포문 서술어 id-(먹다), tör-(태어나다)의 주어로 쓰이고 있다. 이들 내포문의 주어는 속격형으로도 나타나는데 대격형과 속격형 사이에는 거의 의미 차가 없다.[10]

──────────
10) 내포문주어의 대격화 현상은 내포문주어가 속격어미와 함께 쓰이는 속격

앞에서 논의된 것처럼 내포문 주어의 대격형은 인용화내포문과 명사
화내포문, 관형화내포문에서 두루 확인된다. 이러한 대격형의 실현조건
을 인용화내포문과 명사화내포문, 관형화내포문으로 구분하여 그 특성
을 파악하는 것이 적절한가, 아니면 이들을 하나의 범주에 포함하여
파악하는 것이 적절한가 하는 문제가 제기될 수 있다. 더구나 몽골어
대격형은 접속문에서도 두루 쓰이고 있기 때문이다. 다음 예문은 몽골
어 접속문에서 하위문의 주어로 대격형이 쓰이고 있음을 보여준다.

(33) 가. <u>Namaig</u>   ir-tel   chi   hüleej   bai.
　　　　 나를   오-도록   너   기다리고   있다.

　　 나. Bi   ir -tel   chi   hüleej   bai.
　　　　 나   오-도록   너   기다리고   있다.

(34) 가. <u>Batiig</u>   ir-vel   Dorj   harina.
　　　　 바트를   오-면   도르지   돌아간다.

　　 나. Bat   ir-vel   Dorj   harina.
　　　　 바트   오-면   도르지   돌아간다.

(35) 가. Bi   nastai bol-toloo   hotod   suusan.
　　　　 나   나이들-도록   도시에   살았다.

　　 나. *<u>Namaig</u>   nastai bol-toloo   hotod   suusan.
　　　　 나를   나이들-도록   도시에   살았다.

예문 (33)은 연결어미 -tel에 의해 연결된 종속접속문으로서 (33
가)에서는 namaig(1인칭대명사 대격형), (33나)에서는 Bi(1인칭대명
사 주격형)이 하위문의 주어를 나타내고 있다. 예문 (34)도 연결어미

형과의 관계를 함께 유기적으로 파악하고 대격형을 개별 언어의 특성으로
보기보다는 한국어, 만주어, 몽골어가 함께 공유하는 문법 기제로서 이
해하여야 할 것이다.

-vel에 의해 연결된 종속 접속문으로서 (34가)에서는 대격형 Batiig,
(34나)에서는 주격형 Bat가 하위문의 주어로 쓰이고 있다. 이들 문장
에서 대격형과 주격형 사이에 특별한 의미 차가 있어 보이지 않고 대
격형이 하위문이나 상위문 서술어의 목적어로 쓰인 것도 아니다. 예문
(34)는 상위문의 서술어와 하위문의 서술어가 모두 자동사로서 대격
형이 서술어의 목적어를 지시하는 것이라는 설명은 적절하지 않다.

접속문에서 상위문의 주어와 하위문의 주어가 일치한 경우에는 예
문 (35)처럼 대격형이 쓰이지 못하고 주격형이 쓰인다. 동일 대상을
나타내는 경우에는 주격형만이 쓰이고 대격형은 쓰이지 못한다는 것
은 대격형이 하위문의 주어를 지칭하기 위한 수단으로 쓰이고 있다는
것을 의미한다. 그리고 주어가 대명사나 보통명사일 때는 대격형으로
쓰이는 경향이 뚜렷하고 유정물이나 한정되지 않은 무정물일 때는 주
격형으로 쓰이며 이 경우에도 주어가 한정되면 대격형으로 표현되는
경향이 있다.[11)

접속문의 대격형이 갖는 이러한 특성이 인용화내포문이나 관형화내
포문, 명사화내포문에 일률적으로 적용되지는 않는다. 따라서 내포문
과 접속문을 구분하고 내포문에서도 인용화내포문과 관형화내포문, 명
사화내포문을 구분하여 하위문의 주어가 쓰이는 현상을 분리 해석할
수도 있다. 그러나 이러한 분석적 방법보다는 대격형이 쓰이는 기제를
하나의 범주로 파악하는 것이 일반화라는 측면에서 더 적절하다고 할
수 있다.

대격형 주어의 특성은 대격어미가 갖는 속성에서 그 기제를 찾는
것이 적절해 보인다. 대격어미는 선행하는 명사가 목적어임을 나타내

---

11) 몽골어의 종속절의 대격형에 대해서 Лувсанвандан(1953)과 小澤重南
(1978: 63)에서는 주어의 유정성과 관계가 있다고 하였다.

는 지표로서 일반적으로는 대격어미와 함께 쓰이는 동사를 타동사로 보고 있다. 그러나 대격어미는 다른 격어미 형태로 대치될 수 있기 때문에 그 선행어를 반드시 목적어라고 해야 할 이유는 없다. 이른바 대격형이 부사어 따위의 기능을 하는 일이 많으므로 명사구가 동사에 한정 작용을 하는 것이라면 이미 목적어의 한계를 벗어나서 수식어 곧 부사어의 구실을 하게 되는 것이다. 이런 점에서 몽골어에서 대격어미가 주어와 함께 쓰이는 현상은 선행어가 주어임을 나타내는 기능을 하는 것이 아니라 서술어의 주제(topic)를 표현하거나 '강조'의 효과를 나타내는 일종의 문체적 변이 역할을 하고 있다고 보는 것이 적절하다. 피인용문의 주어가 간접인용문에서 상위문의 한 성분이 될 때 대화의 주제가 되거나 화제의 초점이 되면 대격형을 선택하게 되는 것이다.12)

4 결 론

중세한국어, 몽골어, 만주어 인용문은 직접인용문과 간접인용문을 식별할 수 있는 지표가 되는 형태가 없다. 현대한국어에서 직접인용문은 '라고', 간접인용문은 '고'라고 하는 표지가 있어서 직접인용과 간접인용을 구분할 수 있을 뿐만 아니라 인용문을 식별할 수 있는 기능도 함께 수행하고 있다. 그러나 중세한국어에는 이러한 표지가 없어서 인용문을 식별하기가 어려울 뿐만 아니라 직접인용문과 간접인용문을

---

12) 몽골어 학자들은 대격어미를 취하는 것을 의미의 강세와 관계가 있다고 설명한다. Лувсанвандан(1981) 참조.

구분하기도 어렵다. 몽골어, 만주어 인용문은 현대한국어보다는 중세한국어와 많은 유사성을 보여준다. 몽골어와 만주어에도 인용문을 식별하기 위한 표지는 없다. 그러나 몽골어에서는 ge-동사가, 그리고 만주어에서는 se-동사가 인용동사로 쓰여 이들 동사의 존재 여부를 통하여 인용문을 식별할 수 있다.

상위문에 인용동사가 쓰이지 않고 화법동사가 쓰일 경우에 중세한국어는 'ᄒᆞ야'라는 형태가 피인용문을 이끌고 있는데 몽골어에서는 gej, 만주어에서는 seme가 있어서 인용표지의 역할을 하고 있다. 그런데 이들 세 형태는 동일한 구조적 특성을 보여주며 인용문에서의 통사적 기능에서도 일치하다. 몽골어 gej는 기원적으로 ge-동사와 연결어미 -j가 결합한 형태이지만 인용문에서는 인용표지라는 단일 형태로 쓰인다. 이것은 한국어 'ᄒᆞ야'가 동사 'ᄒᆞ-'와 연결어미 '-야', 만주어 seme가 동사 se-와 연결어미 -me가 결합하여 인용문의 표지로 쓰이는 것과 동일한 특성이다.

한국어, 몽골어, 만주어 인용문은 피인용문 주어가 대격어미와 함께 쓰이는 대격화주어의 특성을 공유하고 있다. 한국어에서는 대격어미 '을/를', 몽골어에서는 -g, 만주어에서는 be가 피인용문의 주어를 표현하고 있다. 주어의 대격화 현상이 일어나는 영역에서는 세 언어가 많은 차이점을 보여준다. 따라서 피인용문의 대격화 주어를 피인용문의 주어로 처리할 것인가 아니면 상위문의 목적어로 처리할 것인가 하는 것도 언어마다 다른 해석이 가능하지만 이러한 통사적 특성을 공유하고 있다는 것은 세 언어 인용문의 한 특성이라 할 수 있다.

참고문헌

박은용(1973), ≪만주어문어연구 제2집≫, 형설출판사.

서정수(1996), ≪국어문법≫, 한양대학교 출판원.

우순조(1995), 〈내포문과 평가구문〉, ≪국어학≫ 26: 59-98, 국어학회.

이기문(1978), ≪국어사개설(개정판)≫, 탑출판사.

이현희(1994), ≪중세국어 구문연구≫, 신구문화사.

최동권(1999), 〈국어·몽골어·만주어의 의도구문 비교연구〉, ≪알타이학보≫ 9: 249-264, 한국알타이학회.

_____(2003), 〈몽골어 속격형 내포문주어 연구〉 ≪몽골학≫ 15: 1-19, 한국몽골학회.

_____(2004), 〈몽골어 대격형 내포문주어 연구〉 ≪몽골학≫ 16: 1-18, 한국몽골학회.

小澤重南(1978), 〈モンゴル語と日本語〉

愛新覺羅·烏拉熙春(1982), ≪滿語語法≫, 北京: 民族出版社.

Bawden, C. (1955), *Altan Tobči, Göttinger Asiatsche Forschungen,* Wiesbaden: Otto Harrassowitz.

Haenisch, E. (1961), *Mandschu-Grammatik, mit Lesestücken und 23 Texttaffeln,* Leipzig: VEB Verlag Enzyklopädie.

Möllendorff, P. G. von (1892), *A Manchu Grammar, with Analysed Texts,* Shanghai: American Presbyterian Mission Press.

Poppe, N. (1964), *Grammar of Written Mongolian,* Wiesbaden: Otto Harrassowitz.

_____ (1965), *Introduction to Altaic Linguistics*, Wiesbaden: Otto Harrassowitz.

Ramstedt, G. J. (1939), *A Korean grammar*, Helsinki. Suomalais Ugrilainen Seura.

_____ (1949), *Studies in korean Etymologies*, Helsinki. suomalais Seura.

Robert I. Binnick (1977), *Modern Mongolian: A Transformational Syntax*, Toronto, Buffalo and London: University of Toronto Press.

Лувсанвандан, Ш. (1961), Орчин цагийн Монгол хэлний зүй, Бээжин хот.

_____(1953), Монгол хэлэнд дэх ялгах ба үл ялгахын ёс, 'Шинжлэх ухаан сэтгүүл' дугаар 3, УБ.

_____(1981), Монгол хэл шинжлэлийн асуудлууд, УБ.

Мишиг, Л. (1957), Монгол хэлний тусагдахуун ба байц, УБ.

Мижиддорж, Го (1976), Монгол манж хэлний харьцаа, УБ.

Өнөрбаян, Ц. (1994), Орчин цагийн монгол хэлний үг зүй, УБ.

Пүрэв-Очир, Б. (2000), Орчин цагийн монгол хэлний өгүүлбэр зүй, 2, УБ.

_____ (2001), Орчин цагийн монгол хэлний өгүүлбэр зүй, 1, УБ.

· 저자 ·

최동권   **·약 력·**
　　　　　성균관대학교 국어국문학과 졸업
　　　　　동 대학원에서 석사, 박사학위 취득
　　　　　몽골국립대학교 파견교수
　　　　　현재 상지대학교 국어국문학과 교수
　　　　　　한국 몽골학회 회장

한국어 · 만주어 · 몽골어

내포문 비교연구

· 초판 인쇄	2008년 6월 20일
· 초판 발행	2008년 6월 20일
· 지 은 이	최동권
· 펴 낸 이	채종준
· 펴 낸 곳	한국학술정보㈜
	경기도 파주시 교하읍 문발리 513-5
	파주출판문화정보산업단지
	전화　031)908-3181(대표)·팩스　031)908-3189
	홈페이지　http://www.kstudy.com
	e-mail(출판사업부)　publish@kstudy.com
· 등　　록	제일산-115호(2000. 6. 19)
· 가　　격	19,000원

ISBN　978-89-534-9569-2 93700 (Paper Book)
　　　　978-89-534-9570-8 98700 (e-Book)